講談社選書メチエ

742

ポジティブ心理学

科学的メンタル・ウェルネス入門

小林正弥

MÉTIER

目次

序章　政治学者、ポジティブ心理学と出合う

ポジティブな心が生み出すもの

従来の心理学は、主として精神疾患など心のネガティブ（マイナス）な状態の「治療」に関心を向けてきた。したがって、自分や身近な人のネガティブな心理状態を克服したい、疾患を治したいという動機から関心を持ちはじめる人が多かった。

一方、二〇世紀末に誕生したポジティブ心理学は、自分の人生をもっと充実させたいと願う人、学業や仕事での成功を目指そうとする人、さらには業績を伸ばしたいと考える企業などが関心を寄せている。ポジティブ心理学に関する私の講演やセミナーには、ケア従事者や社会的起業家、ＮＧＯでの活動を目指す人などの姿も目立っており、何らかの形で人の「幸福」の実現を目指す人々が、自らの活動を支える理論を求めてポジティブ心理学を学ぼうとしているのが、こちらにも伝わってくる。

このように多彩な人々の関心を集めるのは、ポジティブ心理学がそれぞれの願いや目標を実現するヒントになる事実を、次々に明らかにしてきたところに起因する。詳しくは第一章以降に述べるが、例えば、心の中のポジティブ（プラス）な要素を伸ばすことが健康を増進させ、学業や仕事の業績の向上にもつながりやすいことが科学的な方法で確かめられている。また、ポジティブな要素を多く持つ人ほど、満足度の高い老後生活を送る傾向があることも調査データから判明した。ポジティブな心

理的要素の増進は、人生を良い方向に向かわせる傾向が強いのである。

　これらを明らかにしてきたポジティブ心理学は、二〇二〇年に人類が経験した新型コロナウィルスのパンデミック（世界的な感染拡大）のような社会的危機の中でも役割を果たしている。感染拡大期以来、海外のポジティブ心理学者たちは心の中のポジティブな要素に目を向けることを呼びかけ、この危機の時を乗り越えるために有効なエクササイズなどの実践を提唱し、私もまた、それを日本に紹介しようと努めてきた。[1] ポジティブ心理学の代表者マーティン・セリグマン（一〇頁参照）がこの時に説いたのは、感染への恐れなどのネガティブ感情の否定や、ひたすら笑顔でいることを勧めるような現実逃避ではない。アドバイスの基本にあるのは、心の中のネガティブな要素は直視しながらも、同時に、ポジティブな要素を意識的に増やしていくという考え方である。同時に、それに基づいて、抑うつ状態に陥るのを防ぎつつ、パニックなどのネガティブな行動を減らしていく知恵や方法が提供されたのだ。

　では、この「心の中のポジティブな要素」とは、具体的には何なのだろうか。それを効果的に増進させるには、どのような方法があるのだろうか。導入がわりに、短く紹介しておこう。


　ポジティブ心理学は人助けをしようという時に発揮される「利他性」が、人助けをする側の人間の幸福度に及ぼす影響を、科学的な実験によって解明している。例えばカナダでの実験（エリザベス・ダンらが行ったもの）では、被験者一人ひとりに封筒が渡され、そこには五ドルか二〇ドルの紙幣が入っていた。二グループのうち、一方のグループの被験者にはお金を自分への贈り物か自分のための支出に使うようにという指示が入っていて、他方のグループには誰かへの贈り物かチャリティーへの寄付に使うようにという指示があった。その日の終わりに被験者たちの心理状態を調べてみると、五ドルの場合でも二〇ドルの場合でも、朝には双方のグループの幸福感は同じだったにもかかわらず、一日の終わりには、お金を利他的に使った被験者たちの幸福度の方が高いことがわかったのである。[2] 利他性は昔から道徳的にも勧められてきたポジティブな心の要素の一つだが、それが助ける側の幸福度を高めることが明らかにされたのだ。

こうした研究成果の数々を学べば、人は人生を充実させるための手がかりを得ることができる。退職後に何をして、どう過ごすことが老後の人生を充実させるのかという問いの傍らに利他性の研究成果を置いて考えれば、新たなライフワークが見えてくるかもしれない。企業であれば、どのような職場が社員に充実感を抱かせることができるのかを考えるヒントを得られる。利他性はほんの一例に過ぎないが、ポジティブ心理学はこのように自分や組織の文脈に即して幅広く応用できるのである。

有権者の幸福度が結果を左右する選挙

さて、以上のような数々の研究成果やそこから導き出された理論、応用の方向性については第一章以下で詳しく述べるとして、ここではポジティブ心理学の持つもう一つの今日的意義にも触れておきたい。ポジティブ心理学の知見から、望ましい政治経済を構想するための手がかりを得ることについてである。

ポジティブ心理学は心の中の〝ポジティブな要素〟に注目し、何をすることが幸福につながるのかを明らかにしてきた。連動して、人々が「幸福」と呼んでいるものの中身を解明し、その度合いを調べる多様な手法も開拓している。政治哲学という学問領域で研究を続けてきた私からすれば、どれも画期的なことに見える。

政治の最も重要な役割は人々を幸福にするところにある。ところが、肝心の幸福の質や中身が政治の場で議論されることは極めて少ない。目指すべき幸福とはどのようなものなのかという哲学的な議論が存在しないのである。したがって、どのような施策が人々の幸福につながるのかという観点での政策論争も乏しい。「幸福とは何か」を考える手がかりも、「何が幸福に結びつくのか」を判断する目安もなく、けれども、選挙になれば有権者は政治代表を選ばねばならない。それが今の政治の姿だ。

だが、人々の多くが自覚していないにもかかわらず、有権者の幸福の度合いは現実の政治に大きな影響を与えている。

ポジティブ心理学の創始者の一人であるマーティン・セリグマン（Martin E. P. Seligman　現ペンシルベニア大学ポジティブ心理学センター長）は二〇一九年四月に来日し、講演やセミナーを行った。[3] その中で彼が取り上げた話題の一つが、二〇一六年一一月に行われたアメリカの大統領選挙における有権者の投票行動の調査結果だった。

この選挙では、共和党からドナルド・トランプ、民主党からはヒラリー・クリントンが立候補していた。アメリカのみならず日本でも、多くの主要メディアは差別的発言を繰り返して社会の分断を煽《あお》るトランプ候補には批判的で、政治経験の豊富なクリントン候補の優勢を伝えていたにもかかわらず、周知のように選挙ではトランプが勝利することとなった。大方の予想を覆したトランプ勝利の背景には、従来は民主党が強いとされてきたアメリカ中西部から大西洋岸中部にかけての「ラストベルト（Rust Belt）」と呼ばれる地域の票を集めたからだという見方がある。

では、従来の民主党支持者が共和党、つまりトランプ支持にまわった要因は何だったのだろうか――セリグマンは、ポジティブ心理学センターに関係する研究者たち（ライル・アンガーなど）の分析結果を明らかにした。[4] それによると、投票行動に最も影響を与えたのは、有権者の「主観的ウェルビーイング」の度合いだった。「主観的ウェルビーイング」とは簡単に言うと本人が感じている幸福度のことであり、それが高いということは心がポジティブな状態にあることを意味する。幸福度の高低が投票行動を左右していたのだ。

ギャラップ社によるアメリカ全土の主観的ウェルビーイング調査結果と選挙結果の関係を郡単位で分析してみると、幸福度が低い地域で従来の民主党支持から共和党、すなわちトランプ支持に変わっているところが多かった。例えばラストベルト一帯はかつて重工業や製造業で栄えた地域だったが、今は工場の閉鎖や雇用の減少が目立つ。それによって幸福度の減退に見舞われた人々が、変革に期待してトランプに投票したと考えられるのである。

地域の産業の停滞や失業が元凶なら、投票行動には「候補者の雇用政策や産業政策に期待したから」とか、「減税を約束してくれたから」といった合理的な理由が挙げられそうなものだ。ところが、投票行動の理由を統計学的に分析してみると、最も影響を及ぼしたと考えられるのは経済（失業率・経済成長・平均収入など）や人口（男女比や人種など）に関する要因ではなく、あくまでも主観的な幸福度の低さという人々の心のあり方だったのである。これは人の心からポジティブな要素が失われたことが、社会の分断を煽る言動を繰り返す最高権力者の誕生と相関している可能性が高いことを示唆している。

類似した分析はＥＵで実施された選挙においても試みられており、そこでも人々の幸福度が選挙結果と相関することがわかった。また、第三章で触れることになるが、私が調査したところでは、日本の国政選挙の結果にも有権者の幸福度との関係がうかがわれる。合わせて考えると、有権者の幸福度の低さは、野党の勝利ないし右派的な政治権力の伸長に結びついている可能性があるのだ。人の心のあり方は個人の人生の充実や成功の可否のみならず、社会全体の政治経済のあり方とも深く関わっているると考えられるのである。

人の「心」と公共哲学

政治学を専門に学びはじめた頃から、私は政治を人の「心」の面からも考えることが重要だと感じていた。現代において政治を通して個人や社会の幸福を実現しようと考えるとき、政治とは民主政治を指す。民主主義の担い手は有権者という「人」であり、その価値判断に基づいてリーダーが選出され、政治のあり方、ひいては経済のあり方まで決められていく。「善いこと」を志向する「心」が人々の中に育たなければ、「善い政治」も実現しない。したがって、価値判断が生まれる場である「心」にも目を向けなければならないはずだ。このように考え続けた私は、哲学的なアプローチの伝統がなかった日本の政治学に政治哲学という学問分野を持ち込み、そこで「公共哲学」を中心に論じてきたのである。

公共哲学という言葉には、おおまかに言うと二つの意味がある。第一は、多くの人々が広く共有し、行動や政策の指針となるような考え方。もう一つは、何らかの意味での公共性の実現を望ましいと考え、その実現を目指す考え方である。

後者の「公共（性）」という言葉・概念からは、「公」と使い分けることによって、人々が横に連帯しているイメージが浮かんでくる。社会がうまく機能するには「官」の意味でとらえられる「公」の役割も重要だが、現代社会では個人すなわち「私」が横に連帯して作る「公共」もまた重要な役割を担う。「公共」とは、「公」と「私」をつなぐものなのである。

例えば、全国各地の都市には、地域の有志による「子ども食堂」という取り組みがある。子どもをはじめとするさまざまな人に食を無料あるいは低価格で提供すると同時に、そこに集まる人々の「居場所」や交流の場を生み出そうという試みだ。子どもの貧困が深刻化する中で、彼らへの食の提供が貴重な活動であるのはもちろんだが、他人と食を共にできる場を必要としている人は、子ども以外にも多い。そうした人々にも開かれている「子ども食堂」は、まさに「公共」的な場といえよう。この活動は主として地域住民や学生などのボランティア、NPO法人、時には私企業など民間の人々によって担われている。だが、民間の取り組みだからといって、これが単なる「私」的な活動でないことは明らかだろう。このように、私人や私企業が「公共」の領域を担うことは珍しくないし、一般的な企業活動の中にも公共性を帯びたものはたくさんある。このように「公」と「私」にまたがる公共領域に目を向け、そこで望ましい公共性を生み出す道筋を探るのが公共哲学という学問である。では、「望ましい」という判断は、どのようにすれば下せるのだろうか。

後に詳しく述べることになるが、公共哲学の一つの立場であるリベラル・コミュニタリアニズムは、それを人間の「心」の中に宿る「善」という概念を手がかりにして考えようとしている。「善いこと」「善い行い」というときの「善」だ。

先ほどの子ども食堂は、コミュニティに人々のつながりや支え合いを生む活動だった。それは社会によって「善いこと」であるがゆえに、高い公共性がある。したがって、社会全体としてもこの活動を後押しすべきだ――リベラル・コミュニタリアニズムはそのように考え、この考え方を政治や経済のあり方にも適用していく。例えば、二〇一〇年のNHK教育テレビで放映された「ハーバード白熱教室」を機に起きたサンデル・ブームで知られるマイケル・サンデルはその代表的な論客であり、私も彼の思想を日本に紹介する機会に恵まれた一人である。

だが、リベラル・コミュニタリアニズムについて語りながら、私は一つのことに気づかされてもいた。この考え方が主張する「善」という概念が、日本においてはすんなりと理解されないのだ。今の人々の間では、「心」の中にある「善」をはじめとする価値をよりどころにして自分の人生のあり方を考えたり、政治経済を含めた公共領域のあり方を決めたりする感覚が希薄なのである。

バチが当たらなくなった社会

「今夜、残業することを選ぶか、帰宅して家事を手伝うのか」「結婚を考えるとき、何を最も重視して相手を選ぶのか」……。こうした選択は、究極的には自分の価値観や世界観に照らして行われる。例えば、「昭和」の高度経済成長期に支配的だった価値観のもとでなら、残業を求められた会社勤めの男性の多くが、家庭より仕事を優先させることを当然とみなして行動しただろう。

「今日は仕事で遅くなるから」

電話一本で家族に告げられたこの行動は、彼らの中に勤勉や滅私奉公、組織への忠誠や職場のメンバー同士の連帯を重んじる価値観が息づいていたからこそ共有された。個人の行動選択の多くも、このように各自の価値観や世界観に基づく判断から生まれている。

個人の行動だけでなく公共政策の選択にも、価値観や世界観は反映されている。例えば、新型コロナウイルスのパンデミックの兆しが見えはじめた時期、政府は早々に感染収束後の経済の「V字回復」への決意を表明し、政府や与党の間では観光をはじめとする産業へのさまざまな支援策のアイディアが語られた。一方で同じ政府は、その時期、営業自粛を余儀なくされた企業や商店主らへの補償は「困難」とした。この二つの政治的なメッセージには、感染予防のための犠牲を引き受けた人々を安心させることよりは、マクロ経済をいかに回復させるかを重くとらえる価値観が投影されていたと言えるだろう。

これらの価値判断やそこから導き出された選択の是非を、いま検証しようというのではない。ここで述べたいのは、このようにして、人も社会も価値判断と行動選択を積み重ねながら活動しているということだ。ある行動や政策が選択されるとき、私たちが強く自覚していないとしても、その選択は何らかの価値判断から導き出されているのである。

＊

近代よりも前の時代、人々の判断の究極的なよりどころとなっていたのは、宗教や古くから受け継がれてきた道徳、倫理などであった。人にとっての「幸せ」や「正しいこと」「善いこと」とは何であり、それに結びつくのはどのような生き方なのか。そのためには、いまこの時にどのような行動を選択すればよいのか。あらゆる宗教や伝統的な道徳・倫理が、何らかの形でその目安や手がかりになることを語ってきた。難しい教義や古来の道徳の詳細まで理解していなくても、庶民の中には「そんなことをしたらバチが当たるよ」「お天道様が見ているぞ」という言葉や感覚があり、そうした言葉や感覚を教え伝えるのが地域の宗教者や文化人、あるいはお年寄りの務めでもあった。宗教や道徳・倫理に源泉を持つこれらの言葉が、生きた目安として個人や社会を律していたのだ。

ところが、近代に入って日本などの先進国における宗教や道徳、伝統の持つ影響力は格段に小さくなっていく。理由の一つは近代科学が発達し、宗教の非科学的な教えが権威を失ったこと。もう一つは近代の思想により、宗教や道徳、倫理を恣意的に利用してきた権力の正当性が否定されたことにある。だからこそ、近代の人権思想や民主主義の理念を曲がりなりにも受け入れた戦後日本では、国家が特定の宗教や道徳と結びつくことに強い警戒感が生まれた。こうして近代の思想を基調とする国の多くでは、宗教や道徳、伝統の力が相対化されたわけだ。

幸福や正義のイメージは多種多様であり、個人の好みに任されている。価値判断や行動選択のあり方において何が正しいと考えるかは、人それぞれだ。現代ではこうした相対主義の影響が強まり、人々の間で「バチが当たる」「お天道様が見ている」という感覚も共有されにくい。このことは、同時に難しい問題も引き起こしている。

一つの例を通して考えてみよう。近年の日本では不正行為や政治家の嘘が露見しても、十分に道義的・政治的責任を取らないことが繰り返された。このようなことがまかり通るのは、「バチが当たる」「お天道様が見ている」という感覚が共有されにくく、政治の議論の俎上にも上りにくいからだ。今は「バチが当たらない」社会なのである。

「バチが当たらない」社会を生きている個人は、それぞれの価値判断で「正しいこと」や「善いこと」、あるいは自分の幸せに結びつきそうな行動を選択せざるを得ない。

だが、何をよりどころに？

宗教や道徳、倫理などが力を失ったばかりでなく、今、この世の中では、思想と呼ばれるものも無数に枝分かれしている。より身近なライフスタイルや消費の流行もめまぐるしく動くため、そもそも価値判断や行動選択のよりどころにはなりにくい。さしあたってすぐに思いつく共通の判断基準は、「儲かるか否か」「損か得か」という判断軸だが、それすら色あせ始めている。これも後に詳しく紹介することになるが、イースタリンという経済学者は、ある豊かさを実現した社会では、もはや経済が成長しても幸福度がさほど高まらないことを指摘して社会に衝撃を与えた。経済的に豊かになることを自己目的化することができた時代は遠ざかりつつあり、金銭的な利得ですら幸せにつながる確実な目安ではなくなりかけているのだ。

幸せにつながる生き方がどのような生き方なのか、そのためにはどのような行動を選択するのが善いことなのか。それを判断する目安、「善」に近いか遠いかという「遠近感」ないしは「奥行き」の感覚の乏しい平板な世界、2D画面の世界を生きているのである。

＊

公共領域のあり方を考える際、何が「善いこと」なのかを見定めるという価値判断を避けて通ることはできない。にもかかわらず、現代の人々の間にはその目安が乏しい。ポジティブ心理学の進展を知ったのは、そのようなことを感じていた時期だった。誕生してから二〇年あまりの若い学問であるポジティブ心理学は、何が人々の幸福度を高めるかを心理学の立場で探ろうとしてきた。その結果、倫理的な「善い生き方」が幸福と大いに関連していることがわかってきた。ポジティブ心理学の視点と手法は、現代日本人にはとっつきにくい「善」というものを誰の心にも生じうる普遍的な現象としてとらえ、科学的な方法で明らかにしてもいるのである。その成果を学ぶことは、何が「善いこと」なのかという価値判断の手がかりをつかむことを意味する。この学問的成果は医療や福祉、教育、さらには「善」という言葉とは縁遠く思える仕事やビジネスの領域にも適用可能であり、望ましい社会政策を構想するヒントも与えてくれる。それが、公共哲学を論じてきた私がポジティブ心理学に取り組み、その成果と展望を読者と共有したいと考えた理由である。

第一章　幸福へのアプローチ

ウェルビーイング（良好状態）の科学的解明

1　「心」のあり方が現実を変える――「修道女研究」の衝撃

価値に立ち入らなかった従来の心理学

価値観や世界観が立ち現れる場は人の「心」であり、その「心」を対象にしてきた学問の一つが心理学である。それは、「カウンセリング」や「精神分析」といった言葉とセットで連想されることが多い。災害や事件の後などは「心のケア」の必要性が語られ、さまざまな心理学の専門家が対応にあたる。そのことからわかるように、近現代の心理学は、うつ病などのネガティブ（マイナス）な心理状態や精神疾患に目を向けてきた。これまでの心理学はそれらを治すこと、つまりネガティブな心の状態を中立的なゼロ地点に戻すことに主眼を置いてきたのだ。

例えば、広くその名を知られる精神科医ジークムント・フロイト（Sigmund Freud　1856-1939）は、心理的な問題で悩んでいる人の深層心理を解明することでコンプレックスを軽減できるという理論を打ち立てた。その理論を出発点としてカウンセリングや精神分析を用いた治療法がいくつも派生し、うつ病などを抱えた人の治療に用いられてきた。

だが、それらが目指すのは、あくまでも悪化した心の状態を元に戻すことにある。ゼロ地点を超えた先にある「幸せ」やこれは「善いこと」だと思える状態、つまりポジティブ（プラス）な心理状態を得たいと思っても、フロイトがその方法や目安を提供してくれるわけではない。

さらに、従来の科学的心理学は「心」を扱う学問であるにもかかわらず、先に述べた価値観や世界観に関わる領域には基本的に踏み込もうとしてこなかった。なぜなら近代科学そのものが、善悪の価値判断という哲学的課題から離れることで成り立っているからだ。比喩めいた言い方をすれば、「心をこめて育てたこの木のリンゴは他のリンゴよりも値打ちがある」という価値判断があったとしても、それは万有引力によってリンゴが木から落ちることを明らかにした物理学とは無関係な話だ。心のこもったリンゴでも、大風が吹けば落ちる。こうした近代自然科学の基本的な性格は、みずからを科学として規定する心理学にも引き継がれている。

例えば、観察・実験と分析に基づく行動主義的な心理学は、心理を刺激に対する反応の表れとしてとらえ、動物実験で明らかになったことを人間に適用する。このような心理学では、人間の価値判断に関わる問題を扱うことはできない。実際の人間は、仕事と家庭のどちらを優先させるかといった価値に関わる問いを数多く抱えているが、そうした価値判断の目安をネズミの実験から導き出すことはできない。宗教や道徳・文化の影響力が失われた近代において、心の科学である心理学もまた価値判断に関わる事柄にはタッチしないし、できないと考えられていたのである。

だが、二〇世紀末になって、そのような学問的な限界を乗り越えることにつながる問題提起が、当の心理学の内部から生まれた。

人生あるいは生活を生きるに値するもの、充実感のあるものにするためにはポジティブ（プラス）な心理を科学的に研究し、その心理に至る条件や方法、それが及ぼすさまざまな効果を探ることも心理学の重要な課題ではないか――。これは、人々が「幸福」と呼ぶ状態に到達しやすい心のあり方を、科学的な方法を用いて解明していくべきだという問題提起だった。それまでの心理学が抑うつや精神疾患といったネガティブ（マイナス）な心理状態の治療、そこからの回復を目指してきたのに対し、心のポジティブ（プラス）な側面、すなわち楽しい気持ちや明るい気持ち、前向きな気持ちの成立条件や効果などを解明したり実現したりする新しい心理学の必要性が提起されたのである。

例えば、お金にも住む場所にもひとまず不自由していないし、他人とのトラブルも抱えていないということは、ネガティブな要素が少ないことを意味する。けれども、だからその人が「幸福」であるとは限らないことを私たちは経験的に実感している。他人との関わりに喜びを感じたり仕事や趣味などにやりがいを感じたりする機会のない日々を生きるとき、人は「幸福」を感じることができない。同じことは「幸福」の土台である「健康」についても言える。病気やケガが治癒したということは、ネガティブな状態にあったものがゼロ地点に戻ったということだ。だが、それだけで人が本当の意味で健やかに生きているということにはならないし、ましてや幸福を感じられるとは限らない。精神の病も同様であり、抑うつや精神疾患が解消され治療されたとしても、それが生き生きとした心の健康が実現したことを意味するわけではない。病気や傷を治すことは重要だが、人や社会との関係や「生きがい」などがなければ生活や人生は充実しない。逆に言えば、病と共に生きながらでも幸福を感じながら生きている人はいるし、経済的に裕福でなくても充実した人生を送っている人は少なくない。つまり、不幸を減らすことは極めて重要だが、不幸の減少がただちに幸福の実現を意味するわけではないのだ。肉と野菜の炒め物から肉を取り除いたからといって、野菜をより多く摂取することにはならないだろう。

では、人が幸福だと感じるのは、どのような時が多いのだろうか。そこを心理学的に掘り下げようというところから、先の問題提起が生まれた。一九九八年にこのことを提起したのは、序章でも触れたマーティン・セリグマンだった。

彼は、アメリカ心理学会会長に選出された第一〇七回心理学会大会における会長演説（一九九八年八月二一日）の中で、自身が提起する新しい心理学について、それが「善い人生のビジョン」に関するものであり、「人生における最善の事柄の追求や、家族、公民的美徳についての理解と科学的な情報に基づく実践」を創造することができる、としている。これを私なりに言い換えるなら、人生や社会全体の幸福にとって「善いこと」を実現するための方法について、科学的な心理学によって明らかにすることができるはずだという学問的な展望あるいは目標が示されたのである。

「病は気から」は本当か？——ポジティブ心理学のはじまり

セリグマンは動物実験を通じ、習得性の無力感（一般的には学習性無力感と呼ばれる）という考え方を提起したことで知られる心理学者だ。逃れる方法がない状況に置いた犬に電気ショックを与え続ける。すると犬は、逃れられる状況に置かれても、もはや回避のために行動することができなくなってしまう。ここからセリグマンが提起したのが、習得性無力感という考え方だ。単純化して言えば、人は悪い状況にさらされ続けると、「何をしたってダメなんだ」という無力感を植え付けられてしまうということである。彼はこの考え方に基づき、悪しき状況が回復不能なまま続くと抑うつ的な状態が習得されるといううつ病に関するモデルを提起した。

このモデルそのものは彼自身によって近年修正されている。最近著の『希望回路』（二〇一八年）などにおいて、次のことが記されている。

人間は長いショックを受けると無力感に陥るのがデフォルト状態だが、実は、大変な状況から行動を起こし、脱却する体験によって「希望回路」（ＭＰＦＣ－ＤＲＮ回路）が脳内に化学的に形成され、困難な状況を制御できるようになる、という考え方へと移行したのだ。だが、習得性無力感にせよ希望回路にせよ、セリグマンの研究は現代日本人が置かれている社会の状況を見るときに、興味深い視点を提供してくれる。

自分の力で政治を変えられるという感覚を政治的有効性感覚と呼ぶが、日本の若者の政治的有効性感覚は極めて低く、選挙における投票率も低い。もしかしたらこの背景には、政治の腐敗や不道徳が改まることなく続き、自分たちの切実な問題に向き合おうとしない政治が続いたことによる習得性無力感があるのかもしれない。

だが、無力感から脱却する方法はある。それがセリグマンの打ち出した考えである。

精神医学における認知行動療法を学んだ彼は、習得性無力感のモデルに基づき、人の認知の仕方、つまり人の物事のとらえ方や気の持ちように注目し、人間の心を楽観主義的な方向、ポジティブ（プラス）な方向へと変化させることでうつ病を治すという治療方法を着想したのだ。

それを機に、彼はポジティブな心理的状態がもたらす効果を明らかにし、心理的状態を良くする方法を正面から研究する必要を感じた。同じようにポジティブな意識に関心を持つミハイ・チクセントミハイ（Mihaly Csikszentmihalyi　クレアモント大学院大学）らと相談して、新たな心理学の領域を開拓しはじめたのである。これがポジティブ心理学だ。

セリグマンが最初に着目したのは、悲観的に考えるよりも楽観的であること、つまり楽観主義が、うつ病に対する治療効果を持つことだった。それを出発点にしてポジティブ心理学が大きな研究対象としたのは、多くの人々が共通して求めている「健康」である。どのような心のあり方が健康に結びついているのか。こうしてポジティブ心理学の研究は、心の状態と健康の関係を調べるところからスタートした。

その成果は画期的だった。楽観主義や悲観主義といった心のありようが抑うつなどの精神的疾患のほか、心血管疾患の有無など身体面の健康にまで影響していることが統計的に歴然と明らかになったのである。セリグマンの説明に即して[1]、このような研究成果をざっと眺めておこう。

サンフランシスコの一二〇人の男性における心臓発作の八年半後の再発状況をセリグマンらが調べたところ、最も楽観的な一六人の男性の中で死亡したのは五人にとどまっていたのに対し、最も悲観的な男性一六人のうち一五人が亡くなった。

他の研究者の調査では、一三〇六人の退役軍人の一〇年間の心血管疾患率を調べると、最も楽観的な人々の疾患率は平均より二五％低かったのに対し、最も悲観的な人々のそれは平均より二五％高いことがわかった。さらに、二万人以上のイギリス人を調べてみると、統御感、つまり自分が状況に対応できるという感覚が高い人は平均的な人より二〇％も心血管疾患による死亡率が低く、逆に無力感が高い人は平均的な人より二〇％高かった。

同様のことは他の多くの研究でも確認され、日本における生きがいの心血管疾患に対する影響調査でも、生きがいを持たない人々の心血管疾患による死亡率が生きがいを持つ人々より一六〇％高いことが示されている。また、感染症についてもライノウイルスを鼻に注入する実験から、前向きな感情の高い人ほど風邪にかかりにくいことがわかり、インフルエンザウイルス（A型）でも同じ結果が出た。ポジティブ（プラス）な感情の度合いが高いほどインターロイキン－6などの炎症を引き起こすタンパク質の値が低くなり、それによって炎症が少なくなったのである[2]。

「楽観性」は心血管疾患の罹患率や死亡率の低さと強い関係があるし、明るい気分は風邪やインフルエンザなどの感染症にかかりにくいことと強く関係している。つまり、心のあり方は身体的な健康に深く関わっており、総じてポジティブ（プラス）な心理状態にある人は健康なのだ。この研究成果が持つ意味は大きい。ポジティブ心理学の重要な成果として、楽観的であるという「心」の状態が「健康」という客観的事実を呼び寄せる可能性が高いことが明らかになったからだ。日本には昔から「病は気から」ということわざがあるが、セリグマン自身の分析も含めた一連の研究は、このことわざを科学的に立証したのである。

＊

この種の心理学的研究は、一般に調査票などによって人々の心理状態を調べるところから始まる。調査結果が蓄積されると、まず心理的な要因とは別の要因の影響をデータから可能な限り取り除く。それによって残った心理的要因と健康との相関関係を統計分析する。これによって、楽観的な心理状態の人が多いグループでは心身が健康な人々も多いという傾向が明らかになり、心理状態と健康との間には相関関係があることがわかる。同様の手法を用いれば、心理的要因と仕事上の業績の相関関係、心理的要因と学業成績の相関関係などを調べることも可能だ。

ただし、そこで明らかになるのはあくまでも相関関係に過ぎない。楽観主義が健康につながったのか、健康だから楽観的でいられるのか。右の調査研究だけでは、原因と結果の向き、つまり「因果関係」まではわからないのだ。それを立証するには、複数のグループの一方のグループの人々の心理をわざと変化させる介入実験を行うのが望ましい。「介入」というと語感がものものしいが、心理学では「働きかけ」というような意味合いで使われる用語である。楽観主義などのポジティブな心理が増すように意図的に働きかけたグループと、そのような働きかけをしないグループ（対照群と呼ばれる）の健康状態を比べた場合、働きかけを行ったグループの健康度が高くなれば、楽観主義が健康につながるという因果関係がはっきりする。科学的根拠に基づいた（エビデンス・ベースド）研究によって、特定の心理的状態が他に及ぼす影響を科学的に立証できるわけだ。

セリグマンをはじめさまざまな研究者は古典的研究のデータをポジティブ心理学の視点で再検討するとともに、新たな調査・実験に取り組んだ。それらの結果を総合することにより、楽観主義をはじめとする明るい気持ち、前向きな気持ちが健康によい影響を及ぼすという因果関係が次々に明らかになっていったのである。現在ではそうした明るい気持ちを総称する言葉として、「ポジティブ感情」という言葉が用いられる。後に述べるようにその感情にもさまざまなものがあるのだが、ひとまずポジティブ感情とは明るい気持ちや前向きな気持ちのことだというようにとらえたうえで、さらにいくつかの代表的な研究成果を見てみよう。

「ポジティブ感情→長寿」という因果関係

古典的な研究として有名なのは、「修道女研究」と呼ばれる研究だ。基礎となっている研究はもともとポジティブ心理学に基づいて行われたものではなく、女子修道院（ノートルダム教育修道女会）で行われたアルツハイマー病に関する研究だった。[3]

この修道院には、一九三〇年代に一八歳で修道女会に入会応募した修道女たちの書類が残されていた。入会にあたっての自伝的作文だ。研究者たちはその作文を分析し、それぞれの修道女たちのポジティブ感情の度合いを分類した。作文に綴られているのは、信仰に関わる思いだ。信仰の「喜び」などを中心にして書かれたポジティブ度の高い文章もあれば、キリスト教で言う原罪をはじめとする「罪の意識」などがしきりに語られるポジティブ度の低い文章もある。研究者たちがそれらの言葉を

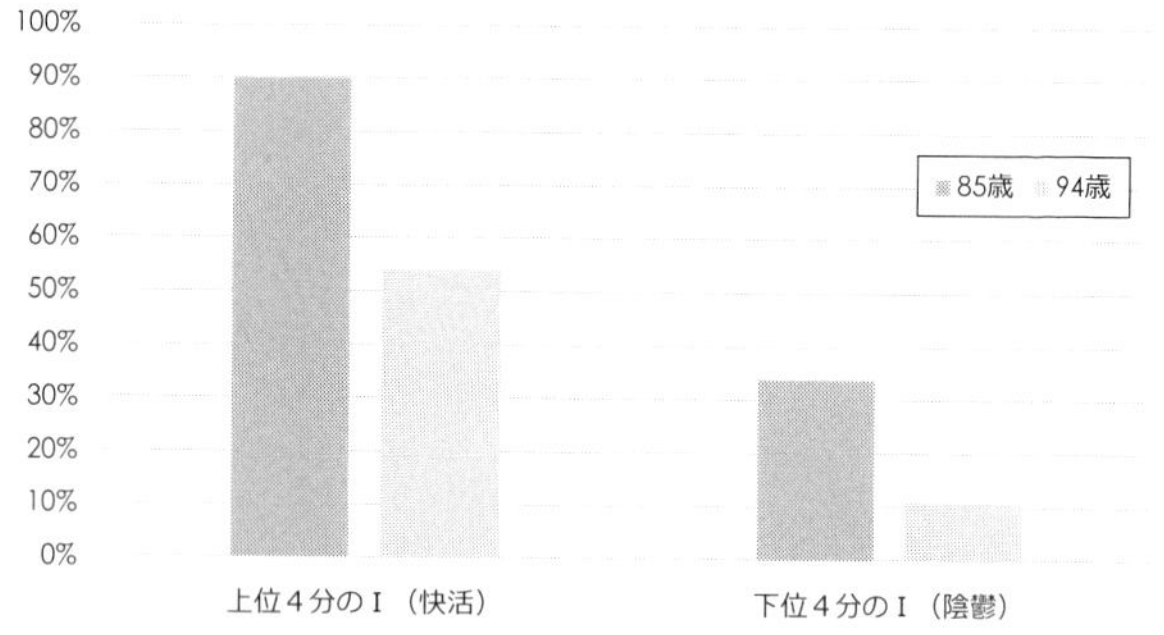

図1：修道女研究　入会時のポジティブ感情の度合いと、その人たちが85歳、94歳時に生きていた生存確率を示したもの。快活な方が明らかに長寿だった。「修道女研究」に即して、筆者作成。

拾うことでポジティブ感情の程度を分類し、書き手である修道女たちの後年の健康や生存率との関係を調べたところ、驚くべき結果が得られた。

入会時のポジティブ感情の度合いが高かった上位四分の一と低かった下位四分の一とを比較すると、八五歳時点での生存率が前者では九〇%なのに対して後者は三四%。九四歳についても前者の五四%に対し、後者は一一%だった。平均寿命で比較してみても同様の傾向が見られ、前者の方が後者より平均九・四年も長寿だったことがわかった。ポジティブ感情の度合いと寿命には、明らかな相関関係があったのである（図1）。

だが、ここで明らかになったのは単なる相関関係にとどまらない。この研究からは、「ポジティブ感情→長寿」という因果関係を導くことができるのだ。

あたりまえのことだが、人間の健康や寿命には感情だけではなく、食べ物や運動の有無、衛生状態や生活習慣、職業の種類に応じたストレスなどさまざまな要素が影響する。一般の人は複雑で多様な環境に置かれているため、これら多くの要素を除外して心理的要因による影響だけを取り出して調べることは難しい。

ところが、修道院ではすべての修道女が基本的に同じ環境に置かれている。同じものを食べ、規則正しく同じ時間に起き、祈り、働き、就寝する日々。体調が悪くなれば、誰もが同じように診察と治療を受ける。違いがあるとすれば、遺伝的要素を別にすると基本的には各個人の内面の感情や考え方だけ、ということになる。前述のように心理的要因による影響を確かめるには一般的には介入実験が必要だが、修道院での生活という特殊な条件ゆえに、実験を行うまでもなく心理的要因の影響が浮き彫りになったわけだ。

また、心理的要因が健康に及ぼす影響は短期間ではわかりにくいため、普通は継続的に調査を行う必要があるが、幸いなことに修道院の暮らしでは、数十年にもわたって確実に同じ環境が維持されている。その結果を研究することで、〝心理的要因が健康や寿命に影響を及ぼす〟という因果関係が誰の目にも明らかになったのである。

さらにこの修道女研究では、重要なことがもう一つ解明された。「怒り」などのネガティブな感情と寿命との関係についても調べた結果、両者の間には相関関係が見いだせなかったのだ。つまり、寿命の長短に関係していたのは、あくまでもポジティブ感情の度合いであって、ネガティブ感情の大小ではなかったのである。

ポジティブ感情を高めることは、長寿の大きな要因となる。また、カギを握るのは「ネガティブな感情を減らすこと」ではなく、「ポジティブ感情を増やすこと」である。修道女研究は、大きくこの二つのことを私たちに教えてくれたのだ。

立証された「笑う門には福来る」

右の修道女研究以外にも、多くの心理学者や医師が可能な限り長期間にわたってさまざまな人を対象とする調査を行い、類似した結果を次々に確認しはじめている。[4] その結果、ポジティブ感情が身体的な健康だけでなく生活への満足感や結婚生活、さらには収入など、幅広い面にまで良い影響を及ぼすことがわかってきた。つまり、ポジティブ感情は単に身体的健康に結びつくだけでなく、私たちが「幸福」と総称してきたものに深く結びついているのだ。

例えば、ミネソタ州の精神科医は、四〇年前に治療を受けた患者八三九人を調査し、楽観主義者が悲観主義者よりも一九％も長寿だったことを明らかにした。また、ジョージ・ヴァイラント（George E. Vaillant）は、ハーバード大学での長期的研究を通じ、利他主義や将来志向性、ユーモアといったポジティブ感情を備えていることが、身体的健康、生活における喜び、収入などの点で良い老後を送ること、すなわち「成功した加齢（successful aging）」と深く関連していることを明らかにした。

結婚に関しても、アメリカのある女子大学の卒業記念アルバムの写真を用いた興味深い研究例がある。アルバムに載る卒業生のほとんどは、こちらを向いて笑っている。だが、専門家が見ると、そこには純粋な笑顔と作り笑いとがある。前者は、発見者である一九世紀の神経学者デュシェンヌ・ド・ブローニュ（Duchenne de Boulogne）にちなんでデュシェンヌ・スマイルと呼ばれ、口の端が上を向いて目尻にカラスの足のような皺が寄るという。その表情の分類と、その後で結婚したか否か、結婚生活に満足したかどうかについての関係を調べてみたところ、ここにもやはり相関関係があった。

調査した一四一人の写真のほぼ全員が笑っているが、デュシェンヌ・スマイルは約半分。そのデュシェンヌ・スマイル組の大半が三〇年後になっても結婚生活を持続させ、心身共に健康だった。念のために付け加えておくと、写真から感じる魅力の度合いと結婚の動向については関係がないことも確かめられている。つまり、右の違いは自然にあふれてくる笑顔に表れているポジティブ感情に起因する可能性が高いわけだ。

同じことは近年の別の調査でも確認された。一九五二年のメジャー・リーグの野球選手の写真を調べたところ、二〇〇九年までに亡くなった一五〇人の選手のうち、笑っていなかった人の死亡年齢は平均七二歳、少し笑っていた人は平均七五歳。これに対し、デュシェンヌ・スマイルを浮かべていた人は平均八〇歳で、ここにも統計的に有意な差があったのである。

こうしてポジティブ心理学は、ポジティブ感情が健康や長寿、学業や仕事の業績、結婚生活の持続などに関係や影響があることを統計的に明らかにした。健康に関して言えば、ポジティブ心理学は「病は気から」に科学的な根拠を与えたと言える。ポジティブ感情と癌など個々の病気との関係については研究途上であるが、全体としてポジティブ感情が健康の増進や病気の予防、あるいは回復の助けになることは今や疑う余地がない。さらにポジティブ感情が学業や業績、結婚生活での成功にまで関係しているということは、その感情が「幸福」と呼ばれるものにつながることを意味している。

特に重要なのは、「修道女研究」などの研究が、単なる相関関係ではなく因果関係を明らかにしたということだ。その意味の大きさを私たちの現実の人生に引き付けて確認しておこう。

例えば、ある会社員が自分の業績を伸ばすことができたので明るい気分になったということなら、誰も驚きはしない。誰が考えても、それはあたりまえの話だ。だが、その会社員が明るい気分でいようと努めたことで業績を伸ばしたとなると、人々の受け止め方は違ってくる。心のあり方を変えることが、仕事が成功するか否かという人生の現実までも変えるということだからだ。こうして「内」から「外」へ、「心」から「現実」へという因果関係を明らかにしてきたポジティブ心理学は、因果のメカニズムを理論化し、望ましい因果関係をつくり出す具体的な方法の開拓へと進んだ。

「幸せ」に向かう螺旋階段――「拡大‐構築理論」

ポジティブ感情はどのようなメカニズムで成功や幸福へと結びついていくのだろうか。その因果関係を理論化し、実験を通して実証したのがバーバラ・フレドリクソン（Barbara Lee Fredrickson　ノースカロライナ大学教授）である。彼女が科学的実験を通して打ち立てたのが、今ではポジティブ心理学の最も基本的な考え方の一つとして定着している「拡大‐構築理論（拡張‐形成理論）」[5]だ。

フレドリクソンは、大学生の二つのグループに、それぞれポジティブ感情とネガティブ感情を引き起こす映像を見せ、その後に広い領域と局所のどちらに視線が向くかがわかるように工夫された図を見せて、注意の向く先を調べた。すると、ポジティブ感情を引き起こされていたグループの方では、大きな構図に目を向ける人が多くなったのである。つまり、注意力が「広がった」わけだ。さらに他の研究では、ポジティブ感情を抱くことで視覚的な注意の範囲が広くなっているグループの方が、言語的創造性を発揮することも確かめられている。こうしたさまざまな実験に基づく研究を積み重ねたフレドリクソンは、ポジティブ感情を持つことが人間の精神を開放し、認知や注意力、視野などを拡大し、何かに新しく気づいて考えることを可能にするという一連の心理的ステップを解明したのである。

まずポジティブ感情を出発点とし、そこから成功の基盤となる幅広い視野や注意力、関心などを養う。これらが培われることによって、学力や仕事上の能力が高められる。能力が向上するから、実際に成功する。成功すればうれしいから、それがまたポジティブ感情を増やす。この流れが再び同じ循環を呼び起こし、さらなる視野の拡大、能力の向上、成功、喜びへとつながる——このように、個人の中にポジティブ感情を出発点とする上向き螺旋のような発展が起きて幸福に至るというのが「拡大－構築理論」の概要だ。

彼女はまた、ポジティブ感情を感じている時間とネガティブな感情を感じている時間的比率をポジティビティ比と呼び、それが一定よりも大きいと幸せになる傾向が高いことを明らかにした。その閾値とされた数値は後に撤回された（九二―九三頁）ものの、ポジティビティ比が高い方が幸せになる傾向が高いという主張は今でも大きな意味を持つ（※）。

※ただし、ポジティビティ比が極端に高い場合、幸せに向かうとは言い難い。例えば、極端に高くて持続的なポジティブ感情は、双極性障害（躁うつ病）や熱狂のような心理的問題につながりかねない。また、近親者が亡くなった時のようにネガティブな感情が避けがたい場面で無理にポジティブ感情を喚起しようとすれば、顔面に笑顔を貼り付けたような心理状態が生まれることもある。

先のセリグマンらによる楽観主義と健康・幸福の因果関係についての研究にせよ、フレドリクソンの「拡大－構築理論」にせよ、起点にあるのは「心」だ。それを前向きで明るいものにすることが健康や能力を高めることにつながり、人に成功や幸福をもたらす。それを明らかにしたことにより、ポジティブ心理学は大きく発展すると同時に一般にも広く知られるようになったのである。

科学的根拠を持つエクササイズ

ポジティブ心理学の研究が積み重ねられる中で、効果が科学的に確かめられた働きかけ（介入）の方法も蓄積されつつある。これらの中には研究のための介入実験の手法としてだけでなく、一般の人が簡単に取り組めるエクササイズとして活用されているものも多い。ポジティブ心理学者などが開催するワークショップやセミナーの中で参加者が取り組むことも多いし、企業が研修に取り入れることもあれば個人が家庭で実践することもある。そうしたエクササイズが生まれた研究の文脈はさまざまだが、ポジティブ心理学の実用的な側面でのイメージを持っていただくため、ここでいくつかを紹介しておこう。いずれも心のあり方を変えて「内」から「外」への因果関係を生み出すエクササイズであり、日常生活や仕事などの現実の各場面に良い影響を及ぼすことが確かめられている。

＊

【三つの良いこと】

よく知られているのは、セリグマンやクリストファー・ピーターソン（Christopher Peterson ミシガン大学、二〇一二年没）が実験して効果を実証した「三つの良いこと」というエクササイズだ。[6]

> 寝る前にその日を振り返り、自分にとって良いことを三つ考えて書きとめ、そこで自分が果たした役割を考える。それを一週間にわたり、毎晩行う。

実験の結果、このエクササイズの実施から六ヵ月にわたって幸福感が増し、抑うつが軽減することがわかった。さらにその期間を超えて自発的にエクササイズを続けると、効果の方もさらに長期間にわたって持続することまで確認されている。ただし一〇個書くように指示したり、朝に書くように指示したりすると、さほどの効果が出ない。他の学者の検証によっても、やり過ぎはよくないことが判明している。エクササイズを一週間行った後は、良いことをときどき意識的に思い出す場合が最良の結果となった。

心理学では抑うつ状態の改善を目的として、自分の心の暗部を「書く」という手法が用いられている。書くことによって、驚くような効果が現れることがわかったからだ。そのため「三つの良いこと」でも「書く」ことが勧められる。ただ、時間的制約などで「書く」ことはハードルが高いと感じるのならば就寝前に一人で思い浮かべたり、夫婦などで語り合ってみたりするだけでも効果はあるだろう。そこで挙げる「良いこと」も、劇的なできごとや深い意味を持つできごとである必要はない。

例えば、保育園で思い切り遊んでくたびれたのか、夕食の最中にこっくりこっくりしはじめ、テーブルにおでこをぶつけた我が子。

「あれ、かわいかったね」

おでこをぶつけた子どもには申し訳ないが、そんなほほえましい場面に立ち会えたことは親にしてみれば「良いこと」に違いない。それだけでも明るい気持ち、つまりポジティブ感情が生まれる。そうして生まれたポジティブ感情が、人の健康や成功に結びついていくわけだ。

＊

【感謝日記】

「感謝日記」と呼ばれるエクササイズも、一般の人が簡単に取り組むことができるものとしてよく知られている。

感謝の気持ちを感じたできごとを五つ日記の形で書き記すということを、週に一回、一〇週間にわたって続ける。

この「感謝」が幸福度や健康状態に良い影響を与えることは、心理学者ロバート・A・エモンズ(Robert A. Emmons カリフォルニア大学)によって明らかにされた。[7]

エモンズは三つのグループを作り、第一グループの参加者には感謝を感じるように勧め、第二グループには否定的な愚痴をこぼすように勧め、第三グループには何も勧めないという対照実験を行った。各グループには一〇週間にわたり毎週、それぞれ前の週に体験した「感謝したこと」、「煩わしいこと」、「自分たちに影響を与えた出来事や環境」を五つずつ書くという課題を与えた。そのうえでエモンズは、各グループの幸福度や身体的な健康状態を調べている。

第一グループが書いた感謝の報告には、他人との交流への感謝、身体的健康への感謝、障害を克服できたことへの感謝、生きていることへの感謝など、さまざまなレベルの多様な感謝が挙げられていた。その後の調査票を分析してみると、この第一グループと他のグループの間には、自分を幸福と感じる度合いや健康状態に明確な差があることが判明した。「感謝」は本人に「幸福」という感情を引き起こしたのだ。しかもこの差はすぐに消えるわけではなく、約半年後に調べても第一グループは他のグループに比べて幸福感が大幅に高いことまでわかっている。

他の研究者が医療関係者に対しても同じような実験を行い、被験者に二週間にわたって感謝日記をつけることを求めた。その結果、ストレスが減った状態が持続しているという回答が二八％、うつについても同様の回答が一六%もの医療関係者から得られている。

めまぐるしく自分の仕事や家事、育児などをこなすので精一杯という私たちにとって、日常のこまごまとした場面ごとに他者への感謝の念を自覚したり表明したりすることはなかなか難しいものだ。誰かに親切にしてもらっても、気持ちに余裕がないときはついぞんざいな態度で済ませてしまう。「してもらって当然」と思っていたことの中にも、後になってから「感謝すべきことだった」と気づくものが多い。だが、「感謝日記」を書くことを通じ、私たちはそれらを自覚し直したり再発見したりすることができるのである。

*

【お金の使い方】

「お金の使い方」を考えてみるというエクササイズも、ポジティブ心理学の研究に基づいている。基礎となったのは、利他的な行為と幸福度との関係についての研究である。エクササイズとして取り組むときにどのような形で行うのかは後回しにして、基礎となった研究の方を先に紹介しよう。[8]

ソニア・リュボミアスキー（Sonja Lyubomirsky　カリフォルニア大学リバーサイド校）は、後で詳しく紹介する（八九―九〇頁）ように、幸福が遺伝と環境、それに本人の意図的活動の三つの要素から形成されると定式化したことで知られる学者だ。その考え方はセリグマンによって〈H（幸福水準）＝S（遺伝的設定範囲）＋C（状況・環境）＋V（意志的制御 voluntary control）〉という幸福公式で表されている。リュボミアスキーのねらいは、幸福感の差異は遺伝による影響が大きいという考え方に対し、本人の意識的な考え方や行動も重要なのだと強調するところにあった。そこで彼女は自分の考え方に即したエクササイズを考案したり、他の学者のエクササイズの効果を数多く検証したりしてきた。

そのリュボミアスキーが行った実験の一つに、「親切な行為を行う」という実験がある。被験者に対し、六週間の間、一週間に一日だけ親切な五つの行動をするように課したところ、被験者の幸福感が高まったのである。さらに実験条件を変えて検証した結果、親切な行為のタイミングや行動の多様性などによって効果は異なるが、定期的に行う利他的行動は本人の幸福感を高めることがわかった。

また、アダム・グラント（Adam M. Grant ペンシルベニア大学ウォートン校）は、ギブ（与える）とテイク（受け取る）という互酬性の関係について実験している。彼はエンジニアや医学生、販売員を調査し、これらの人々を「与える人」（受け取る以上に与えようとする人）と「受け取る人」（与えるより多くを受け取る人）と「釣り合わせる人」（与えることと受け取ることのバランスを取る人）に分類した。そのうえで、それぞれの人の仕事における生産性や成績などのパフォーマンスを調べ、先の三つの分類との相関を調べている。

分析の結果、不思議なことがわかった。パフォーマンスが最も良いのも最も悪いのも「与える人」であり、「受け取る人」と「釣り合わせる人」はその中間だったのである。つまり、「与える人」は両極分離し、「勝利者」になれる人もいるが「のろまなお人好し」になってしまう人もいるのだ。同じ「与える人」でも他者利益とともに自己利益の実現を図る「他者志向」の人は、「成功する『与える人』」だった。これに対し、他者利益だけを考えて自己利益を考えない「自己犠牲」タイプの人は、燃え尽きてしまって成功できない。受け取るより多くを与えつつ、自己利益も見失わない。それを指針として「いつ、どこで、どのように、誰に与えるか」を決める人が、最も成功の可能性が高い。

以上の研究によって、利他的な行為を適切に行うと幸せを感じられると同時に、生産性や成績といった実益まで呼び寄せられることが解明された。我を忘れては元も子もないが、自分を見失わない範囲で利他的な人は利己的な人よりも幸福になりやすいのである。

さて、こうした研究を背景にした「お金の使い方」は、以下のようなエクササイズだ。

①自分自身のために約二〇〇〇円を使った最後の時のことを思い出し、その時にどのように感じたか、何がそのような気持ちを引き起こしたかを書いたり語ったりしてみる。
②次に、誰かのために同じ金額を使った時のことについて、①と同じように詳しく思い起こしてみる。
③最後にいま自分がどれくらい幸福かを考えて語る。

似たようなものに、最初に自分が面白いと思うことを計画し、次に利他的なことを一つ計画し、最後にこれらを比較してどのように感じたかを語る（書く）「二つの計画」と呼ばれるエクササイズもある。どちらも利他的な行為を仮想してみるエクササイズだが、もちろん思い浮かべるだけではなく実際に利他的な行為に取り組んでみてもよい。

例えば、ある研究によってボランティア行動が幸福感を高めることがわかっている。その研究では、多発性硬化症の女性五人が相互支援のために「毎月一度、各一五分ずつ同情的に相手の話を聞く」というボランティア行動を三年以上続けた結果、満足感や自己効力感、習熟感、自尊心、自己受容感が高まった。親切にされた人にもポジティブな変化があったが、親切をした人はそれ以上に幸福感が高まったのである。[9]

セリグマンは、思いもよらないような親切な行為を考えて、翌日に実行するというエクササイズを提案している。[10] このほか、ほんのちょっとしたことでもいいから、ボランティアに類することに取り組んでみるという、実践的エクササイズも考えられるだろう。例えば、毎日通りかかる歩道の植え込みの一角だけは、街で自分が引き受ける場所と思い定め、その根元に落ちているゴミだけは拾うように心がける。それは本当にささやかなボランティアに過ぎないが、取り組む人のポジティブ感情を高めるはずだ。さらに本格的なボランティアに取り組めば、それは本人にとってエクササイズになると同時に社会への貢献になることは言うまでもない。逆に考えると、こうも言えるだろう。ボランティアなどの社会への貢献は「奉仕」といった文脈で語られたり要請されたりすることが多かったが、じつは個人の心を前向きで明るいものにするエクササイズでもあったのだ。

利他的な行為の大切さは、古くから多くの宗教や道徳によって語られてきた。ポジティブ心理学は、そうした教えや道徳が、利他的に行動する人自身の利益にもなることを明らかにしている。「情けは人の為ならず」ということわざは、いつか自分が助けてもらうこともあるという意味で互酬性の重要性を説くのみならず、利他的に行動する自分自身の幸福感や成功の可能性を高めるという科学的事実も言い当てていたのである。

誰のためのエクササイズか？

さまざまなエクササイズの基礎にあるのは、効果が実証された介入実験である。これらのいずれのエクササイズも、取り組む人のポジティブ感情を高める作用があるため、実用性は高い。

人は心がネガティブな感情で覆われると、仕事や学業、家庭生活、さらには人生全体に対して前向きになれない。そうなると仕事のパフォーマンスや学業成績は伸びないし、家庭の雰囲気も悪くなりやすい。また、そのような精神状態が続けば病気にかかりやすくなったり、回復が遅れたりもする。このような時、右のようなエクササイズは自分の中にポジティブな感情を生み出すことに役立つはずだ。それはネガティブな感情そのものを消し去るエクササイズではない。けれども、エクササイズによってポジティブ感情を生み出せば、それが健康や仕事、学業、家庭生活などに対する向き合い方を変える。「内」から「外」への因果関係が作動し、「拡大－構築理論」が明らかにした上向きの螺旋階段が生まれるわけだ。

今では企業経営陣や会社員の中にポジティブ心理学のエクササイズに関心を持つ人が現れているが、それも良好な心理状態を生み出すことが業績に結び付く傾向があるからに他ならない。心理学に縁のなかった一般の人々がポジティブ心理学に関心を持ちはじめたのも、そうした実用的な効能に期待してのことだろう。後述のようなビジネスにおける研究成果から見れば、ポジティブ心理学を仕事やビジネスで実践することによって、経済的な成長や繁栄がもたらされる。停滞感が漂う日本社会にとっても、これは新しい大きなフロンティアであり、このような夢の実現を私は願っている。

だが、こうしたエクササイズは、一流企業のビジネスマンといった恵まれた境遇にある人が一層の成功を収めるためだけにあるわけではないことも、ここで述べておきたい。

例えば、子育てに即して言えば、仕事との板挟みで忙殺される日々が続くと、親の心からは余裕が失われる。親が極度に心理的に追いつめられれば、子どもは虐待などの危険にさらされる可能性が高まる。それを防ぐには困窮家庭に対しては経済的支援が必要であるし、一般的に言っても働く場と収入の確保や子育てと仕事が両立可能な働き方の実現など、さまざまなマクロな対策が必要であることは言うまでもない。また、抑うつがひどい場合、ネガティブな心理状態の治療・改善を手がけてきた従来の心理学の力を借りることももちろん必要だろう。だが、取り急ぎ個人が自分自身や子どもの身を守るうえで、先に見たようなエクササイズが役立つことも、多くの人に覚えておいてほしいというのが私の率直な願いだ。

エクササイズを通して自分の中にポジティブ感情を育てることで、心がネガティブな感情に覆いつくされるのを防ぐことができる。そこに小さくても上向きの螺旋階段を生み出せば、生き延びるために必要ないくつかの大事なことが可能になるのだ。例えば、行政に相談してみようと「思う」には、最低でもそのように思えるだけの前向きな気持ち、つまりポジティブ感情がどうしても要る。それがなければ、声を上げたり社会に働きかけたりする行動も生まれようがない。また、「拡大－構築理論」が明らかにしているように、ポジティブ感情は視野の広がりを生む。視野が広がりさえすれば、追い詰められた人がいわれのない「自己責任論」にとらわれて自分を責めるのではなく、新しい活路や方策を思いつけるかもしれない。さらに、第二章で詳しく述べるように、ポジティブ心理学は避けがたい困難で生じたネガティブな心理状態からの回復力（レジリエンス）を高めることにも寄与できることがわかってきている。ポジティブ感情を生み出すエクササイズは、弱い立場にある人が上向きの循環をつかむアート（技術）、身を守るためのアートとして生きるものでもあるのだ。

科学的な方法に基づく「善き行い」の再発見

もう一つ、ここまでの内容をふまえて強調しておきたいのは、エクササイズのいくつかは、日常的であると同時に伝統的でもあるということだ。伝統的な道徳や宗教が語ってきた「善き行い」すなわち徳目の妥当性が、科学的な方法によって再発見されたのである。

例えば、感謝の心や利他的な行為の大切さは、昔から多くの宗教や道徳が説いてきたことだ。一方、「感謝日記」や「お金の使い方」のエクササイズは、感謝や利他性がたんに立派な心がけであるだけでなく、行為者自身の幸福度や健康状態を高めるという科学的な知見に基づいて提唱されているものである。つまり、ポジティブ心理学が開拓したこれらのエクササイズは、宗教や道徳の教えとして上から与えられるものとしてイメージされがちだった徳目を、科学的にも根拠のある人生のツールとして私たちが選びなおすことを可能にしたわけである。

ほかにも宗教的な教えや道徳として語られてきたことの中には、ポジティブ心理学がポジティブ感情を高める方法として提案していることと一致するものが多い。ポジティブ心理学の基礎を学ぶということは、近代化を経て力を失いかけている宗教や道徳、倫理が語ってきたことの中から今の時代に生かせるものを再発見し、呼び戻すということでもあるのだ。

ただ、かつての宗教や道徳、倫理などの語られ方や適用のされ方と大きく違うのは、ポジティブ心理学の成果として語られるエクササイズが、特定の教祖や教典、団体や国家から信者や国民に押し付けられるものではないということだ。エクササイズはいずれも科学的な根拠に基づくものであると同時に、その実践は個人の自発性に任されている。ポジティブ心理学は、道徳的な「善き行い」を自分自身や社会に役立つものとしてみずから選び取る根拠を私たちに提供してくれているのである。

ポジティブ心理学の進展

良いことを思い浮かべることや感謝の念を持つこと、他人のためにお金を使うことは、いずれも自分の中にいい気持ち、つまりポジティブ感情を生み出すことにつながる。いい気持ちになるだけでなく、それが学業や仕事の成功をはじめとする客観的な幸福にまで拡がるというのがエクササイズの実利的な効果だが、幸福へ向かう心の状態はポジティブ感情以外にはないのだろうか。また、健康や幸福を呼び込むポジティブ感情をはじめとする心理状態を、測定することはできないのだろうか。

これらの疑問に対する答えが学問的に明らかになれば、人は成功や幸福に至るための行動を自覚的に選択しやすくなる。個人のレベルでは、自分や家族など身近な人の心の中でポジティブな要素が乏しいことが客観的にわかれば、回復させる働きかけをいち早く行うことができる。社会のレベルで考えると、人々の心のポジティブ度を底上げし、社会全体の成功や幸福の度合いを高める政策を考えることもできるはずである。つまり私たちは公私の両面にまたがりながら、何をすることが幸福につながる「善いこと」なのかという価値判断のよりどころやそのヒントを得られることになる。じつはこうした公共的な意義を、ポジティブ心理学は当初から意識してきたのだ。

セリグマンとチクセントミハイは、ポジティブ心理学を開始するにあたって発表した記念碑的な連名の論文「ポジティブ心理学――序論」（『アメリカ心理学者（American Psychologist）』二〇〇〇年一月号）の中で、この学問が扱うべき領域として三つの柱を掲げた。第一は「主観的経験」、第二は「人格的特性」、第三が「公共的な制度」だ。

一番目の「主観的経験」というのは、ポジティブ感情などを本人が感じている状態を指す。その代表的な研究は、「喜び」をはじめとするポジティブ感情を心理学的に分析し、それを増進する方法を探ることである。やがてこの研究は、ポジティブ感情以外にも幸福に結びつく主観的な要素がいくつかあることを明らかにし、人々の幸福感が何によって規定されるかを多次元的に解明しつつある。

それでは、人間が持っているさまざまな人格的な特性の中で、どのような特性を活かせば右のような感情を生み出して幸福に結びつけることができるのだろうか。その探求を進めようというのが、二番目の「人格的特性」という柱だ。この探求を通じ、ポジティブ心理学は各個人がそなえている美徳や人格的な強み（長所）が幸福と深く関わっていることを明らかにした。例えば、人には「人間性」という美徳があり、それが「親切」という強み（長所）として発現するから電車でお年寄りに席を譲ることができるのだし、そこには「勇気」という美徳も関わっている。こうして利他的に行動することで、先のエクササイズで見たように自分自身の心もまたポジティブになる。こんな風に、ポジティブな心理状態を作り出す素材や資源となる美徳や人格的な強み（長所）を解明してみた結果、従来の心理学が触れようとしなかった道徳的な要素、すなわち価値観や世界観に関わる要素が、実に数多く含まれていることもわかってきた。

この、心のポジティブ度を高めたり、基礎となる美徳や強みを培《つちか》ったりするには、それをうながす「公共的な制度」が必要となる。そのあり方を探るのが三番目の柱だ。「制度」というと個別の施策を定めた法的な枠組みや手続きなどを連想しそうだが、それだけではない。ここでの公共的な制度とは公私の両方に影響を及ぼす政治や経済、教育や福祉などにかかわる組織や社会のシステム全体を意味し、家族や職場でのつながり、さまざまなボランティア活動や趣味のつながり、自治会活動、さらには企業活動や政治システムまでをも含む。幸福度を高めることを可能にするためには、どのような社会システムが求められるのか。それを公私にまたがる形で探ろうというのが「公共的な制度」に込められた意味なのである。

本章の残されたページでは、第一の柱である「主観的経験」について、ポジティブ心理学がどのようなものの見方を提供しているのかを見ておこう。

2　幸福をもたらす感情・心理を測る

PERMA――ウェルビーイング（良好状態）をとらえる指標

ここであらためて「ウェルビーイング（well-being）」という言葉を紹介しておこう。これは簡単に言えば、これまで用いてきた「幸せ・幸福（happiness）」に代わる言葉で、あえて訳すなら「良好状態」といった意味合いになる。今日のポジティブ心理学の実証的研究ではウェルビーイングという言葉が用いられることが多く、心理学の関係者以外の人も、ある時点で幸福感の高い良好な状態、幸福度が高い状態のことを「ウェルビーイングが高い」という言い方で表現することが多い。そこで本書でも、以下ではウェルビーイングという言葉を用いていきたい。

研究が深まるにつれ、ウェルビーイングを構成する要素の多様性も明らかになりはじめた。当初考えられていたポジティブ感情以外にも、ウェルビーイングにつながる重要な感情的、心理的要素や条件があることが次々にわかりはじめている。

例えば、セリグマンとともにポジティブ心理学を立ち上げたチクセントミハイは、「フロー（没頭・没入・熱中）」という体験がウェルビーイングにつながる重要な要素であることを明らかにした。スポーツ選手などを調査してみると、彼らは時間の経過を忘れて活動に没頭（没入）している時に創造的で素晴らしい業績を残している。自己意識がなくなるほど集中すると、行動と意識とが融合する。コントロール感覚を持ちつつも、時間を忘れてしまう。活動の結果を追い求めるのではなく活動じたいに熱中し、行動そのものに本質的価値を感じる。このように、我を忘れて没頭している時の体験がフローだ。

また、「意義」というものがウェルビーイングを高める重要な要素であることも明らかになっている。神経科医で心理学者でもあったヴィクトール・フランクル（Viktor Emil Frankl 1905-1997）は、かつてナチスによってアウシュビッツなどの強制収容所に送られた。両親や妻は死亡したが、フランクルは帰還を果たす。その半年間の記録に基づいて書かれたのが、世界に大きな感動を与えた『夜と霧』（一九四六年）である。この書は、絶望の淵にあってもなお、人間性や希望を失わなかった人々の姿を通し、将来に希望や意義を見いだすことが人間に生きる力を与えることを記している。コミュニティや社会、自然、神など自分よりも大きな存在に貢献できることに希望を見いだす感覚は、人間に生きる意義を与えてウェルビーイングを高め、それが健康や業績といった客観的な幸福にまでつながるのである。

このように、「幸福」をもたらす感情や心理は、当初考えられたような、楽観主義をはじめとするポジティブ感情だけではない。そのことをふまえ、セリグマンはまず『真の幸福』（二〇〇二年）の中で、ポジティブ感情による「快い生」、強み（長所）を用いてフローによる喜びを得る「善き生」、そして「意義ある生」の三つを兼ね備えるのが幸福であるとした。さらに彼は『栄える（Flourish）』（二〇一一年、邦訳『ポジティブ心理学の挑戦』）の中で、幸福のとらえ方をもう一回り多角化させている。

この著作の原題であるFlourishは、日本語では「繁栄する」や「繁盛する」とも訳されるが、ここでは人生の開花としての幸福を意味している。ただ、前著書名の「真の幸福」もそうであるが、幸福研究やポジティブ心理学にとって極めて重要な概念であるにもかかわらず、邦訳しにくいのも事実だ。単に「幸福」と呼んだのでは表しにくい意味を、概念にあてる言葉を工夫することによって示そうとしているからだ。

なるべくわかりやすい邦訳語を考えているうちに、仏教などの宗教的な概念や寺院の名称、銘菓・銘酒の銘などで幸福を表す言葉の中に近いものがあることに、私は気づいた。例えば「真の幸福」(「本当の幸福」)には「真福」という言葉がある。キリスト教のカトリックでは「真福八端」という言葉が使われている。マタイ福音書における「山上の垂訓」として知られている部分であり、「心の貧しい人は幸いである」などの言葉を知っている人も少なくないだろう。仏教でも「真福寺」が複数あり、それにちなんだ「真福もち」もある。また、「開福」は、中国の長沙市開福区に「開福寺」があり、日本にも「開福餅」や地酒の「開福」がある。さらに「栄福」は「繁栄と幸福」という意味で普通名詞として辞書にも載っているが、「栄福寺」もいくつかある。そこで本書では、微細なニュアンスを表すために「真福」や「開福」、「栄福」という言葉を用いていくことにしたい。

Flourish(開福・栄福)に込められた開花による幸福と繁栄というセリグマンの考え方は、古代ギリシャの哲学者・アリストテレス(前三八四～前三二二)の幸福観とも重なる。アリストテレスは植物などの生物の観察から着想を得て、世界にはもともと潜在的な形(形相)として可能態(潜勢態:デュナミス)が目的として存在しており、生成・発展によって現実的な形(現実態:エネルゲイア)になると考えた。人間に置き換えると、魂の資質が開花することによってギリシャ語で「幸福」を指すエウダイモニア(eudaimonia)が実現するわけだ。そのエウダイモニアにつながる「善いこと」を選び取り、「善い人生」を生きるべきだというのが彼の考えである。セリグマンの幸福のとらえ方も、これに近い。

同書の中でセリグマンは、先に挙げた三つの生を「ポジティブ感情（Positive emotion）」、「没頭・没入・熱中（Engagement）」、「意味・意義（Meaning）」という言葉に置き換えたうえで、そこに「人間関係（Relationship）」と「達成（Accomplishment or Achievement）」の二つを加えた合計五つをウェルビーイングの主要な要素と位置づけた。当初はポジティブ感情に目を向けるところからスタートしたポジティブ心理学は、ウェルビーイングをより多次元的にとらえるべきだという方向へと深化したわけだ。人は自分の美徳や強みを活かしながらこれら五つの要素を高め、五つの要素は相互に関連しあいながら全体としてウェルビーイングを良好なものにして最終的には栄福（Flourish）をもたらす。それがセリグマンの「ウェルビーイング理論」の基本的な枠組みである（図2）。

この理論のもとでウェルビーイングを構成するという右の五つの要素は、それぞれの頭文字を取ってPERMA（「パーマ」）と総称されることが多い。PERMAは私たちが漠然と「幸福」「幸せ」と呼んできたものを、ポジティブ心理学で科学的にとらえるための重要な指標の一つとなった。

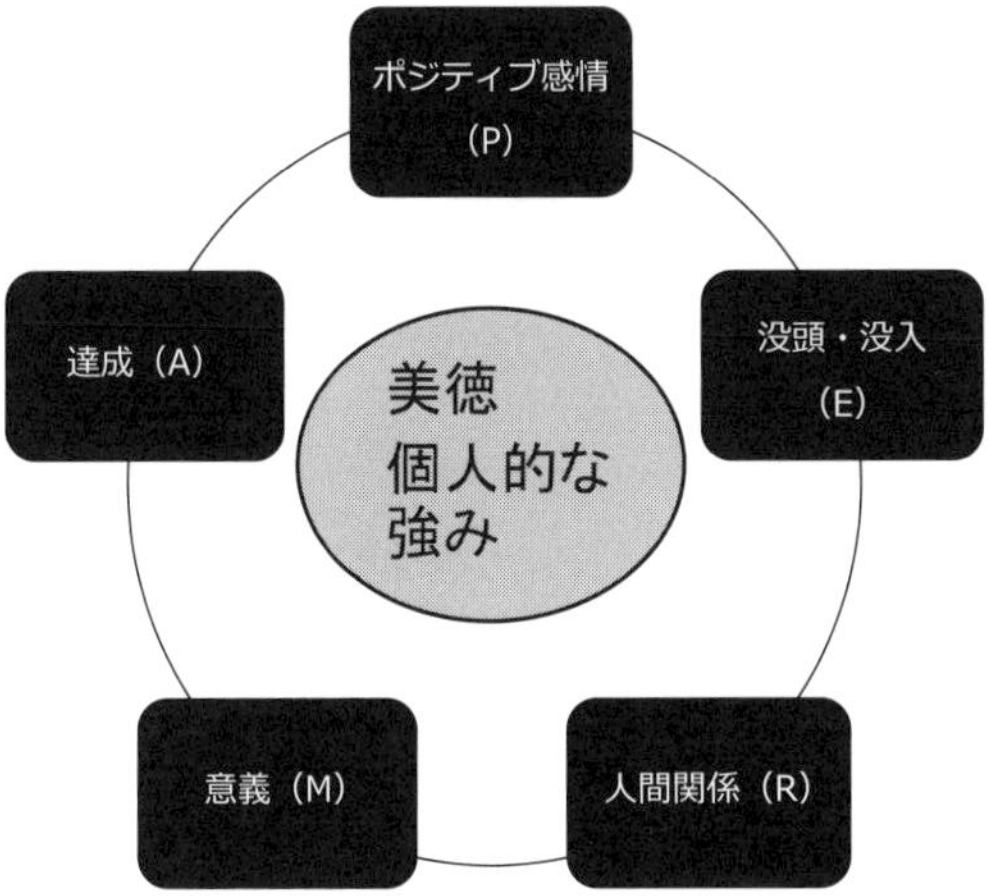

図2：PERMAによる栄福　セリグマン『Flourish』（2011年、邦題『ポジティブ心理学の挑戦』）より筆者作成。

PERMAを通して映画を観る

私たちは自動車などの工業製品を見るとき、小さな部品から完成した製品に至るまでのすべてを、半ば無意識のうちに安全性や耐久性、経済性、デザインといったいくつかの共通する視点で眺め、評価している。品物の種類はまったく違うのに、眺める際の視点、評価の項目は共通しているということも多い。例えば、自転車と発電所とでは技術のレベルも規模も使用目的も異なるが、「安全性」や「経済性」、「耐久性」といった視点で評価されることでは共通している。こうした視点や評価の項目は「指標」と呼ばれる。

同じようにポジティブ心理学はPERMAをはじめとする指標を通じて、個人のウェルビーイングを評価したり、それを集積させて家族や企業といったコミュニティや組織単位でのウェルビーイングを調べたりする。例えば、ある人の心理状態を調査票（図3）をもとにPERMAの各指標の値はどのくらいか、全体の合計値はどの程度かといった形でウェルビーイングの状態や程度を測定する。指標の値が総じて高ければ、「ウェルビーイングが高い」ということになる。

では、こうした指標を通して個人や家族、コミュニティのウェルビーイングを見るというのは、具体的にはどういうことだろうか。それをイメージするために一つの映画を取り上げ、PERMAを通して鑑賞してみよう。取り上げるのは、『リトル・ダンサー』（二〇〇〇年。原題 Billy Elliot、監督スティーブン・ダルドリー）というイギリス映画だ。

舞台は一九八四年のイギリス、イングランド北部の炭鉱町。当時、保守党政権を率いたマーガレット・サッチャー首相は、規制緩和と民営化を軸にした新自由主義的な政策を次々に打ち出していた。その一環としてサッチャー政権が強行したのが、不況産業化していた炭鉱の閉山や炭鉱夫たちの賃金カットだ。抗議する全国炭鉱組合は戦後最大となる長期ストライキを決行したが、サッチャーは一切の妥協を拒む。勝つあてのない長期ストの中で炭鉱夫やその家族、そして炭鉱を基盤にして成り立つ地域コミュニティそのものが各地で疲弊していく。主人公一家も、その疲弊のさ中にある炭鉱夫家族である。

意義：	日頃、あなたはどのくらい目的や意味のある生活を送っていると感じていますか。
没頭：	あなたは、自分がやっていることに、どのくらい没頭していますか。
達成：	あなたは、自分で立てた重要な目標を、どのくらい達成できますか。
ポジティブ感情：	あなたは日頃、楽しさや感謝や愛情や喜びなどのポジティブな（明るい）気持ちを、どのくらい感じていますか。
人間関係：	あなたは、自分自身の人間関係に、どのくらい満足していますか。
満足度：	日頃、あなたはどのくらい満足していると感じますか。
幸福度：	すべてを考え合わせて、あなたは自分がどれくらい幸せだと思いますか。

図3：PERMA調査票の例　筆者が企業調査（248ページ参照）で用いたPERMA関連の調査票の一部をわかりやすくしたもの。以下の論文におけるPERMAプロフィール票とその日本語版（金沢工業大学心理科学研究所が開発）を基礎にして、調査の目的に応じて改変し、PERMAと満足度・幸福度を調査した。もともとの質問票では、PERMAはそれぞれ3項目で調べており、各項目について0から10の11段階で回答するように作成されている。
Julie Butler and Margaret L Kern, “The PERMA-Profiler: A Brief multidimensional measure of flourishing,” *International Journal of Wellbeing,* 2016: 6(3), pp.1-48.
https://wwwr.kanazawa-it.ac.jp/wwwr/lab/lps/perma_profiler/perma_profiler_link.html

＊

【P：ポジティブ感情（Positive emotion）】

一一歳になる主人公ビリー・エリオットは幼い頃に母を失くし、炭鉱夫である父と兄のトニー、そして認知症を抱える祖母と暮らしている。ストライキに参加する父とトニーは連日のように警官隊と衝突し、家の空気は荒みがちだ。例えば、狭い炭鉱住宅の中で、ビリーは母の形見とも言える小さなピアノを奏でる。その音にいらだった父は、ピアノの蓋をぴしゃりと閉じる。随所に描かれるこうした荒んだ空気が示すのは、炭鉱夫やその家庭、さらには炭鉱町というコミュニティで明るい感情が途絶えがちであること、すなわち〈P（ポジティブ感情）〉の低さだ。勝利の見込みのない長期ストと生活苦、そして地域の分断が人々の〈P〉のレベルを下げている。

ここで記憶しておきたいのは、ある政策が招き寄せた社会の現実が、地域や家族、そして個人の私生活における〈P〉にまで深く影響するということである。ポジティブ心理学がＰＥＲＭＡなどの指標でとらえるウェルビーイングは、社会的要因によっても上下するものなのだ。サッチャー政権下での炭鉱ストという社会的な背景と家族の情景の両方を丁寧に描写する『リトル・ダンサー』は、それを見事に表現している。

ただ、一人ひとりを見ていくと、そうした中でも個人の〈P〉は灰色一辺倒ではない。朝、主人公ビリーの一日は自分と祖母の朝食の準備と介護から始まる。トースターから焼きあがった食パンがポンと飛び出る。待ち構えていたビリーは、飛び出したパンを巧みに皿で受けて会心の笑み。皿を持って移動しながら、狭い食卓の天井から吊るされたバッグに軽くヘディング。快活でリズミカルな動きの合間に見せる笑顔から、せわしない家事がつかの間の快活な気分、すなわち〈P〉を生んでいることがわかる。

ビリーはポジティブ心理学など知らないが、朝の家事と祖母への介護は彼にとって生活の中に埋め込まれたエクササイズのようなものだ。愉快な動きで自分を軽く鼓舞しながら、介護という利他性のある行為で一日をはじめる。こうして、みずから〈P〉をかきたてることで保たれるウェルビーイングもあるのだ。

このようにポジティブ心理学から見ると、社会的原因や状況が個々人の幸福感に影響を与えている一方で、個々人の努力や工夫によっても幸福感は上下する。マクロな社会的状況の改善と、ミクロな個々人の努力の双方によって、ウェルビーイングを高める方法を追求するのが最善だろう。

【P：ポジティブ感情（Positive emotion）】

楽観主義や喜び、感謝、安らぎ、興味、希望、誇り、愉快、鼓舞、畏敬、愛など。多くのポジティブ心理学者による研究で、健康を改善させることが明らかになっており、フレドリクソンはポジティブ感情の比率を高めることが関心範囲を広げ、知性や精神の働きを拡大させて成功、幸福に導くという「拡大－構築理論」を明らかにした。

＊

【E：（熱心な）参与・従事／（熱中する）没頭・没入（Engagement）】

〈P（ポジティブ感情）〉は下がり気味の父や兄だが、二人にも熱い時間がある。大勢の組合仲間と共に、同じく大量動員された警官隊とぶつかり合う時だ。

警官隊が警備する道路を、炭鉱会社の貸し切りバスが通りかかる。中に乗るのは、会社と妥協して出勤するスト破りの炭鉱夫たちだ。バスが通るたびに組合員は一斉に道路に群がり、ずらりと盾を並べる警官隊と激しくもみ合う。スト破りを乗せたバスに殺到し、「裏切り者」と声をからす。警官隊と押し合いながら声と力をふりしぼる間、父や兄の〈E（参与・従事）〉の度合いは間違いなく高い。長期ストによる閉塞感の中を生きる炭鉱夫たちのウェルビーイングは、この〈E〉によってかろうじて支えられている。

〈E〉が表す「エンゲイジメント（Engagement）」という単語は、何かに「熱心に関わること」を意味する。対象を見つけて熱心に関わることは、人のウェルビーイングを支える重要な要素の一つだ。例えば、会社一筋の生活を送ってきたサラリーマンの中には、退職後の老後生活の中で自分が関わるべきものを見つけられずウェルビーイングを低下させてしまう人が少なくない。家庭で家事や育児などの役割を担った経験が乏しいうえ、熱心に取り組める地域活動や趣味を持っているわけでもない。そのような場合、退職後は〈E〉の対象を失い、後で述べる〈R（人間関係）〉も限られてしまう。結果として引きこもりがちになり、抑揚のない生活は〈P〉までも低下させる。このようにPERMAの各要素は連動することが多く、何かに熱心に関わる〈E〉はそのきっかけとしても大事だ。

さて、それでは主人公ビリー少年にとっての〈E〉は？

若い頃にボクシングで鳴らした父は、町の子どもボクシング教室にビリーを通わせている。地域のスポーツ教室の一つで、コーチも父と親しい炭鉱夫だ。父に言わせれば、男だったらボクシングかサッカー、レスリング。だが、当のビリー自身は殴り合いになじめない。楽しくもないボクシングで居残り練習を命ぜられたビリーの〈E〉の度合いは低い。

そのビリーが興味を抱いたのが、同じ体育館でレッスンする子どもバレエ教室だった。練習しているのは女の子ばかり。だが、もともと音楽に合わせて体を動かすのが好きなビリーはつい、惹かれてしまう。「男がバレエなんて」と口では言いながらも、コーチであるウィルキンソン夫人に誘われるまま、彼はボクシング教室をさぼってバレエ教室の方に通いはじめる。ボクシング教室のレッスン代として五〇ペンスを持たせてくれる父には内緒だ。

最初の難関は、直立して片足のつま先でくるりと回るグランフェッテ。バスタブの中、ベッドの横の狭い床、そして食卓。回転し損ねて転び続けたある日、不意にビリーはベッドの横できれいに人生初めての一回転を決める。こうして一心不乱に練習を続ける少年の心は、〈E（没頭・没入）〉に満たされている。

だが、〈E〉の中でも特にチクセントミハイが発見した「フロー」と呼ばれる状態（四六頁）は、本人の能力と挑戦する目標とのバランスが取れていなければ訪れない。自分の技術が追い付いていない段階では没頭どころではなく、フローはやってこない。逆に自分にとって簡単過ぎることをやっても集中できないから、これもフローにはならない。

このフローとはどのような状態なのか。『リトル・ダンサー』ではビリー自身がそれを見事な言葉で語る。物語の順序としては先回りになるが、ここで紹介しよう。

映画の後半、家族との葛藤を経た末にバレエダンサーを志すことになったビリーがロイヤル・バレエ学校を受験するくだりだ。実技試験でパッとしなかったビリーは、面接でもロクなことが言えない。しょげた顔で面接の席をたちかけたビリーに、試験官の一人が思い出したように追加の質問をする。踊っている時、どんな気持ちがするかというのだ。

「さあ……」と口ごもるビリーを見て試験官は失望しかけるが、その後にビリーはぽつり、ぽつりと語りはじめる。

「いい気分です。最初は体が硬いけど……踊り出すと……何もかも忘れて……すべてが……消えます。何もかも」

それを聞いて、試験官が急に真剣な顔になってビリーを見つめる。

「自分が変わって……体の中に炎が。宙を飛んでる気分になります、鳥のように。電気のように。そう、……電気のように」

この状態こそ〈E〉の中でも特に「フロー」と呼ばれる状態であり、チクセントミハイが注目した心理だ。ビリーはバレエが単に「好き」という域を超え、心底「没頭」できる力を備えていることを自分の言葉で語ったのである。それはこの道で開花し幸福を得る（flourish・開福・栄福）ためには最大の必要条件でもあるだろう。

【E：（熱心な）参与・従事／（熱中する）没頭・没入（Engagement）】

広義では熱心な「参与・従事」を意味し、「ワーク・エンゲイジメント」（仕事への熱意）という概念もある。セリグマンはEを主に「フロー状態」として説明しており、これは狭義の用法である。これについてチクセントミハイは、無我夢中で活動に集中していると、楽しく、創造的な活動ができて幸福になることを明らかにした。その集中の度合いが高まると、結果を目的にせず、することじたいに没頭する「フロー状態」が生まれる。スポーツ、思考、芸術、趣味などさまざまな活動のほか、仕事でも良い結果をもたらすことが多い。

＊

【R：人間関係（Relationship）】

ビリーの人生の開福（flourish・開花による幸福）にとって厄介な障害であり、同時に最も大きな支えとなったのは父や兄トニーとの〈R（人間関係）〉だった。

ボクシング教室に通うふりをしてバレエ教室に通っていることを知り、当然のことながら父は激怒する。バレエなど女がやるものだと決めつける父は、家父長主義をひきずる頑固な親父でもある。父は息子にバレエ教室に通うことを禁じ、二人の間には亀裂が生まれる。生きていれば間に立ってくれたはずの母（妻）の不在が、一家の〈R〉に影を落としているのだ。困窮した生活の中でストを闘い、バレエなど中流階級のお遊びだと小ばかにする父や兄との〈R〉。その〈R〉に新しい流れを生み出したのは、ビリー自身だった。

右の一件からしばらくしたクリスマスの夜、ビリーは友人と一緒に体育館に忍び込んでバレエの自主練習ともお遊びともつかぬ時間を過ごしている。間が悪いことに父がそれを見つけてしまう。怒りをたぎらせ、ビリーの前に立つ父親。だが、一一歳のビリーも負けていない。バレエに心底没頭している自分を理解しない父親へのいら立ちが、ビリーを突き動かす。息子を引きずって帰らんばかりの父の目の前で、突如ビリーはステップを踏んでバレエを踊りはじめるのだ。密かに無料レッスンを続けてくれたウィルキンソン夫人から学んだダンスである。

ウィルキンソン夫人は女の子と一緒にバレエを学ぶのをためらうビリーを「好きにすれば」と突き放してみせながら、いち早くその天分を見抜く。ロイヤル・バレエ学校に進む道があることを教えて

「あなたには素質が（ある）」と語ってくれたのも彼女なら、父には内緒の猛特訓をしてくれたのも彼女である。さらに、バレエを道楽と決めつける兄と夫人が怒鳴り合いの喧嘩を演じるのを目の当たりにした時、初めてビリーは自分の口で自覚的に語るのだ。「僕はバレエをやりたい」。強みを見つけて引き出そうと努めた彼女との〈R〉がなければ、ビリーの強みの開花は始まりもしなかっただろう。

その彼女に教わったバレエ・ダンスをビリーは父の眼前で踊る。

ステップ、ターン、ステップ、ターン、ジャンプして倒立前転。くるりと回転すると一歩前、また回って一歩前、父と目と鼻の先まで詰め寄り、片足立ちでの回転が一回、二回、三回……。

体育館に流れていた曲が鳴りやみ、ダンスが終わる。息を切らすビリーの目の前にあるのは、初めて目の当たりにした息子のバレエの技量に驚愕する父の顔だった。

次の瞬間、ビリーを残して決然と体育館を出ていく父の心はすでに決まっている。この子の才能を開花（flourish）させてやらなければ。子どもを服従させる親から、子どもの強み（長所）の開花を後押しする親へ。それは父の子に対する「愛」の形の劇的な転換であり、親子という〈R〉がビリーの人生の開花を支えるものへと変わるきっかけだった。

＊

だが、長期ストで生活苦にあえぐ父にとって、「愛」の形の転換は容易ではない。彼はビリーのロイヤル・バレエ学校本校での受験費用を工面するため、昨日まで「裏切り者」と罵声を浴びせてきたスト破りの列に加わる。その姿を見てわが目を疑うビリーの兄トニーに、父はむせび泣きながら言う。未来のない自分たちに、せめてしてやれるのはビリーの才能を伸ばしてやることだけだ、と。それは、子ども自身の強みを伸ばす子育てへの転換であると同時に、格差構造の底辺を生きる一家の中で、せめて末っ子だけは格差・貧困の世代間連鎖から抜け出させてやりたいという思いでもある。だが、そのために父は自分自身の仲間との〈R〉を失わなければならない。この場面は、それぞれの家庭がポジティブな子育てを試みようとする時に必要なものを示唆している。子どもに対する愛の実現が親の負担だけにゆだねられると、愛は成就しないばかりか家族全体のウェルビーイングまで低下させかねない。社会がその愛の実現を励ます〈R〉のネットワークとして機能できるかどうか。それは、格差・貧困が深刻化する社会を生きる私たちに突き付けられた課題でもある。

幸いなことに映画では、父の子への「愛」はささやかな形ながら家族、そして地域コミュニティへと拡散していく。まず、父の決意を目の当たりにした兄トニーは、眠れないその夜、親父は正しいとぽつりと漏らす。数日後、今度はビリーがさぼり続けたボクシング教室のコーチが、大量の小銭を持ってやってくる。ビリーの受験費用の足しにと、教室の部員たちからかき集めたカンパだ。それを見て、トニーも炭鉱夫の組合でカンパを募るアイディアを考えはじめる。子どもに対する父親の愛が家族で共有され、それが地域コミュニティや労働組合という広がりのある「友愛」へと広がっていくことを示唆する場面だ。後に詳しく述べるが、愛は男女の恋愛などと絡めて語られるもの以外にも多様な形で存在し、それは〈R〉を支える。〈R〉は単なる「人脈」という次元でも仕事などを有利にするが、その質や強度を高めるうえでは、愛のあり方を考えることもまた重要なのだ。

【R：人間関係（Relationship）】

友人やパートナーとの人間関係が豊かで、人との付き合いを楽しめている状態。例えば、ヴァイラントらは、朝四時に電話して気楽に自分の問題を話す相手がいる人の方がそうでない人より長生きする可能性が高いことを発見した。[11]〈R〉の度合いの高い人は一人きりになる時間が少なく、人との付き合いを楽しみ、友人がいて、パートナーがいる可能性が高い。また、〈R〉の度合いの高低は、お金をはじめとする他の要素とは無関係である。

＊

【M：意義・意味（Meaning）】

ウィルキンソン夫人はビリーへの秘密の個人レッスンを開始するにあたり、自分が最も大切にしているものを持参するように言いつける。不思議な指示だが、彼女は言う。それがビリーのバレエの助けになるのだ、と。持参した持ち物の中には一通の手紙。母親が亡くなる前、「一八歳のビリー」宛に綴ったものだ。ビリーが読むころ自分は「遠い思い出」になっているであろうという死への覚悟、ビリーの成長を見届けられないことへの心残り、そしてビリーを誇りに思っていることが書かれ、自分を大切に生きてほしいという願いで手紙は締めくくられている。

とっくにこの手紙を読んで暗記しているビリーだが、いま改めて読む手紙は、自分が亡き母との〈R（人間関係）〉にも支えられていることを思い起こさせると同時に、自分がなそうとしていることの〈M（意義・意味）〉を自覚させてくれるツールだ。だが、この手紙に目を通して心打たれたウィルキンソン夫人にとっても、手紙は自分が果たそうとしている役割の〈M〉を見いだすための手がかりとなったはずである。

例えば、個人レッスンが始まってから、彼女はビリーとの間に余計な距離を一切置かない。まるで母と子のようにたのしげに一緒に踊るかと思えば、「努力不足」「やる気がない」という無遠慮な言葉を浴びせる。次々にレッスン課題を突き付ける夫人の鬼コーチぶりには、とうとうビリーの方がキレる。「できないよ」と叫んだ彼は体育館の更衣室に逃げ込み、追いかけてきた夫人に悪態をつきはじめるのだ。

中流階級のしゃれた家に住むアンタに、ボクの家がどんなありさまかわかるのか。命令してばかりいるアンタは、自分の代わりにボクをオーディションに出したいだけだろう。こんなところで子どもにダンスを教えているアンタも、じつはバレエダンサーとしては負け犬ではないか。

一一歳とは思えぬほど辛辣な悪口だが、ビリーにとってはいつの間にか夫人が思いのたけをストレートにぶつけられる唯一の相手になっていることを示す場面でもある。度を越した悪口にウィルキンソン夫人は思わずビリーの頬を叩くが、叩かれたビリーは夫人の肩に顔をうずめて静かに泣きはじめる。荒んだ家庭の空気へのいら立ち、子どもにもわかる格差構造への不満。他に行き場のないこうしたビリーの感情を一身に抱きとめる夫人は、「母親代わり」と言うのは安易だとしても、コーチという役割を超えた〈M〉を感じながらビリーと向き合っていたに違いない。

ウィルキンソン夫人はコーチという役割を超えた使命感、炭鉱夫たちは資本家と闘うという古典的な階級意識にそれぞれの〈M〉を見いだし、各自のウェルビーイングを支えている。私たちもこれと似たような心理を、仕事や社会活動、あるいは趣味に取り組む中でしばしば抱く。その心理を言い当てているのが「生きがい」という日本語である。

ある仕事が企業活動の全体の中でどの部分に該当するかという「意味」ではなく、それを通じて自分が社会にどのように貢献しうるのかという「意義」。そんな「意義」を感じられる仕事がしたいと望んでいる人は多い。ポジティブ心理学は、単なる生活の糧として働く人や自分の出世のために働く人よりも、「天職意識」を持って働く人のパフォーマンスが高いことを明らかにしている（二四〇頁）。もともと「天職意識」とは、神に呼ばれた者がその下で務めを果たすこと（「召命」という）への使命感を意味し、宗教的ニュアンスのある言葉だ。だが、それが指す心理は宗教的な場面でだけ生まれるわけではなく、その中身は私たち日本人の「生きがい」という言葉が指すものに極めて近い。簡潔にこの感情を言い当てる言葉として、今や「生きがい」は海外でikigaiという単語として流通しはじめている。仕事や日常生活に〈M〉を見いだせているか否か。それは私たち自身のウェルビーイングを確かめる重要な指標だ。

【M：意義・意味（Meaning）】

個人を超えた、より大きなことに貢献することが幸福をもたらす。例えばナチスの強制収容所の中にあっても、生きる意味を持とうとした人々がいた。業務全体の中での一つの作業の意味という客観的意味もあるが、それ以上に人生や仕事が自分個人を超えた社会や神のためにどのように役立っているかという「意義」が、人生全体の幸福にとっては重要になる。

＊

【A：達成（Accomplishment or Achievement）】

ビリーがバレエの技量を磨いていくプロセスは、目標とその達成すなわち〈A〉の連続で成り立っている。〈P（ポジティブ感情）〉のところで紹介したように、彼は何度となく転倒をくり返した末、やっと一回のグランフェッテを決める。その場でくるりときれいに回れるようになるというのは、バレエ初心者のほんのささやかな技術的達成に過ぎない。だが、その小さな、けれども客観的な事実としての〈A（達成）〉は彼の〈P〉の程度を高め、彼をさらなる目標設定へと向かわせる。そのくり返しの末、彼はロイヤル・バレエ学校の受験、そして合格という〈A（達成）〉を果たし、バレエダンサーとして大きな人生の舞台へと羽ばたいていく。映画のラストで若きバレエダンサーへと成長したビリーが、すでに老いた父や兄の前で見せる壮麗な白鳥のジャンプは、目標と達成という循環が最終的に彼の人生の開福と栄福（flourish・開花と栄光による幸福）をもたらそうとしていることを美しく表現している。その循環の始まりは、少年の日のたった一度の小さな〈A〉だった。このように、〈A〉は自己実現の起点、つまり最初にギアを入れるレバーとして重要な役割を担う。「拡大－構築理論」の上昇螺旋の最初のステップは〈P〉だが、この場合はそれを生む導火線が〈A〉だったという言い方もできるだろう。

もう一つ重要なことは、この〈A〉はささやかなものであっても構わない代わりに、「思い」だけではなく事実としての客観的な成果や実績の獲得を意味しているということだ。ビリーが「うまく踊れる自分」を夢想するだけだったとしたら、達成は起きなかっただろう。初めは小さな技術的上達一つでもよいから、客観的に達成することがここで言う〈A〉なのだ。

何かを夢想することで一時の幸福感を得ても、それだけで終わっては淋しい人生となりかねない。『リトル・ダンサー』の中でそのことを痛切な形で見せつけられるのは、ビリーがロイヤル・バレエ学校からの合格通知を受け取った直後の場面だ。歓喜した父は、その結果を息子の受験を後押ししてくれた組合仲間たちに知らせに走る。ところが、組合事務所に駆け込んでビリーの合格を興奮気味に語る父に、あのボクシングコーチをはじめとする仲間たちは一様に暗い表情を返すばかり。組合が会社との妥協に転じ、一年に及んだ歴史的な長期ストは敗北に終わったのである。親としての〈A〉を得た父の歓喜の表情と、一切の〈A〉を得られなかった炭鉱夫たちの表情は対照的だ。

労働者の大義を掲げた長期ストで熱く戦うことは、炭鉱夫たちの〈E〉や〈M〉を高めはしたものの、サッチャー政権の強硬姿勢と暴力的弾圧によってストは敗北し、客観的な現実として炭鉱夫たちが得た〈A〉は何一つない。このことがコミュニティ全体に、「あれだけやってもダメなのか」という無力感と絶望感を生むであろうことは想像に難くない。不況産業を整理して経済指標が上向いたとしても、その数字の向こう側に「心が折れた」「萎えた」という人々が累々と連なるということは、社会全体のウェルビーイングの低下を意味する。このときサッチャー政権は、経済的成長を目指すあまり、こういった人々の幸福を犠牲にしたのである。

【A：達成（Accomplishment or Achievement）】

成功や勝利、富など何らかの目標を、自らの力で達成すること。それは目的を問わない達成のための達成で、そのことじたいが幸福のすべてではない。だが、この達成によって主観的にも幸福を感じるし、それは単なる幸福感にとどまらない客観的な繁栄にもしばしば結びつく。自己の効力感・有能感とも深く関連している。

PERMAに隣接する要素・視点

さて、今ではPERMAはポジティブ心理学に関心を持つ人々が最もよく聞く指標になっているが、専門家によってはPERMA以外の項目を指標に加えることもあり、PERMAが唯一の指標というわけではない。また、それぞれの指標を支える副次的な心の要素も多く、その要素を拡大させることでＰＥＲＭＡの各指標が高まることもある。以下ではこれら隣接する指標や副次的要素、人格的特性の中で、特に重要なものをＰＥＲＭＡとの関連を意識しながら紹介しておこう。

●〈Ｐ（ポジティブ感情）〉と関連
【Ｈ：健康（health）】

すでに述べたように、ポジティブ心理学は心のあり方と健康との相関関係、さらには因果関係を明らかにした。健康に関心が向けられたのは、それがあらゆる人にとって望ましいものと考えられ、幸福の基盤あるいは基本要素と考えられているからだ。ポジティブ心理学でウェルビーイングという時には心理的側面に焦点があたることが多いが、心身のウェルビーイングというように、身体的ウェルビーイングも含めて考えることもある。そこで、このＨ（健康）もＰＥＲＭＡと並ぶウェルビーイングの指標として扱われることがしばしばある。

●〈Ｅ（参与・従事／没頭・没入）〉と関連
【東洋思想とマインドフルネス】

〈Ｅ（没頭・没入・熱中）〉を説明する中で述べたように、仕事であれスポーツであれ〈Ｅ〉の中でも特に「フロー状態」に入ることがウェルビーイングを大きく高めることになる。映画の中のビリーが到達したように、これは一般には自分の目標と技能とが合致したときに期せずして生まれるものだ。だが、ポジティブ心理学のフロー理論は、人の心の中に意図的にフロー状態を生み出す方法も開拓してきた。家庭や教育、仕事においてフローの状態になることは、満足感を高める。さらに個人だけではなく、会社のある部署などのグループがフロー状態になることもあり、それは共有フローとか集団フロー、社会的フローと呼ばれている。個人にせよ集団にせよ、フロー状態は高い成果につながりやすいため、フロー理論を活用してそういった心理的状態を実現するような実践的試みが生まれているのだ。

フロー理論に基づいて、例えば仕事場における行動と環境を調節するために次のようなアドバイスが可能だ。

・目標（ゴール）を明確にする。それを計測可能にしたり、現実的にしたりして、目標の達成度を見ながらフィードバックして活動を調整できるようにする。
・目標と技能とのバランスを取る。
・時間を十分に取る。集中して邪魔されないような環境を作る。
・楽しく仕事ができるようにする。

要するに、目標と技能の釣り合いが取れている中での熱中というフローの条件を作り出そうとしているわけだ。ここでは目標の明確化が重要になる。

その目標が定まっていないと、フロー体験が問題を引き起こすこともある。例えば、「擬似フロー」や「ジャンク・フロー」と言うべきものとしてテレビ・ショーやつまらない噂話などへの没入、ゲーム機器やスマートフォンを用いたゲームへの没頭が挙げられ、社会問題化している「スマホ依存症」のように中毒になってしまうフローもある。また、フローに入ると自己意識が失われて一つのことに没頭し、他の活動を忘れて周りが見えなくなってしまうこともある。スポーツや趣味に熱中するあまり勉強する時間がなくなってしまったなどという経験は、誰にもあるのではないだろうか。

社会的な次元で見ても、フローが常に望ましい結果を生むとは限らない。例えば、ナショナリスティックな感情の高揚が生み出すフロー状態は、時に他者への排斥や攻撃と結びつき、それが戦争で頂点に達する場合もある。企業がフロー状態を作り出して生産性を高めようとする一方で、社員の健康や私生活を犠牲にするとすれば、それはフロー体験の理想とは似て非なるものだと言わねばならない。そもそもフロー状態を実現する目的はウェルビーイングを高めることにあり、さらなる目標は「幸福」を得るところにある。かりそめのフロー状態が実現しても、他者への排斥や暴力が生まれたり社員が疲弊したりするのであれば、むしろ多くの不幸をもたらす。それが本来の目標と合致しないと気づけば、悪しきフロー体験の暴走は防ぐことができるはずだ。ポジティブ心理学がウェルビーイングをＰＥＲＭＡなどで多次元的にとらえる意義の一つは、こうしたアンバランスの発見と抑止というところにもある。

＊

さて、ポジティブ心理学には右のようなフロー理論があるわけだが、じつは人間はそれよりもはるかに前の時代からフロー状態を創出するための実践的な方法を開拓してきた。その典型が、多くの東洋思想で追求されてきた宗教的な悟りの境地だ。

例えば、仏教では「無我」が説かれ、自我の迷妄を去って無我の境地に入ることが修行の目的とされている。老荘思想でも類似した境地が「道（タオ）」という概念で表され、儒教でも宋学では「居敬」（心を安静にすること）が希求される。その手段として、仏教では座禅、道教では座忘、儒教でも宋学では静座という瞑想法が行われてきた。いずれにおいても通常の「自己」を超えた「無我」の境地が目指され、右の座禅や瞑想以外にも滝行などの宗教的修行が行われている。

また、茶道・華道などの芸道や剣道・弓道・合気道などの武道のように、東洋ではさまざまな「道」の中でフローに近い心理状態が尊重されている。武道の達人が「忘我」の境地で武芸をするといわれるように、この境地にある時の「コントロール感覚」は極めて高い。しかも芸道や武道などでは芸術や武術それぞれの目的を入り口としながらも、やがては「道」を究めることじたいが生涯の目的となり、ひいては「体験の自己目的性」が生まれる。まさにフロー状態だ。

芸道や武道における「忘我」は主として活動の最中に体験するものだが、「無我」となると宗教的な境地であり、世界や人間の真実の「悟り」へとつながることが多い。例えば、インド哲学の「大我（真我）」という概念のもとでは、無我の境地の先に自己と宇宙全体とが一つ（梵我一如）であるという高次の悟りが生まれるとされる。これはフロー体験における「周囲や行為と一体になる」という特徴と極めてよく似ている。

近年、右のような東洋思想の実践から着想を得た方法がポジティブ心理学でも注目されている。よく知られているマインドフルネスはその一つだ。ここでのマインドフルネスとは「注意深さ」「心を配ること」を意味し、瞑想を通じた心身の健康回復に関する研究を経てポジティブ心理学でも積極的に取り上げられるようになった。一般的に行われているのは、リラックスした状態で座って目を閉じ、思い浮かんだことを判断することなく自分の心の動きを観察するという「瞑想」である。一般社会でも実践者は多く、企業でもGoogleやApple、IntelやFacebook、さらには日本のYahooといった先端的な企業が従業員のウェルビーイング向上のために取り入れている。[12] ポジティブ心理学の簡単な実践的入門書の中でグレンヴィル・クリーヴは、「判断せず、公平である」「物事をあるがままに受け入れる」「自分の中で起きている思考と感情に気づく」「その瞬間に集中している」「観察する」という五つの段階を経てマインドフルネスが身につくとしている。彼女は「注意深く食べる、注意深く座る、注意深く息をする」といった簡単な訓練や瞑想を通じ、自分の体や周囲の状況に静かに注意を向けるように勧めている。[13]

これまでの研究成果によれば、マインドフルネスによって感情をコントロールする力が増すとポジティブな感情が増え、悪いことをくり返し考えてしまうというようなネガティブな感情が減り、感情的な反発も減るとされている。自己知覚が改善してさまざまなことに気づき、作業短期記憶が増して柔軟な思考ができるようになる。抑うつや不安、身体的な病気が減り、健康が増進して、ウェルビーイングが増えるという。子どもへの慈愛やスピリチュアルな体験が増加するという結果も出ている。[14]

東洋的アプローチとは別に、エレン・ランガー（Ellen Langer　ハーバード大学）らはポジティブ心理学の誕生以前から、西洋的な科学的方法に基づいてマインドフルネスを研究している。彼女によればマインドフルネス（注意深さ）とは、新しいことに気づくことによって生まれる心の活動的な状態のことを指すという。それによって心が柔軟になり、新しいことに向けて開かれ、活発に新しい領域を開いていくことができるのである。

例えば、ランガーは一九七〇年代に実験を行い、養護ホームの高齢居住者のあるグループに、室内用植木の世話に責任を持つように指示した。このグループと植木の世話をスタッフ任せにした別のグループを比べると、三週間後には前者はさまざまな場面での気配りができるようになり、積極的で健康、かつ幸福感が高まった。さらに一八ヵ月後、前者のグループの死者の数は後者のグループの半分だったという。ランガーはこの結果を、植木を「気をかける（マインディング）」という日々の選択の成果と考えて、そこからマインドフルネス研究を推進したのである。[15]

マインドフルネスの対極にあるマインドレスネス（不注意）というのは、繰り返しによる惰性や単一の情報への依存から生まれやすく、たとえるなら自動操縦のような、惰性で仕事や勉強を「こなしている」ときの状態といえる。機械的で定型的な業務をこなすことはできても、状況の変化には対応できない。

ランガーによればマインドレスネスとは、現状に凝り固まり、不安をなくすために不確実性を減らそうという発想に陥り、物事に決まったレッテルを貼りがちな状態にあたる。逆にマインドフルネスは、これからありうることに目を向ける心の状態である。すなわちマインドフルネスは、不確実性がある意味、可能性や興奮をもたらすものだという楽観的な見方に立つのである。また、型どおりのレッテルを疑い、仕事を遊びとみなしたり、成長や変化がもたらす人生の多様性を面白がったりするといった柔軟性も許容する。このようにマインドレスネスが「であること（being）」という状態に焦点を置くのに対して、マインドフルネスは失敗や不確実性を含めて「なること（becoming）」という生成の意識を重視し、その可能性に目を向けようとするものなのである。

●〈R（人間関係）〉と関連

【愛】

『リトル・ダンサー』の主人公ビリーをめぐる〈R（人間関係）〉は、さまざまな「愛」によって支えられていた。親子愛や兄弟愛、そして師弟愛。認知症を抱える祖母との関わりの中にも、相互の家族愛が流れている。ビリーの強み（長所）を伸ばしてやろうという父の愛は兄に伝わり、それはコミユニティへと拡散して友愛とよぶべきものとなった。このように人間関係は非常に多くの種類の愛によって支えられている。日本人は「愛」という単語に男女の性愛をイメージしやすく、この言葉に照れくささを感じやすい。だが、愛がそれだけでないことは、ここまでの記述で十分理解できるはずだ。以下では少し長くなるが、さまざまな愛を多次元的にとらえたうえで、人間関係の構築や維持に必要な愛のあり方として何が明らかになっているかを見ておこう。それは個人や家族、コミュニティや企業組織などの〈R（人間関係）〉を生み、それぞれのウェルビーイングの向上、ひいては人生における開福（flourish・開花による幸福）の実現のうえでも極めて重要な要素だからである。

＊

「愛」について考える際に大切なことは、それを「恋に陥る」という表現に見られるようにたまたま陥るものとしてではなく、深めたり高めたりできる対象としてとらえることである。そのことを指摘したのは、『愛の技芸（the art of love）』（一九五六年、邦訳『愛するということ』鈴木晶訳、紀伊國屋書店、一九九一年）を著したエーリッヒ・フロム（Erich Fromm）だ。愛は人間の能動的な力であり、配慮、責任、尊敬の要素が伴う。これらの美徳を発揮するには修練が必要であり、そこで修得されるべきものこそ「愛の技芸」なのだ。フロムはこのような認識に立ち、愛をいくつかに類型化したが、その中であらゆる愛の根底にある基本的な愛とされたのが「兄弟愛」である。それは文字通りの兄弟に限らない「対等な者同士の愛」であり、アリストテレスの言う「友愛（フィリア）」に相当する。

アリストテレスはこの友愛を重視し、「愛する友なしには、たとえ他の善きものをすべて持っていたとしても、誰も生きていたいとは思わないだろう」とまで述べている。富や権力、地位を持っていても友人がいなければ助けたり支えたりするという善行を差し向ける相手がいないことになるし、自分の善い行為を支えたり後押ししてくれたりする人もいないことになる。また、社会的に重要な問題を克服したり決定を下したりするには、構成員が協調しあわなければならない。この「協調」もまた「友愛」であり、それによって社会全体にとっての利益が実現される。

例えば、二〇一一年の東日本大震災直後、東日本を中心とする広い地域で電力供給や物流が滞ったにもかかわらず、大半の人々は「被災地の人々のことを思えば、このぐらいの不便など……」という思いで冷静に行動した。あの時、見知らぬ人々との間にも目に見えないつながりが存在しているのを感じた人も多かったはずだ。そこで協調や連帯を生み、各自の行動を律していたものが「友愛」である。約一〇年を経てパンデミック後の社会的危機の中を生きはじめている私たちは、この「友愛」を育むことができるか否かを再び問われていると言える。パンデミック後の社会危機は、「私たち」の力でしか克服できない。そのカギになるのは私たちが「私たち」と思える感覚、すなわち愛を育てることだと私は思う。

さて、フロムのような愛の類型は、ポジティブ心理学にも受け継がれて発展している。例えばピーターソンは、「他人は大事だ」という標語を提起し、その一つとしてそばにいる隣人との関わりを挙げた。

私たちは不安な時、誰かと一緒に過ごしたくなるものだ。そこに生まれるのが「善隣関係(affiliation)」である。この関係に「近接性(近くにいる)」や「類似性(価値や性格などが似ている)」、「欲求の相補性(自分の欲求を満足させてくれる)」、「高い能力や魅力」、「相互性(自分に好意を持ってくれている)」が伴うことでポジティブな感情、つまり「好意」が生まれて「友情」に至る。

別の研究では、男女間の「熱愛」と「親愛」との区別が指摘されている。前者は情熱的だが、不安や絶望、嫉妬に転じることもある。後者の親愛は思いやりのある深い愛であり、熱愛が落ち着いてこの種の愛に変わることも多い。相手と共有される揺るぎない愛となり、共にいて行動したり成長したりすることにつながるのだ。この親愛は、アリストテレスが言う「善き愛」に該当する。アリストテレスによれば愛は「善き愛・快い愛・有用な愛」に分類され、「快い愛（快適な愛）」は快楽、「有用な愛」は有用性に基づく。一方、「善き愛」とは「美徳において互いに似ている善き人々同士の愛」であり、相手のために善きことを願う。この親愛こそ友愛であり、ピーターソンらが調査した友情、フロムの言う兄弟愛とも重なる。これが人間関係（R）を支えるものとしての愛である。

＊

「拡大 ‐ 構築理論」（三二頁）を提唱したフレドリクソンは愛をポジティブな感情の中心と考え、同理論を基礎にして愛についての研究を深め、『愛2．0』を著した。同書によると、愛とは「つながり（connection）」であり、たとえ見知らぬ人同士でも複数の人が何らかのポジティブな感情でつながった時に生まれる。他者との間でポジティブな感情を共有することが愛のきっかけであり、お互いのウェルビーイングに寄与しようとする時に愛が生まれるのである。それを「ポジティブ性共鳴（positivity resonance）」と呼び、他のポジティブな感情とは違って愛だけが他者との間にこのような共鳴を創り出すという。

起点になるのはアイ・コンタクトや微笑み、ジェスチャー、もたれ掛かり、頷き、握手などだ。それをきっかけに愛を育むことにより、生化学的には迷走神経が活性化してポジティブな共鳴が生まれる。「愛↓迷走神経活性化↓ポジティブ性共鳴＝愛↓迷走神経活性化……」という上昇螺旋は、あの「拡大 ‐ 構築理論」と同じ構造を持っていることがわかるだろう。この過程では幸福感を生むとされるオキシトシンの分泌水準も高め、それによって繋がりを生み出す力がさらに増強されるため、この点でも愛は愛を生み出す。対して長期的な孤独感はコルチゾールの水準をあげて免疫システムを弱め、炎症を基礎とする慢性病（心血管疾患や関節炎など）の危険性を高めていく。逆に言えば愛によって孤独感を緩和すれば「私たち」という人間関係（R）やポジティブ感情（P）が強まり、幸福や健康へと向かうことができるのだ。

例えば一人で生活していても、私たちは散歩やウォーキングで顔を合わせる人と会釈したり、コンビニで店員とのお金のやり取りの際にひとこと礼を言い添えたりすることができるはずだ。それはフレドリクソンが言う愛の起点になり、自分が地域社会に結びついているという思いを育てるきっかけとなりうる。孤立や孤独による不健康に陥る人が多い今、これは多くの人が覚えておくべき「愛の技法」と言える。

「不幸」と「幸福」は伝染するという実証

ポジティブ性共鳴によって愛は広がり、社会的ネットワークを通じて周囲の人々やコミュニティに「伝染」する。ニコラス・A・クリスタキスとジェームズ・H・ファウラーは社会的ネットワークを分析し、ある個人の幸福は友人たちのみならず、「友人の友人の友人」にまで影響を及ぼすことを発見した。[16] 彼らは健康な人々の感情と社会的つながりを二〇〇〇年に調べ、マサチューセッツ州のフレーミングハム出身の約一二万人の中の一〇二〇人を幸福の水準に応じて色づけし、画像上に不幸を青、幸福を黄色で示した。その社会的ネットワークを見てみたところ、不幸な人は不幸な人、幸福な人は幸福な人同士でつながる傾向があるうえ、不幸な人はネットワークの周縁に位置する傾向があることがわかった。これを数学的に分析すると、直接つながっている相手が幸福だと本人も約一五％幸福になり、二次の隔たり（友人の友人）に対する効果は約一〇％、三次の隔たり（友人の友人の友人）に対する効果も六％あった。友人や家族との社会的関係を通じ、人の感情は伝染していく。まさに諺の通り「類は友を呼ぶ」のである。

＊

ポジティブ心理学が明らかにしたこれら一連の心理的メカニズムは、それに先立つ実践的な研究とも合致する。一例として、ジョン・ゴットマンとジュリエ・ゴットマン夫妻による結婚についての研究を紹介しておこう。[17] 多くの人にとって実用性があるうえ、この研究は夫婦関係以外の人間関係にも援用可能だからだ。ちなみに同夫妻は結婚研究の権威で、来所した夫婦の言動をわずか五分間観察するだけで、幸福な結婚生活を送れるか離婚するかを平均九一％の正確さで予測できるという。

ポイントになるのは、「ポジティブ・コミュニケーション」である。多くの夫婦は、より多くセックスすることよりも、より長く頻繁に話すことを求めており、実質的な中身のある会話をしている夫婦ほど幸せな傾向がある。逆に不満なカップルのコミュニケーションはユーモアが少なく、ネガティブな感情表現が多い。あるいは助けや支えになる言葉が少なく、お互いへの批判が多い。こうした傾向分析は他の人間関係にもあてはめることができる。

彼らの研究によれば、特に破壊的なコミュニケーションの第一段階は、「ネガティブな応酬」に至る不快な対し方であり、はじめのネガティブな言葉が刺激となって相手のネガティブな応答を引き出す。相手からの軽蔑的な言葉はそれに対する防御を生み、さらに撤退（引きこもる）という段階を経て意図的回避へと至ってしまう。ゴットマン夫妻によればこの批判・軽蔑・防御・撤退というのは結婚にとっては破壊的に作用し、離婚に至る危険性が高い。逆に良好な結婚生活のためには、ポジティブな会話がネガティブな会話よりも多いことが望ましいことは明らかである。

ジョン・ゴットマンは統計的分析を行って、幸せな持続的結婚ではポジティブな時の方がネガティブな時よりもおおよそ五対一以上であり、不満・苦悩が多い結婚や離婚に至る場合は一対一以下であることを発見した。これはあくまでも統計的結果だが、少なくとも一対一以上でなければ結婚がうまくいかないことにはすべての研究者が一致している。

ゴットマン夫妻が結婚生活を豊かにするためにまとめている原則を、私なりにかみくだいた形で示しておこう。

（1）二人の愛情地図を増強する：お互いに相手に注意を向け関心を増やす。
（2）相手への慈しみと賞賛を涵養《かんよう》する：ポジティブな出来事や共有している過去を思い出し、相手のポジティブな特質に楽観的に焦点をあわせる。
（3）お互いから逃げずに、真正面から向き合う：相手に対する注意（関心）を態度で示すために、毎日少しでもお互いに「止まり、見て、聴く」。
（4）相手から影響を受けるようにする：頑固にならずに相手の意見を尊重し、お互いに影響しあう。
（5）解決のために可能なことをする：二人の間の紛争を解決するために「自分の姿勢を柔軟にする」「関係修復を試みたり、相手の試みを受け止めたりする」「お互いを静める」「妥協する」「お互いの落ち度に寛容になる」という五つを実行する。

（6）身動きがとれない状態を乗り越える：お互いの「夢」、つまり人生に対する希望や目標、憧れ、意向を認識して育むことによって対話を進める。

（7）共有する意義を創り出す：結びつきの儀式、お互いの役割の支え合い、共有する目標、価値や象徴の共有という四つの柱によって人生の意義を共有する。

夫妻は、右のことをわずかな時間実行するだけで関係がポジティブな方向に変わるとしており、これを「週五時間の魔術」と呼んでいる。

類似した研究として、シェリー・ゲイブルらは、夫婦間の良いニュースに対する応答様式を、「消極的（passive）／積極的（active）」「破壊的（destructive）／建設的（constructive）」の組み合わせで四つに類型した。例えば、帰宅した妻が、「仕事で昇進したわ」と微笑みを浮かべながら告げる。これに対して夫はどう答えるべきなのだろう。

夫が妻の言葉を聞くなり「仕事に行く前にドライクリーニングに行ったかい？」と言えば、これは良いニュースを無視する〈消極的で破壊的〉な対応だ。「これでどれだけもっと働かなければならないか、どれだけのストレスが増えるか、考えたかい？」と応じるのは、わざわざ冷や水を浴びせる〈積極的で破壊的〉な行動であり、人間関係に破壊的な作用を及ぼす。一方、「よかったね。おめでとう。ところで夕食に行こうか」という応答も〈消極的で建設的〉な反応にとどまり、妻との人間関係が強まるというほどではない。これらに対して「それは素晴らしい。私も誇りに思うな。とても熱心に働いていたからね。その仕事に君こそ最も適しているし、それに値するよ」という答え方は、自分も大いに共に喜んでいることを積極的に表現し、お互いに祝福し合うことになる（積極的で建設的）

から、最も夫婦の絆が強まり満足感は高い[18]。

要は、相手が喜んでいる時に、どのくらいポジティブに応じるかによって相手の気持ちは大きく変わる。これは、結婚生活を円滑にするという観点からのコミュニケーション技法だが、今では人間関係を良好にするポジティブなコミュニケーション方法として広く活用されている。

＊

愛をめぐる多くの研究をポジティブ心理学の理論の中に位置づけると、友愛をはじめとする愛は意図的・意識的に育むことが可能なものであり、それを通じてポジティブな人間関係（R）を形成できることがわかる。それは〈P（ポジティブ感情）〉や〈E（参与・従事／没頭・没入・熱中）〉にも好影響を及ぼし、個人、夫婦や家族、コミュニティや社会のウェルビーイングを高めることにつながっていくのだ。それをふまえると、現代の社会問題に即した論点も浮上してくる。

例えば、非正規雇用や請負で働く人の割合が高い今日、「同僚」や「職場の仲間」という言葉をイメージしにくい労働環境に置かれている人も多い。未婚率が高まり、単身生活者も増加している。そのような人々の場合、シェリー・ゲイブルらが言う積極的で建設的なコミュニケーションを通じて友愛を育て、それによって人間関係（R）を形成できる場とはどのような場なのだろうか。パンデミックを経てテレワークが積極的に導入されつつあるが、社会のリモート化が工夫のないまま進めば、それも仕事を通じた人間関係（R）の希薄化の要因となりうる。同じ問題はすでに退職した高齢者において顕在化している。職場とのつながりが失われ、なおかつ単身で生活する高齢者は多い。この人々が改めてコミュニケーションを通した友愛、人間関係（R）を形成できなければ老後生活のウェルビーイングが全体として低下することも、すでに述べたとおりだ。

しかし、そうした場や機会がまったく存在しないわけではない。例えば、さまざまな地域活動にはもともと、そのような機能が内蔵されていた。地域ごとの行事や祭り、相互扶助的な活動に参与することを通じてコミュニケーションの機会が増え、人々は家庭や職場を異にする人との間にも友愛に支えられた人間関係（R）を育んでいたのである。

ただ、かつてこれらの活動の基盤となっていたのは、檀家や氏子といった宗教的意識やムラのつきあいを重視する道徳的慣習だった。本章冒頭で述べたように現代では宗教や道徳、倫理の持つ重みが後退し、人々の地域活動への参与に対するモチベーションは弱められている。遠く離れた職場と自宅を往復するという生活パターンや、個人単位で生活を楽しむライフスタイルが一般化し、地域住民としての意識やそこでの人間関係を育みにくいという事情もある。昔は地域の宗教的な行事や祭りで役割を担うことや地域の相互扶助的活動に寄与することは称賛の対象であり名誉でもあったが、今では経済的に得るものがないタダ働き、自由な時間を束縛する損な役回りとして忌避する人も多い。

だが、ポジティブ心理学の研究成果は（かつての宗教や道徳、あるいは伝統とは別の観点で）、地域活動に参与する意味や動機を充分に提供してくれている。エクササイズの一つである〈お金の使い方〉のところで述べた（三七頁）ように、利他性は本人の幸福感すなわちウェルビーイングを高め、仕事などの個人のパフォーマンスまで向上させることがわかっている。地域活動も利他的な行為の一つであり、それに関わることは自分にとっての実益もあるのだ。フレドリクソンが指摘しているように、たとえ見知らぬ人同士でも複数の人がポジティブな感情でつながった時に友愛は形成され、人間関係を形成する糸口となる。似たような循環は、地域を限定しないボランティアネットワークや趣味のつながりの中でも形成できるだろう。このように、愛と人間関係（R）をめぐるポジティブ心理学の知見は、個人が孤立ゆえにウェルビーイングを低下させてしまう事態を自覚的に回避することに役立つ道具なのである。

●〈M（意義・意味）〉や〈P（ポジティブ感情）〉と関連

【玩味（満喫）】

ＰＥＲＭＡの中の〈M（意義・意味）〉は、生活の質や仕事・活動の水準を高めることに深く関係している。仕事の面で〈M〉の高い人の中には、自分が受け持つ仕事をより楽しいもの、周囲がより喜んでくれるものにするために仕事の中身ややり方を加工する人が少なくない。これは後述するように「ジョブ・クラフティング」と呼ばれ、自分自身の手で仕事にさらなる意味を与えていくアート（技術）だ。上司や同僚、あるいは顧客との接し方を変え、自分の強みを生かして相手を喜ばせる要素を仕事のプロセスに盛り込むような例がこれに該当する。看護師や介護士などケアに関わる分野ではそうしたアートを積み重ねてケアの質を高めようとしている人は多いし、接客サービスの分野でジョブ・クラフティングを通じて仕事のモチベーションを高めている人もたくさんいる。

このとき働く心のアート（マインド・アート）の一つが、「玩味（セーヴァリング：savoring）」と呼ばれる心の動かし方だ。「玩味」とは「じっくり味わう」という意味の言葉で、「満喫」という訳語をあてることもある。ポジティブ心理学での「玩味」とは、自分が見過ごしてきた日常の仕事の場面や小さな風景や生活のひとコマ、思い浮かぶ過去や現在、さらには未来のできごとなどを「美しいもの」「素晴らしいこと」として再発見し鑑賞することを意味し、〈P〉や〈E〉との関係も深い。

私たちは日常生活を送る中で、ささやかながら楽しいことや美しいこと、素晴らしいことがあっても、それらを見過ごしたり当たり前のように思ったりして通り過ぎ、心はむしろ苦しいことや悩みなどにとらわれがちだ。例えば、日々通う路傍に小さな美しい花が咲いていても、特に目を向けることなく通り過ぎてしまうことが多い。ところが、ふと気づいて立ち止まったとき、その可憐な美しさに目を向けてゆっくりと味わうことがある。出勤の途中などにこういう瞬間があれば、一つ得をしたような気分で一日をはじめることができるだろう。細やかな美や楽しさに恵まれていることに気づき、感謝の念や幸福感が高まるのだ。

このような感覚も、一般には日常の中で偶然に起きる。それを意図的な技法の実践を通じて試みるのが、ポジティブ心理学で言う「玩味」である。

ブライアントとベロフは、この「玩味」の方策やそれを増やす要素や条件を研究した[19]。そこで導き出されている「玩味」に至る基本的な方法を、簡単にまとめると〈あくせくせず、ゆっくりする〉〈自分のしていることに注意を振り向けてみる〉〈自分の感覚を総動員してその経験を味わう〉〈その経験を大きく伸ばす〉〈感じた喜びをじっくりとかみしめる〉という風に整理できる。

玩味の対象には現在や過去の経験だけでなく、未来（予期）の経験も含まれる。例えば、自分が好きなものを食べ、現在の幸せな瞬間を文字通り「味わう」のは最も簡単にできる玩味である。一方、子ども時代や休日を思い出して、楽しかったできごとを思い返すのも玩味だし、数ヵ月後の予定を想像（予期）するのも玩味と言えよう。いずれにしても、玩味にはゆったりした時間が必要で、その素晴らしさをじっくりかみしめなければならない。

また、素晴らしいという感覚の持続だけでなく、「いまこの瞬間」や「楽しかったあの時」の尊さを思うことも、玩味を深いものにしてくれる。さらに、冷めた気持ちになるのを避け、自分にはこんな素敵な経験があるではないかという自身への祝福を大切にするのも有効である。それには自分一人で玩味を試みるのではなく、他人との思い出話などを通じて玩味を共有するという方法がある。自分が素晴らしいと感じたできごとを親しいパートナーなどに聞いてもらい、祝福を分かち合うのもその一つだ。

こうした「玩味」は、自分を取り巻く客観的な状況を「素晴らしいもの」として見直すことを通じ、それを内面的な幸福経験へと置き換える切り替えスイッチと言える。スイッチを入れることによって、ポジティブ感情（P）が生まれる。そうすれば、「拡大－構築理論」（三二頁）のとおり、知覚の範囲が広がり、自己の能力を高めるという上向きの循環が生まれる。前向きな感情は社会的な結びつき（R）を強め、自分が取り組んでいることの意義（M）を見いだすことにもつながるだろう。

●〈A（達成）〉と関連【目標と気力（グリット）】

ＰＥＲＭＡの一つである〈A（達成）〉は、自信を持って人生を生きるための重要な構成要素だが、それは運任せで成し遂げられるものではない。

例えば、「健康」の達成のため、生活習慣病と関わりの深い肥満を解消しようという目標を設定する人は多い。「ダイエットしよう！」という目標だ。だが、目標を立てても、食欲に任せて脂っこいものを食べ過ぎたり日課の運動をさぼったりすれば肥満の解消はおぼつかない。目標の達成には「努力」も必要である。あのビリー少年も、ウィルキンソン夫人の特訓に応える努力がなければロイヤル・バレエ学校への合格などあり得なかった。これらはあたりまえと言えばあたりまえなのだが、問題はその先にある。「努力」とはいったいどのような心理なのだろうか。

セリグマンは『Flourish』（邦題『ポジティブ心理学の挑戦』）の中で、教え子であるアンジェラ・ダックワース（Angela Duckworth　ペンシルベニア大学）が提起した「達成＝技能（スキル）×努力」という方程式を紹介している。ダックワースはこの「努力」や「自己規律」の研究を進めて、「グリット（grit）」という概念を学問的に提起した。グリットとは、私たちが普段使っている言葉で言えば「気力」、あるいは「気概」のことだ。彼女が調査したウエストポイント（アメリカ陸軍士官学校）の士官候補生の中には、訓練に耐え抜いて士官になれる人と脱落する人がいる。その違いは、グリット（気力）の有無や程度で説明できることがわかった。その他多くの調査でも、グリット（気力）が強い人の方が成功する可能性が高かった。

彼女の研究によれば、その「グリット（気力）」は、「熱気」（意気、熱意、情熱）と「根気」（忍耐力、堅忍、粘り強さ）で構成される。士官候補生のほか芸術家・運動選手・ジャーナリスト・学者・医師・弁護士などへのインタビューを重ねた結果、顕著な功績を収めた人にはみなこの二つの要素があることがわかったのだ。

このようなグリット（気力）を伸ばす方法として、ダックワースは二つの方向性を示している。[20] 以下にその概要を、意訳して紹介しておこう。

一つは自分自身で「内から外」へとグリットを伸ばす方向である。

（1）興味：興味があって好きになってこそ、気力の構成要素である「熱気・熱意」が生まれる。

（2）練習：自分の技能を上回る日々の挑戦を習慣として、慢心せずに何年も行う。

（3）目的：他の人々に役立つと思えてこそ熱気を持って活動を持続できるので、自分の仕事を自分を超えた目的に結びつけてとらえる。PERMAの〈M〉の意識と言い換えてもよいだろう。

（4）希望：絶望的に見える時にも粘り抜くには希望を持つことが大切なので、知能や技能は伸びるものだというように考え方を変え、楽観的に考える練習をする。

これら第一の方向性の大事なところは、グリット（気力）を自分で育てられることを明らかにしている点だ。（1）の「興味」と（3）の「目的」はグリットの要素である「熱気」を増やし、（2）の「練習」と（4）の「希望」はもう一つの要素である「根気」を可能にする。同時に、「目的」や「希望」は究極目的や意義に向かって成長していくという発想（PERMAの〈M〉）に支えられている。

一方、ダックワースが示す二つ目の方向性は、「外から内へ」と伸ばす方法だ。彼女が指摘しているように、「努力」には指導者や場所との出会いの有無や文化も影響を与えるものである。

まず重要なのは育児・教育における親や教師のほか、コーチや上司、助言者、友人などの周囲の人々が果たす役割だ。優れたグループに入ったり指導者（メンター）と出会ったりすれば、綿密なコミュニケーションや言葉の力を介して価値観を変えたり不屈の精神を養ったりすることができる。例えば、『リトル・ダンサー』のビリーはウィルキンソン夫人という指導者との出会いに恵まれたからこそ、「僕はバレエがやりたい」という切実な思いと目標を抱くことができた。努力するには、その「環境」や「運」も重要なのだ。

また、私たちの社会は古くから、気力に基づく努力や自制心を勤勉や節制といった美徳の表れとして称揚してきた。だが、それを「善いこと」として評価する文化的、社会的環境が失われれば勤勉や節制といった美徳も名目化し、努力や自制心を身に付けたり実践したりする人も減っていくだろう。

さらに、子ども時代から自制心を養っているか否かが後の学業的成功にとって重要であることが実験からわかっているが、近年では経済的要因による影響も大きいことが明らかにされている。例えば、格差の世代間連鎖や人種・性別などによる差別の壁によって習得性無力感にさらされている人は、自制心や気力を育めと言われても素直にその気になれないかもしれない。いくら努力しても報われない構造があれば、人は努力に価値を見いだせないし、そのための気力もわかない。グリット（気力）の形成はＰＥＲＭＡの〈Ａ（達成）〉に直結する重要な条件であると同時に、それを形成しようという気になれる社会環境が整っているかどうかを私たちが問う切り口としても重要なのである。

【知性】

さて、努力の重要性やその中身を検討する土台となったのは、「達成＝技能×努力」という考え方だった。この公式を紹介したセリグマンは、「技能」を構成するものとして迅速性と緩慢性、それぞれの学習速度からなる知性を挙げた。

速い知性というのは、決められた時間の間に何題の計算を正解できるかというような情報処理能力や、知識を活用する際の頭の切れを意味する。計算が速くて正確な人が学校などで「頭がいい」と言われるように、これが一般的な知性のとらえ方かもしれない。一方、遅い知性の例として、セリグマンは一人の知覚心理学者からキルケゴールの哲学書を読んでゆっくりすることを教わった話や、自分の姉から超越瞑想という瞑想法を教わったことを挙げている。これらに共通するのはゆっくりした頭の働かせ方で熟慮し、それによって判断するような智恵、哲学的・宗教的な叡知だ。知性の中にはこのように、一般的に私たちが「頭がいい」などという時の知性とは別に、深い智恵も含まれている。プラトンやアリストテレスが語った「叡智」や「賢慮」に該当する知性だ。知性は単一のものではない。ハワード・ガードナーは多様な領域で天才と称される人々を調査し、知性は多重的なものだという「多重知性」という考え方を提起した。

例えば、PERMAの〈A〉のためにはゴールまでの過程を構想する必要があり、それには目標設定の仕方が重要だ。この段階では、ゆっくりした知性、つまり賢慮が重要な役割を果たす。ここでは「頭がいい」という一般的な知性だけでなく、深い智性も求められる。親が自分の子どもを是が非でも有名大学に入れるという目標を一方的に設定してしまうと、親の努力は子どもにひたすら勉強させることに向かい、子どもは意欲の持てない努力を強いられてしまう。父親にボクシングを強要されていた頃のビリーがそうだ。グリットは生まれず、むしろ子どものストレスの増大や親子関係の亀裂につながる。だが、親に深い智性があれば、子どもに自分自身で志望進路を決められるような力を付けさせるといった目標を設定することもできる。それは親が自分の価値観や子どもへの一方的な期待を抑制し、より長い目で子どもの幸せを考える賢慮だ。

同じことは社会政策についても言える。GDPを増やすという目標に照らし、国はある産業に予算を振り向けたり企業減税を行ったりすることがある。だが、それと引き換えに社会保障政策がおろそかにされれば国民は安心して生活することができず、不安に備えるために劣悪な環境でも無理して働かねばならなくなる。それは多くの国民のウェルビーイングを低下させるだろう。それを避けてバランスの取れた社会経済を実現するには、社会目標として本当に大切なのは何なのかを多角的に検討する智性が必要だ。その叡智や賢慮を欠いた性急な政策が何をもたらすかは、『リトル・ダンサー』に見たとおりである。

●PERMAに加えて

【自律】

『リトル・ダンサー』の中でビリーは、ウィルキンソン夫人に「(興味がないのなら) どうぞお好きに！」とそっけなく言われた次の週もバレエ教室に顔を出す。夫人と兄が目の前で激しく口論する最中も、か細い声ながら「僕はバレエがやりたい」とひとこと。強いられてバレエをやらされているという「やらされ感」はなく、自分の気持ちに突き動かされて練習に取り組む。この時のビリーの心の働きが、ポジティブ心理学が注目している自律性である。

例えば、休日にレジャーや仕事以外のライフワークに取り組むと、仕事にはない幸福感や充実感の高まりを感じることが多い。これらが自律的に選択された行動だからだ。このように自律性がウェルビーイングと関係することは、エドワード・デシ（ロチェスター大学）とリチャード・ライアン（オーストラリア・カトリック大学）が提起した「自己決定理論（self-determination theory, SDT）」の中で明らかにされている。[21] 彼らはウェルビーイングにとって重要なのは目標の内容もさることながら、それ以上に、目標を追求する時の「有能性（有能感：コンピタンス）」「自律性（オートノミー）」「関係性（リレーテッドネス）」だとしている。選択を行う時に「実際にできると思うことを選んでいるかどうか（有能性）、自分自身が自律的に選んでいるかどうか（自律性）、親しい人との結びつきの中で選んでいるかどうか（関係性）」を考えるのがよいということだ。逆に言えば、親や先輩の言いなりになっていたり、あまりできそうもないと思っていたり、誰とも相談せずに孤独に考えていたりする時には、幸せにはなりにくいかもしれない。
西洋的な文化の下では個人の自律性はいわば自明のことであるためか、アメリカで作られたPERMAでは「自律」はわざわざ項目化されていない。一方、日本では文化的に個人の自律性が重視されない傾向があり、人々は表面的には「誰かに決めてもらう方が楽」「自分だけ浮いてしまうのはイヤ」と考えて行動しているように見える。だが、実際には日本でも、学業や仕事などに取り組む際に自律を許されず「やらされ感」に重苦しさを感じている人は少なくない。後に詳述するが、私自身が行った日本のある企業についての調査の中でも、自律性はパフォーマンスと関係していることがわかった（二五一頁）。したがって、日本などでは自律性をPERMAの各項目と並ぶウェルビーイングの基本的な要素としてとらえ直すべきだろう。ポジティブ心理学の中でも、先駆者の一人であるキャロル・リフ（Carol Ryff　ウィスコンシン大学）は自律性をウェルビーイングの一要素と考えており、それがもたらす幸福（アリストテレスが言うエウダイモニア）を重視している。
ただ、自律的に自己決定しさえすればウェルビーイングが高まるとは限らない。目の前に多くの選択肢が広がっているような場合、選択に迷ってストレスが生じたり選択結果に後悔したりすることも多いからだ。例えば、ある実験では高級食料品店で二つのテーブルにそれぞれ六種類のジャムと二四種類のジャムを並べて試食してもらった。すると、六種類から選んだテーブルでは三〇％の人が実際に購入したのに対し、二四種類から選んだテーブルではわずか三％の人しか買わなかった。大学生を被験者とする研究室での実験でも、六種類の高級チョコレートを試食して一種類を選ぶ方が、三〇種類の中から一種類を選ぶよりも被験者の満足度は高かった。[22]
選択肢が過剰だと決断に必要な情報収集などの労力が増し、決断を間違えることによる心理的悪影響が深刻になる。しかも、人は快楽に順応したり高い期待を持ちすぎたりすることがあり、他人と比較して不満を持つことも多い。これらが苦しみにつながって幸福感が減り、「うつ」状態に陥りやすくなるというのは、自由に買える物やサービスがあふれる市場経済や過度な個人主義の弊害とも言える。自律的な自己決定にも、それだけでは私たちを追い詰めかねない面があるのだ。

そこで私たちは、選択の機会をみずから上手に減らしていく知恵やアート（技術）を持たねばならない。中でも重要なのは、自律的に自己決定すべき目標の内容やその選び方、実現の仕方を考えることだ。その方法は後に紹介する（一五三―一五五頁）こととして、ここでは自律性もまたウェルビーイングの基本的な要素であることと、自律性をうまくウェルビーイングにつなげるには目標設定のあり方もまた重要であることを頭に入れておこう。

3　「実践的科学」というポジティブ心理学の特質

「ハッピーチャート」の数字は正しいか？

エクササイズ〈お金の使い方〉のところで紹介したように、リュボミアスキーは個人の幸福感の相違には「遺伝」のほかに「意図的活動（意図的な考え方にもとづく努力など）」や「状況・環境」も影響することを主張した。彼女が当初発表した図はハッピーチャート（幸福図）と呼ばれ（図4）、そこでは幸福感の決定要因に占める割合は遺伝による幸福設定域の割合が五〇％、状況・環境による割合が一〇％、意図的活動の割合は四〇％とされた。従来から幸福感の相違には遺伝の影響が大きいこと

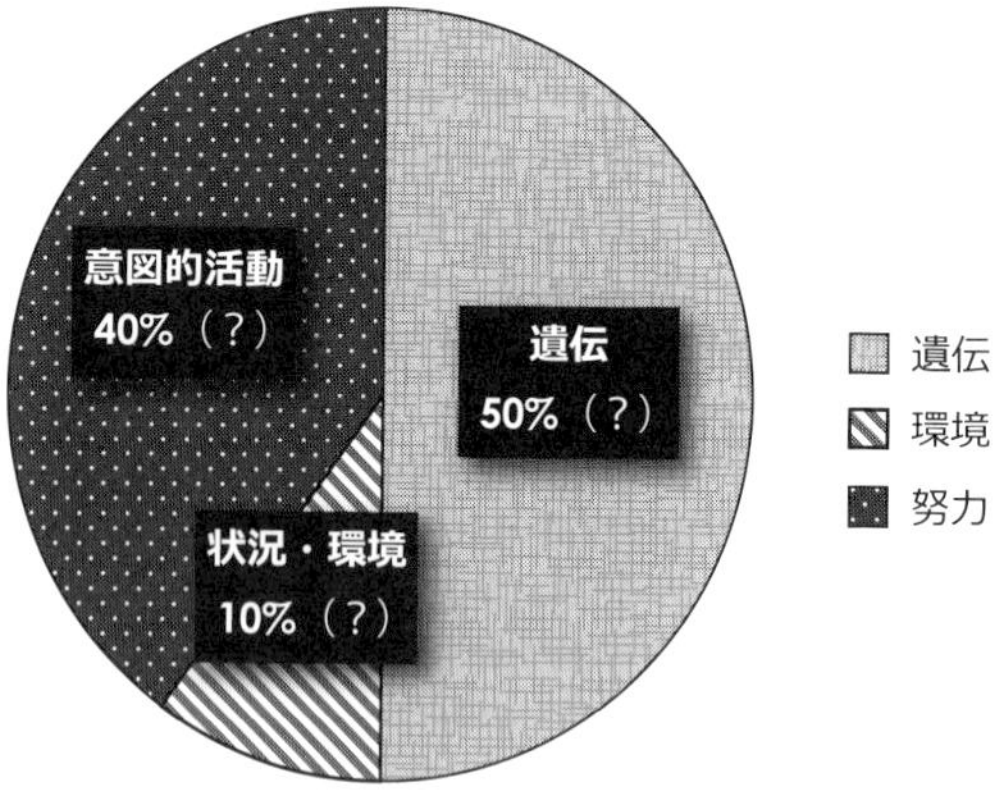

図4：幸福図（ハッピーチャート）　リュボミアスキー『幸せがずっと続く12の行動習慣』（日本実業出版社、2012年）、「幸福を決定するものは何か」（33頁）に基づいて筆者作成。？は、現在の認識を示す（次頁）。

が明らかになっていたが、それに対して彼女は、影響を与えるのは遺伝だけではないことを指摘したのである。

遺伝の影響の大きさを説いたのは、それ以前に別の研究者たちが行った双子に関する研究だった。調べられたのは、別々の環境で育った一卵性双生児だ。お互いのことも知らないし環境が全く異なる中で生きてきたにもかかわらず、二人の好みや幸福感は非常によく似ていた。それが環境要因による相似でないことが科学的に証明され、二人に共通するものは遺伝子以外に考えられないことがわかった。こうした研究結果から、幸福度が遺伝によって相当の影響を受けることが判明したのだ。[23]

ところが、この研究の結果が知られるにつれ、人の幸福がすべて遺伝子で決まるかのような理論や言説が力を持った。幸福か否かがすべて遺伝で決まってしまうとすれば、後から自力では何も変えようがないことになる。そうした運命論的な考えの広まりに対し、リュボミアスキーは個人の意図的活動、つまり「心」のあり方を変えようという本人の努力による影響も大きいことを明らかにしようとしたのである。そこで、先行研究を踏まえて打ち出したのがハッピーチャートだった。それに即して彼女は幸福感を高めるためのさまざまな働きかけ（介入）の方法を考案し、個人の努力によっても幸福度すなわちウェルビーイングを高められることを立証してきたわけだ。これは重要な成果であり、現在のポジティブ心理学でも最も基礎的な考え方の一つとなっている。先に紹介したように、彼女の考案した介入法は実用可能なポジティブ心理学的エクササイズとしても定着している。

だが、問題はこのチャートのなかで示された数字だ。遺伝学的研究の進展によって遺伝による幸福設定域が「五〇％」という数字は過大との指摘が出て、理論的にも疑義が呈された。また、社会科学では従来から政策によって格差や貧困などの環境を変えることを求め、それを通じて人々が幸福になる可能性を高めることが主張されてきた。ところがリュボミアスキーの整理によると、環境要因はわずか「一〇％」だという。

たったそれだけ？　それでは社会環境を改善する努力に、さほどの意味はないことになってしまうではないか？

私も含めてそんな疑問を抱いた人は多く、ポジティブ心理学の内外からも批判が出るようになった。ポジティブ心理学と密接に関わりながらコミュニティのあり方を研究してきたアイザック・プリレルテンスキー（Isaac Prilleltensky　マイアミ大学）によれば、この数字は、少数の調査結果を一般化しすぎている。実際には、先進国であるアメリカでさえ所得が大きいほど心理的に良好な状態にある人が多いし、他国における良好状態の時間的変化を見ても、その地域の社会的・経済的状況の改善・悪化が人々の幸不幸に影響を及ぼしてもいる。不平等・格差や福祉・教育・健康などの社会的な正義の度合いが高い地域の方が人々の幸福度（人生満足度）は高く、その度合いが低いと人々の幸福度も低い。[24]つまり、貧困や不平等といった環境要因による不幸感が大きいわけだ。リュボミアスキーが発表した「一〇％」という環境要因の度合いは、あらゆる人々や地域に当てはめられる普遍的な数値ではなかったのである。

かつてこの数値を発表したリュボミアスキーは、二〇一九年に開催された国際ポジティブ心理学会において、長年のポジティブ心理学への貢献を表彰された。その直後に彼女は受賞記念スピーチを行ったのだが、そこで彼女は重要なことを述べた。ハッピーチャートに関する自分の主張のアウトラインは妥当と考えているが、「五〇・四〇・一〇」という数値については撤回したのだ。遺伝や環境による影響は、さまざまな研究結果により、当初彼女が示した概数通りでは必ずしもないと明らかになったからだった。

個人や社会が置かれた状況によって、幸福感に影響する要素は多様に変化する。その要素の比重は、物理や化学の公式のように一定の数値をあてはめて示せるものではない。前述のハッピーチャートに即して言えば、私たちが学ぶべきなのは、すべてを遺伝のせいにするのは誤りだと気づくこと、そして、ポジティブ心理学的な個人の心理面への働きかけと社会科学的な面からの社会環境の改善の両方に取り組む必要性に気づくことだ。重要なのは数字の比率ではない。

＊

似たような数字の独り歩きは、ポジティブ心理学の他の理論でも見られる。「拡大‐構築理論」を提唱したフレドリクソンは、数学的な理論にも基づいて、ポジティブな感情でいる時間とそうでない時間との比が「3：1」よりも長ければその人は成功や栄福（繁栄による幸福）に向かうとした。「3：1」以下だと、その人は失敗に向かうというのだ。この「3：1」という数字が一般に受け、「3：1」の法則を金科玉条のように謳う説明も現れた。だが、この数字も後になって撤回される。

数学的理論を提起したのはフレドリクソンの共同研究者だが、その数理的モデルに誤りがあったのだ。たしかにフレドリクソンが統計的分析で明らかにしたような傾向はあるものの、状況次第で統計的な数字は変わりうる。先ほどのハッピーチャートの話と同じように、まるで物理法則のように定式化、数値化してウェルビーイング向上の方法を語ることはできない。ここでも大事なのは数値ではなく、基本的な考え方のほうである。

ポジティブ心理学の考え方や思考傾向を頭に入れておくことは、個人が自分のウェルビーイングを高めるのに大いに役立つ。ウェルビーイングを高めることは、何もしなければ精神的に追いつめられる自分を守る道具としても機能する。さらに、後に詳しく述べるように、ポジティブ心理学の考え方は、人々のウェルビーイングを高める公共政策を策定する目安にもなりうる。だが、数字が独り歩きすると、人は数字だけに目を向け、ポジティブ心理学の根本的発想を共有できずに終わってしまいがちだ。あるいは逆に、数字で安直に幸福を導き出そうとしているかのようなうさんくささを感じ、ポジティブ心理学の真価に背を向けてしまう人もいるだろう。ポジティブ心理学が多くの人々に知られるようになった今日、数字の独り歩きのもたらす負の影響も大きくなりかねないのである。

では、なぜ数字を独り歩きさせるようなメッセージが出てしまったのだろうか。それはポジティブ心理学を含む心理学が、その学問の科学的性格について十分な方法論的吟味をしていなかったからだ、と私は考えている。

セリグマンらはポジティブ心理学を科学的心理学と規定した。これは大事なことだ。巷で「○○の法則」というようなキャッチフレーズで玉石混交の主張がなされている今日、実験や観察によるデータに基づいて議論を進めるという自然科学の方法に依拠することによってはじめて、信頼できる理論が構築できるからだ。

ただ、実際には自然科学にもさまざまな方法がある。にもかかわらず、古典的物理学が自然科学の範であるかのようなイメージから、自然科学者には古典物理学のような方法・表現を理想視する風潮が強い。ポジティブ心理学者の中にもその影響が及び、ポジティブ心理学を物理学などのように厳密な数値化が可能な自然科学と同様の科学として扱おうとしてしまうことがある。その結果が、無理を生んでしまったのだ。先回りして私自身の考えを述べてしまうと、ポジティブ心理学は法則を厳密に数値化できる自然科学とは異なり、基本的な「傾向」を指し示す「実践的（自然）科学」なのだ。この実践的科学という考え方を最初に示したのもまた、古代ギリシャの哲学者アリストテレスである。

アリストテレスの学問論

アリストテレスは父親が医者だったこともあって当時なりの自然科学的な素養があり、観察や実験に基づく自然科学に該当する学問も生かしながら自分の哲学の体系を作った。この体系の中で、彼は自分の学問を大きく三つに分けている。一つは「理論学」で、これがいわば当時の理論的な自然科学だ。次いで「制作学」は芸術や詩などの創作に関わる学問。そしてもう一つが、今で言う倫理学や政治学に該当する「実践学」である。

例えば、彼は貧富が拡大すると政治が不安定になること、中産階級が多い方が政治が安定する傾向にあることなどを、当時のポリス（都市国家）の政治についての観察から導き出している。これは彼の経験的な観察から導き出された理論だが、自然科学的な「理論学」とは違う「実践学」だとアリストテレスは述べる。あくまでも目指すべき政治のアウトラインを示しているに過ぎないというのだ。

現代の国家もそうだが、古代ギリシャのポリスも複雑な社会的関係や多様な人生を生きる多くの人々によって構成されていた。中産階級が多い方が望ましいという理論に基づいて政治が何らかの働きかけを行ったとしても、その効果は厳密な数字や法則のような形で表れるわけではない。

今日の学問をこの学問論に対応させて考えると、現代の自然科学はアリストテレスの理論学に該当し、社会科学は実践学に近い。では、心理学はどうだろうか。今の主流派の心理学は、みずからを「自然科学」と規定しながら発達してきた。前述のように近代以降の世界では、自然科学の典型を古典的な物理学のような法則的科学と考える人が多い。そこで心を古典的物理学と同じような厳密な規則性、法則性によって説明できるかのような印象が生まれてしまった。

だが、心理学の中でもかなりの部分、特にポジティブ心理学は「実践学」であって「理論学」のような物理学的自然科学とは質が異なるのではないだろうか。なぜなら人間は複雑多様であり、あまりにも多くの事情や状況を抱えながら生きているからだ。本章の最初に紹介した修道女研究は、一つの条件以外の条件がすべて同じにそろえられる特殊な状況があったから理論的な因果関係を明らかにすることができた。だが、一般の人が幸福か否かを判断したり、幸福になる方法を探ったりする時には、さまざまな要因が関わってくることも考慮しなければならない。$2H_2+O_2=2H_2O$ という方程式の通りに水は作れても、人間の幸福はそうはいかない。言われた通りの数値で感情をコントロールしたら誰もがハッピーになるという単純なものではなく、例外はいくらでもあり得る。個人の事情のほか、文化の違いや社会の経済状態の違いなどによってもウェルビーイングは影響を受けるのである。

だからこそ、ポジティブ心理学は、傾向を明らかにする「実践的科学」なのだ。アリストテレスが観察から傾向を導き出したように、ポジティブ心理学も傾向を明らかにする段階では自然科学と同様の科学的なアプローチで、厳密な実験と観察を積み重ねている。他方、導き出された結果は傾向や目安、指標であって、「こうすれば必ずこうなる」という厳密な法則、あるいは手っ取り早いハウツーとは違う。よって、これは「実践的な自然科学」なのである。

つまり、自然科学にも、古典的物理学のような厳密な法則性を追求する理論的自然科学と、多くの心理学や社会科学のように傾向性を明らかにする実践的自然科学があると考えればよいのだ。この中でポジティブ心理学は、かつてアリストテレスが倫理学を実践学に分類したように、経験的な実践的自然科学だということを忘れてはならないと、私は考えている。科学的研究の成果に基づいて大きな傾向を知り、自分や社会としての価値判断や行動選択の目安として生かす。それがポジティブ心理学の賢い生かし方なのだ。

価値判断のよりどころを得る私たち

さて、『リトル・ダンサー』で見たように、個人あるいは組織や社会のウェルビーイングは複数の指標を通して多面的、多次元的にとらえることができる。では、多次元的にウェルビーイングの状態を見ることで、私たちは何を得ることができるのだろうか。

実際のポジティブ心理学では、それぞれの指標に合わせた質問票を作成し、その回答結果を集計することによってウェルビーイングの状態を明らかにしている。その結果は例えば、レーダーチャートとして表すことも可能だ。調査の時点でその人のどの指標のポジティブ度が高いか低いか、全体としてウェルビーイングの水準が高いか低いかが明らかになる。広範な調査を行えば、職場や企業組織、地域などについても同様のことがわかるだろう。

もちろん、ＰＥＲＭＡに即して言うと、そのすべての項目が常にまんべんなく高くなければならないというわけではない。例えば、自分が〈Ｍ（意義・意味）〉を感じる職業に就きたいと資格試験を受ける時、そのための受験勉強は楽しいとは限らない。映画の中のビリーも、バレエの猛特訓中はいらだってコーチと衝突している。このような時、〈Ｍ〉は高いけれども〈Ｐ（ポジティブ感情）〉は低いということが起きる。何か大きなプロジェクトのために仕事に没頭している時の〈Ｅ（没頭・没入・熱中）〉の度合いは高いだろうが、一時的には家族や友人との〈Ｒ（人間関係）〉が低下するかもしれない。

だが、ＰＥＲＭＡの各要素が互いに影響を及ぼし合い、よい循環を実現できているかどうかという点は重要だ。ある仕事や趣味への関わり（Ｅ）を通じて何かを達成（Ａ）し、うれしい感情（Ｐ）を味わったり、当初は感じられなかった意義（Ｍ）に気づいたり、そこに新しい人間関係（Ｒ）ができたりするといった好影響や循環はあるか。自分が取り組む仕事や趣味、あるいは日常の全体を右のような視点でとらえ、各要素同士のつながりを意識してみることはウェルビーイングを自覚的に高めることにつながっていく。

逆に言えば、コミュニティや個人の中にＰＥＲＭＡの好循環や相互関係を決定的に妨げる要因が見つかれば、それを除去すべきだという判断が可能になる。映画『リトル・ダンサー』の中では、炭鉱の長期ストがコミュニティの人間関係（Ｒ）を深く傷つけ、人々から達成（Ａ）を決定的に奪い、明るい感情（Ｐ）を抱きにくくしている。ある産業や地域コミュニティの全体をそのような出口の見えない悪循環へと追い込んでいることに早い段階で気づけば、政治の側ではその観点から政策の誤りを正すこともできるだろう。人々の側でも、もし努力しても政策が変わらずウェルビーイングが落ちていくばかりならば、長期ストを断念して新しい展望を開くような別の道を模索することも賢慮すべきかもしれない。

日常の個人生活においても、ＰＥＲＭＡ間の関係は大事だ。仕事に意義（Ｍ）を感じて没頭（Ｅ）することは一般的には望ましいが、それによって家族との関係（Ｒ）が疎遠になってしまうと、やがて家庭で明るい感情（Ｐ）を抱くことができなくなる。業績の達成（Ａ）は望ましいことだが、それが自己目的化させられ、長時間労働によって家族との関係（Ｒ）が途切れたり上司のパワハラで明るい感情（Ｐ）が失われたりすれば全体としてのウェルビーイングは低下し、逆にネガティブな感情の増大によって心身の健康は失われる。このような場合は、生き方や働き方を見直して、全体としてウェルビーイングが高まる方法を再考すべきだろう。

また、日本も含めて多くの国には、差別や格差によって、あらかじめ達成（Ａ）が難しい状況に追い込まれている人々が多数存在している。達成があらかじめ阻まれればポジティブ感情（Ｐ）も高まらず、「拡大－構築理論」はうまく作動しない。社会的孤立によって人間関係（Ｒ）が制約され、ポジティブ感情（Ｐ）が低下したり自分の存在に意味（Ｍ）を感じられずウェルビーイングが低下する人も多い。

ポジティブ心理学の視点は、そのような現実を照射するセンサーとしても働く。マクロな政治や社会の課題は、こういった問題を除去し、人々のウェルビーイングが高まるように状況を改善することだ。他方で、このような厳しい状況に置かれている個人の側も、ポジティブ心理学の指針を知って実践することにより、ポジティブ感情（Ｐ）や人間関係（Ｒ）を一定程度増進させることができる。

社会的状況が幸不幸に影響を及ぼすだけでなく、同じ社会的状況でも、個々人の気持ちや考え方によって幸不幸は左右される。したがって、自分だけで幸福になれるから社会はどうでもいいと思うのも、社会が悪いから自分は幸福になれないとあきらめるのも、ともに間違いである。ミクロな個々人はどのような社会的状況の中でも工夫して自らの幸福への道を追求することが可能だし、マクロな社会の側では人々が幸福になりやすいような状況を実現してゆくべきなのだ。状況によってはこのどちらかだけの方法を用いることもやむを得ないが、双方を併用できれば相乗効果によってウェルビーイングを大きく高めることができるのである。

このように、ポジティブ心理学の指標を通して個人や組織、さらには社会全体のウェルビーイングを見ることは、何をすることが善いことか、何をしてはならないかということを見定めるよりどころとして機能する。ポジティブ心理学は現代を生きる私たちが、個人と社会の両方の次元で価値判断や行動選択をする際の目安を提供してくれるのである。

第二章　本当の幸せを生み出す

「美徳」と「人格的強み」の再発見

1　短期的快楽か、長期的幸福か。ヘドニア－エウダイモニア論争

幸福の「深さ」

ウェルビーイングを高めて幸福に向かって進んでいくという一連のプロセスを支えているのは、どのような人間的条件なのだろうか。人の中にそなわっているどのような特質が、ウェルビーイング向上の基礎として働くのだろうか。

そのいくつかについては、すでに第一章でも見た。例えば、「利他性」は自分自身のポジティブ感情（P）を高めると同時に、友愛を育んで人間関係（R）を築く。「愛」もまた人間関係（R）を築く基本となる人間らしい特質だ。このように、人は誰もがウェルビーイング向上の基礎条件となる美徳や人格的な強み（長所）を備えている。人は自分の美徳や人格的な強みをいわば資源とすることで、自分自身のウェルビーイングを高めていると言ってもいいだろう。その美徳や強みがどのようなものなのかを明らかにしようというのが、セリグマンらが「ポジティブ心理学――序論」の中で掲げた「人格的特性」というテーマだ。

その成果を見るのに先立って、ここでウェルビーイングを高めた先にある「幸福」と呼ばれるものの質について考えておきたい。

＊

ポジティブ心理学は人がウェルビーイングを高める条件、すなわち「幸福」と呼ぶ状態に至る心理学的な条件を明らかにしようとしてきた。ただ、そのゴールとも言うべき「幸福」のイメージは多様

だ。幸福はお金だという人もいれば、健康だという人もいる。地位や名誉が幸福の核心だと考える人もいるだろうし、生きがいや充実感、自己実現が大事だと考える人もいる。したがって、ある時点における幸福度であるウェルビーイングも、とらえ方ひとつでずいぶん異なることになる。

例えば、PERMAのR（人間関係）には、「人脈」という程度の人間関係もあれば、友愛によって結びついた深い人間関係もある。その他の指標で測定される感情も、それぞれ浅いレベルのもの、深いレベルのものという違いを内包している。これらの質の違いはそれぞれの感情の先にある幸福の質の違いにもつながるだろう。そして、向かうべきゴールである幸福の質が異なれば、基礎となる美徳や伸ばすべき人格的な強み（長所）も違ってくるはずだ。

ポジティブ心理学が発展するにつれ、こうした「幸福」の質の違いをめぐる活発な論争が繰り広げられはじめた。その論争を通じて漠然と「幸せ」「幸福」という言葉で語られるものの多様性を明らかにし、そこに種類や質の違いを見いだしたのは、この論争の大きな成果だ。

例えば、宝くじで大きな当たりを出してお金が入れば「やった！」という思いになり、しばらくは上機嫌でいられるだろう。そのお金でおいしいものを食べたり欲しかった服を買ったりすれば、それによっても満足感が得られる。この時の心理状態をPERMAで測定すれば当人のP（ポジティブ感情）の程度は高いはずだ。

一方、こつこつと勉強しながら俳句を詠み続けてきた人が句集を自費で刊行したとき、その人の中には大きな充足感と喜びの感情がわくに違いない。刊行までには長い歳月をかけての勉強と俳句作りの蓄積があり、途中では苦労もあっただろう。また、自費で本を出すにはお金もかかる。それらを経た刊行に充足感と喜びを感じている人のウェルビーイングを測定すれば、ここでもポジティブ感情

（P）は高まっていることだろう。
それでは宝くじの当選で高まったウェルビーイングと句集の刊行で高まったウェルビーイングは、同じものと考えてしまっていいのだろうか。そこには質の違いのようなものがあるのではないだろうか。例えば、「刹那的な幸福」と「持続的な幸福」、「浅い幸福」と「深い幸福」、「低い幸福」と「高い幸福」といった違いだ。同じ疑問は、こんなたとえ話で語ることもできる。

Aさんに子どもが誕生したと聞いたAさんの父親が電話をしてきた。

「ちょうど今日は宝くじで一万円が当たったんだ。そこにお前から赤ん坊が生まれたというメールが来た。いいことが二つも続いてうれしいよ」

そう言われて、Aさんはちょっと複雑な思いがするのではないだろうか。自分の父が孫の誕生を喜んでくれているのは間違いないのだが、その喜びと宝くじに当たった喜びとを同列に語る語り口の中には、本来あるべき「長短感」や「遠近感」、「高低感」が欠けているのではないだろうか。

こうした「長短感」・「遠近感」・「高低感」、つまり「長期・短期」「深い・浅い」「高い・低い」といった違いを学問的にも明確にすべきではないかという議論が、ポジティブ心理学の内部にも生まれるようになった。あらかじめ述べておくと、これはどちらかのウェルビーイングやその先にイメージされる幸福がニセモノで、もう一方がホンモノだという議論ではない。どちらも事実として個人の内面に生まれる感情であり、誰でも持ちうる感情だ。また、「短い」「浅い」「低い」とされた感情が、人生にとって無意味なものだと決めつける議論でもない。ただ、今まで見てきた例の中でだけ考えても、ウェルビーイングやその先にイメージされる幸福には種類や質の違いがあるように見える。個人や社会がバランスの取れた幸福に向かう条件を考えていくには、ゴールとしてイメージする幸福がどんな意味合いでの幸福なのかを考える必要があるのだ。

このような種類の相違の中で最もわかりやすいのは、短期的・刹那的幸福と中長期的幸福の相違だろう。リュボミアスキーらは、前者と区別して後者の幸福を重視し、それを「持続可能な幸福(sustainable happiness)」「永続的幸福(lasting happiness)」と呼んでその実現の条件を探究している。[1]以下ではこの持続的幸福を「永福」とも呼ぶことにしよう。これも、真福・開福・栄福と同じく、仏教では永福寺が各地にある。東京都杉並区の永福(町)も、寺院の名称に由来している。

幸福は「快楽」の合計なのか？

では「幸福」と呼ばれるものの質についてはどうだろうか。これに関して、初期のポジティブ心理学は比較的単純に考えていた。

幸福研究の先駆者エド・ディーナー(Edward F. Diener　イリノイ大学)は、ポジティブ心理学が成立する以前から人々の幸福感を数多くの統計調査から明らかにしようとしてきた学者として知られる。彼は本人が感じる幸福感、つまり主観的ウェルビーイングを「人生の満足度」「ポジティブな感情」「ネガティブな感情」の三つで測ることができると考え、「人生の満足度」を測るために人生満足度尺度(SWLS)という調査票を考案した。

ここで言う「人生の満足度」とは、人生に対する自分自身の評価のことだ。「ポジティブな感情」と「ネガティブな感情」は、それぞれ明るい気持ちと暗い気持ちを指し、それらを測る調査票もある。自分の人生に対する自己評価に、その時のプラス・マイナスの感情の差し引きぶんを加えれば幸福の度合いが割り出せると考えたわけだ。

式にして簡略に示せば、〈幸せ（主観的ウェルビーイング）＝人生の満足度＋ポジティブな感情－ネガティブな感情〉となる。

このように個々人の認識や感覚を基礎にして「幸せ」を考えるのは、現代人にとってはあたりまえのことに思える。だが、「幸せ」をそのように考える思想が力を持つようになってからの歴史は意外に浅い。

現代の私たちには実感しにくいが、近代よりも前の時代、人の幸福というものは本人の感覚とは関わりなく客観的な形で存在すると考えられていた。古代や中世の人々は、神仏をはじめとする超越的なものの存在を疑わず、したがって、自分たちが信仰する神の意志などにかなうことによって客観的な幸福が実現すると考えた。ぐっと単純化して言えば、個人の快・不快などとは関わりなく、聖書などの教えに合致している状態を幸福、教えに反している状態を不幸という具合に決めつけることができたわけだ。

だが、近代になると、科学の勃興によって宗教的・超越的な世界観が崩れ、その結果、神の意志などに照らして幸福を定義づけることはできなくなってしまった。序章で述べたように「バチが当たらない」社会、「お天道様が見ていない」世の中になったのである。価値判断の絶対的なよりどころが失われ、人間自身の思想によって幸福とは何かを決めなければならなくなった。そこで登場したのが、人間の快楽や欲求・欲望を基礎に考える哲学である。その典型が、個々人の快楽に基づいて幸福を考える、快楽主義あるいは快楽説と言われる思想だ。

快楽主義を基盤にする哲学の中でも最も単純なのは、人間を自分の快楽や利益を追求する存在と考える「利己主義」である。これと同じように「功利主義」という思想も、個々人の快楽や利益を幸福と考える。この考え方は、イギリスの哲学者ジェレミー・ベンサム（一七四八－一八三二）によって唱えられた。ベンサムは個々人の快・不快を量で表し、それを全員について合計した幸福の総量を最大にすることが正しいと考えた。「最大多数の最大幸福」という言葉で知られる考え方である。例えば、GDPを拡大すれば国民は幸福になるという経済成長至上主義も、根っこにはこの思想があると言えよう。

快・不快は利害と密接に結びついており、利益は快楽、不利益や害悪は不快をもたらす。したがって、人は利益を求めて行動し、その拡大を図ることこそ望ましいといった功利主義の考え方をもとに、今日の経済学的発想の基礎が生まれた。現在でも主流派経済学の多くが、人は経済行為において自己利益を最大にするように行動するという考え方に立脚しており、その底に流れているのは利己主義や功利主義だ。社会保障費や人件費などをコストとみなし、極力それを削減して利益を増大しようとする考え方は功利主義的である。企業の価値を、もっぱら収益の多少で判断できるという考え方も同様の考えに基づく。

ディーナーの幸福研究も、幸福を主観的な快楽と考えて測定しようとする点でこれらの快楽主義的な系譜と関係が深い。個人の幸福を快楽の積み重なりと考える発想が流れているからだ。実際にディーナーは、経済学者のダニエル・カーネマンらと共に『ウェルビーイング――快楽的心理学の基礎』（一九九九年）という本を編集し、自らの幸福研究を「快楽的心理学」と位置づけた。先のディーナーの公式の中の「満足」という概念には欲求や欲望の満足という意味が含まれており、欲求・欲望を満たすことは幸せだということになる。それは快いことでもあるから、快楽主義ともつながるわけだ。

さらに公式の中でポジティブ感情とネガティブ感情を差し引きしているのも、快・不快の差し引きそのものである。

したがって、この時点での幸福研究は哲学的には快楽主義と軌を一にするものだと考えられており、政治哲学的には功利主義に近いものと受け止められていた。功利主義は突き詰めれば快楽主義の一つの表現形態であり、その幸福の度合いを測定するのが幸福研究ということになる。「幸福」を扱うという点で幸福研究と重なるところの多いポジティブ心理学も、初期においてはほぼ同様のものと考えられていた。

だが、ポジティブ心理学の深まりとともに、ここに違和感を覚える人も出てきた。人の幸せとは、そんなに単純なものなのだろうか？

一律に快・不快の次元だけで幸福をとらえようとする発想の中には、本来あるべき「遠近感」が欠如しているのではないかという違和感である。

アリストテレスの幸福観

もし、幸福が単なる快楽のかたまりではないとすれば、その正体はいったいどのようなものなのだろうか。ポジティブ心理学がそれを掘り下げるうえでも、アリストテレスの考え方が大きな影響を与えている。

第一章で触れたように、アリストテレスによれば、人が善いことをする目的は、突き詰めるとエウダイモニア（eudaimonia）、すなわち幸福に到達することにある。肥満解消のために運動するのがなぜいいかと言えば健康につながるからであり、健康になることがなぜいいのかと言えばそれは幸福になれるからだ。こうしてさまざまな形で存在する「善いこと」のさらに先を掘り進めると、その先に幸福すなわちエウダイモニアという境地がある。それがアリストテレスの幸福観の基本だ。

エウダイモニアというギリシャ語は、「善い（エウ）精霊（ダイモン）」に由来し、善い霊的存在によってもたらされる幸せを意味している。英語読みしてユーダイモニアとも呼ばれるこの言葉には、日本で言う「神仏からの賜りもの」「天からの授かりもの」というのに近い意味合いがある。個々人の資質や美徳を十分に生かし切ること、十全に開花させることによって、この意味の幸せがもたらされるとみなされたのだ。例えば、運動選手が天から授かった運動能力を十全に発揮して優勝したり素晴らしい記録を出したりすれば、深い幸せを感じるだろう。それは、単にハッピーで快適な状態というより神や天を念頭に置いた「善き幸福」というべきもので、「善福」と略していこう。これまでに述べた開福や栄福、永福と同じように、仏教ではいくつかの「善福寺」や「善福院」がある。

「善福」の実現という意味での幸福は、あの『リトル・ダンサー』の中にも見られる。主人公のビリーは、なぜかボクシングよりバレエの方に惹かれてしまう。父や兄の偏見や怒りに直面してもダンスへの思いは抑えられず、コーチの厳しいレッスンに反発しながらも投げ出すことができない。なぜ、多くの不快に耐えてまで練習し続けるのか。それはうまくなりたいからだ。なぜ、うまくなりたいのか。それはバレエが好きだからだ。では、なぜ好きなのだろうか。その先にあるのは、もはやビリーが天から授かった資質、あるいは美徳としかいいようのない何ものかである。エウダイモニアとしての幸福（善福）とはそれを開花させることによってもたらされるものであり、その時々の快楽の総和ではない。

じつは、アリストテレスが生きた紀元前四世紀前後のギリシャにも、快楽を幸福の本質とみなす「快楽（享楽）主義」を唱える人々はいた。快楽は「ヘドネー」という言葉で表され、それにちなんで今でも快楽主義はヘドニズムと呼ばれている。アリストテレスは、当時のヘドニズムに反対する立場からエウダイモニアを希求する生き方を主張したのだ。快楽だけを追求しても「善い人生」にはならない。財産や地位など外的に測定が可能で享楽的な快さだけではなく、美徳が開花することで得られる喜びという内面的な幸福を重視したところに彼の幸福観の特徴がある。そのことを考えれば、彼の打ち出した幸福観は、「快楽主義的な幸福観」に対して「美徳主義的な幸福観」ととらえることができるだろう。当時のギリシャではこの二つの幸福観の間で幸福の内実をめぐる哲学的な対立が起こったが、二一世紀のポジティブ心理学において、快・不快の次元で幸福をとらえる幸福観に対する疑問の声が上がったのも同じ構図だ。

先述したディーナーの主観的ウェルビーイングの概念は人生の満足度に対する評価の認識（認知）も含んでいるから、ディーナー自身が快楽一辺倒の考え方をしていたわけではない。だが、彼自身が自分の研究を「快楽的心理学」と位置づけたこともあり、かつてのヘドニズム同様の快楽主義的な幸福観として受け止められている。彼の主観的ウェルビーイングの概念が、個人の感覚的快楽を幸福とみなす利己的で短期的な幸福観に見えたのだ。

このためポジティブ心理学者の間には別の概念が必要だという主張が登場し、「エウダイモニア的ウェルビーイング（善福的良好状態）」という概念が提起された。その概念は「潜在する力の発揮による自己実現や成長」や「意義や目的」を軸にしている。これは、アリストテレスが人間の究極の目的をエウダイモニアの実現と考え、魂の美徳を発揮することでそれが可能になると考えたのとそっくりであることがわかる。セリグマンがウェルビーイング理論を提唱した著作の原題が Flourish であり、幸福を「開花」としてとらえるようになったのも、天から授かった資質や美徳の開花を意味するエウダイモニアと軌を一にしている。

このようにポジティブ心理学には、美徳主義的な幸福観を主張する人々が登場した。一方、快楽主義的な幸福観は、ヘドネーにちなんでヘドニアと呼ばれる。こうしてエウダイモニア派とヘドニア派の間には、幸福のとらえ方をめぐって活発な論争が起きることになったのである。

ヘドニア－エウダイモニア論争

ヘドニア派が主観的ウェルビーイングの指標を使用するのに対し、エウダイモニア派は独自の指標を考案し、自分たちの幸福観に基づいた指標に即して幸福研究を推進した。両派の指標とそれが明らかにしているものの中身をめぐる論争と実証的研究がくり返され、やがて一つのことがわかった。両派はそれぞれが考案した指標を通し、「幸福」「ウェルビーイング」における別の側面を見ようとしていたのである。ヘドニア派が注目する主観的ウェルビーイングの方は、食事やレジャー、ゲームなどヘドニア的な幸福とされる快楽との相関が高い。一方、エウダイモニア派が提案したエウダイモニア的ウェルビーイングの方は、学ぶことや自己成長、働くこと、社会的な目的を達成することなどとの相関が高い。

両派の主張するウェルビーイングと相関の高いものがそれぞれ明らかになったことは、ポジティブ心理学全体にとって一つの成果だった。ヘドニア派による主観的ウェルビーイングの指標が有用であることが再確認されたと同時に、新たな概念であるエウダイモニア的ウェルビーイングについても、その観念の重要性や指標の有効性が広く認識されるようになったからである。

例えば、セリグマンがＰＥＲＭＡの一つとして挙げたＭ（意義）はエウダイモニア的ウェルビーイングの典型である。また、ヴェロニカ・フタ（オタワ大学）はエウダイモニア的志向には「真性・意義・卓越性・成長」という四つの要素があると統計的に解析した。真性（真実性）とは本当の自分や最善の自分を実現したり発揮したりすること、意義とはより大きなものへの配慮や貢献、卓越性とは能力や美徳における理想や優越を意味する。その人の魂に潜在する本当の資質に基づいて自己実現がなされ、成長して卓越性を実現することがエウダイモニアをもたらすのである。

さらに、ポジティブ心理学の成立以前から用いられてきた心理学の指標や考え方の中にも、エウダイモニア的幸福観と関係の深いものがあることが再認識された。例えば、心理学者キャロル・リフは早い時期から、六つの次元からなる「心理的ウェルビーイング尺度」によってウェルビーイングをとらえる理論を提起している。その尺度の中の「個人的成長」と「人生の目的」という指標は、エウダイモニア的ウェルビーイングの指標そのものだ。

また、「自律」についての説明（八七頁）でも触れたように、エドワード・デシとリチャード・ライアンも早くから「自己決定理論」を提起し、内発的な目標や価値の追求が大事であり、内発的な動機として有能性・自律性・関係性の三つの心理的欲求があり、これらを成就することで心理的・身体的なウェルビーイングが促進されると主張した。この自己決定理論は、人間が最も適切に機能を遂行するための三要因を明らかにしている点で、美徳や資質の開花によって幸福が実現するというアリストテレス的な幸福感と通底している。

私自身の企業調査・分析でも、少なくとも日本では、自律はＰＥＲＭＡと同じように大事なウェルビーイングの要素だが、これはエウダイモニア的な性格を持っていることがわかった（一一四頁）。このことは、デシとライアンが、自らの理論をエウダイモニア的ウェルビーイングの考え方とみなしていることとも符合する。

また、ヘドニア的ウェルビーイングとエウダイモニア的ウェルビーイングでは、「時間」の流れ方も違う。ヘドニア的ウェルビーイングは短期的であり、現在・快楽・力・物質・利益に焦点を置きやすい。これに対し、エウダイモニア的ウェルビーイングは長期的視野に立って感じられるウェルビーイングであり、親しい友人や親戚、子どもへの好影響、利他的行動や価値、生成的行動、環境保全的な行動やそれを重んじる価値観、抽象的志向、未来思考といった要素が強い。つまり、ヘドニア的ウェルビーイングはいまこの時に生じるものであるのに対し、エウダイモニア的ウェルビーイングは、未来に向かって流れる時間に宿るものなのだ。

このように、ウェルビーイングやその幸福にはヘドニア的なものとエウダイモニア的なものが存在する。では、私たちはそれらとどのように付き合っていけばいいのだろうか。

セリグマンやリフのような多次元的理論によれば両方の志向を持っている方が、どちらか一方だけしか持たない場合よりもウェルビーイングは高いことになる。例えば、お酒を飲んで楽しむことはヘドニア的だが、それでストレスを発散して次の日から有意義な仕事というエウダイモニア的な課題に向き合えるなら、飲酒も意味のある快楽だろう。あまりに禁欲的な生活を無理に送るよりも、適度な発散があった方が、結局は有意義な活動による質の高い満足感も得やすくなる。すなわち、現在のポジティブ心理学ではヘドニア的なウェルビーイングとエウダイモニア的なウェルビーイングはそれぞれ別個のものであると同時に、両方が重要だと考えられている。

人間のウェルビーイングと健康との関係では、ヘドニア的なウェルビーイングを高めることは健康の増進に効果がある。すでに述べたように「病は気から」であり、滅入っていると病気になりやすいが、明るい気持ちになると回復に向かったり病気になりにくかったりする。これを科学的に立証したのはポジティブ心理学の最も大きな功績の一つであり、そこではディーナーらが言う主観的ウェルビーイングを高めることが大きな効果を発揮することがわかった。長い歳月を要する質の高い幸福を追い求めるわけではないが、その日その時の楽しい気持ち、明るい気持ちを増大させることは健康につながる。病気の治療や予防にとって、これは重要な知見である。

一方、ビジネスや学業、芸術活動などになってくるとエウダイモニア的ウェルビーイングの役割が増す。例えば、PERMAの〈M（意義・意味）〉は、エウダイモニア的ウェルビーイングの典型的な指標だ。意義（M）あることを成し遂げようとすれば、それが仕事であれ学業であれ、それなりの苦労は伴う。たとえ趣味の世界でも、それを極めようとすれば努力は欠かせず、継続する忍耐力も必要になる。そうした努力や継続、苦労の最中は、好きな映画を観たり友達と飲んだりする享楽的な時間に比べるとハッピーとは言い難い。その時、ヘドニア的な指標である主観的ウェルビーイングの値は低いはずだ。しかし、だからその人が不幸であるという結論にはならない。本人は仕事や学業で達成（A）して成功を収めるための努力や継続、苦労を意義あることとして取り組んでいる。またその過程では、仕事や学業に没頭（E）することもあるかもしれない。

セリグマン自身の説明ではPERMAにおいて、ポジティブ感情（P）はヘドニア的ウェルビーイングで、意義（M）はエウダイモニア的ウェルビーイングであることは明確だが、それ以外の三次元がどちらに近いかは明記されていない。だが、企業従業員（四〇三人）や一般人（五〇〇〇人）を対象とする調査で私たちが分析したところ、各ウェルビーイングの要素はポジティブ感情（P）・人間関係（R）に幸福感や満足感・健康（・楽観主義）を加えたグループと、意義（M）に達成（A）・没頭

（Ｅ）及び自律性を加えたグループに分かれることがわかった。ここから考えると、前者がヘドニア的で後者がエウダイモニア的と考えられる。[2]

　人間が取り組むことの中には途中のプロセスでの快楽に相当するポジティブ感情（Ｐ）の度合いは低いが、意義（Ｍ）や達成感（Ａ）や没頭（Ｅ）などは高いというものがいくつもある。エウダイモニア的なウェルビーイングはそれに対応するこれらの指標、つまり善福の観点による指標から測定しなければ、正当に評価することができないのだ。

　このようにポジティブ心理学は、「幸福」を快楽のかたまりとみなす素朴な考え方から出発しながらも、「真福（真の幸福）」、言い換えれば「本当の幸福」とは何かという大きな問いに向かってきた。結果、これまで漠然と「幸せ」「幸福」と呼ばれてきたものの中に単なる快楽からなる「快い生」だけでなく、「善き生」や「有意義な生」というべきものが息づいていることが明らかになった。当初セリグマンはこの三種類によって真福をとらえることを主張し、[3]さらに先述のＰＥＲＭＡ理論へと発展させたのである。局面によってヘドニア的なウェルビーイングが力を発揮しながらも、人生全体という長い時間の中でみればアリストテレスの主張した美徳主義的な幸福観が重要なのだ。こうした流れをふり返ってみると、全体としてポジティブ心理学は、アリストテレス的な美徳主義に近づいたと言ってもよいだろう。

統合的人間論としての【心身・知情意・熱意・達人】

　さて、先述のヘドニア－エウダイモニア論争はウェルビーイングを長短・深浅・高低などの次元で立体的に見ること、人の幸福というものをある種の遠近感を持って考えることを可能にした。これまでも「浅い」「深い」などの違いは、誰もが直感的に抱いていた。だが、ポジティブ心理学はそれを学問的に整理し、その違いの行き着く先を見通しやすくしてくれたのである。そこで、前章で紹介したPERMAをはじめとする指標を、「浅い」「深い」という視点で整理し直しておこう。「浅い」「深い」というのは、ヘドニア的ウェルビーイングとエウダイモニア的ウェルビーイングにおおむね対応する。

P（ポジティブ感情）は、これまで述べてきたように当初は主観的な快楽の感情のことだと考えられていた。だが、フレドリクソンのように、より深い意味での歓喜の感情も入れて考えるポジティブ心理学者もいる。同じPでも快楽ではなく、深い魂の喜びもあるのだ。

E（熱心な）参与・従事／（熱中する）没頭・没入）も何かに熱心に関わるという浅い意味でとらえる場合（「参与・従事」）もあるが、「没頭・没入・熱中」はフロー状態、仏教的な瞑想の世界などのように精神の深い集中を意味している。この双方は、熱心・熱中というように心理的な「熱さ」でまとめることができる。

R（人間関係）も、単なる人脈というだけの人間関係は比較的浅いが、心からの親友や恋人、結婚関係にあるパートナー、あるいは深い共感や友愛で結びついた同志的な人間関係は深い。それぞれは広い「交流」と深い「親密な交わり」とに対応する。

M（意味・意義）についても、ある仕事の業務上の位置づけという程度の浅い「意味」（価値・重要性）もあるが、他者や社会、神といった個を超えた大きな世界にとっての意味、すなわち「意義」もある。仕事に関わる意味の中でも、天職意識のように自分が取り組む使命感を感じている場合には後者となるだろう。

A（達成）においても同じことが言える。客観的に何かを達成するということではあるのだが、与えられた納期までに仕事を終えたという達成感と、天職感や使命感のように本当にやりたかったことを実現したという達成感では深みが違ってくる。前者が通常の目標達成を表すのに対し、後者は自己本来の目的の達成を示し、人間の精神的・能力的「発達」とも深く関連する。

なお英語に基づくPERMAでは覚えにくいという人もいるだろう。そこで日本語で覚える方法を考えてみると、「情熱意・達人」という文句がいいのではないだろうか。初めの「情熱」の「情」は「P（ポジティブ感情）」を表し、「熱」はE（熱心な参与・従事／熱中する没頭・没入）を示す。「熱」の後に「意」を続けて「熱意」と組み合わせたが、この「意」はM（意義・意味）を表す。次に「達人」の「達」は、A（達成）を表し、「人」の方はR（人間関係）を表している。この五項目の順序に必然性はないが、「情熱」や「熱意」のある「達人」（学芸・技芸・識見に卓越した人）が幸福になりやすいというような語呂を考えれば覚えやすいはずだ。

このほか、先述のようにPERMAモデルでは取り上げられていない「身体」「精神性」「知性」も、幸福やウェルビーイングを調べる指標の一つとされることがある。例えば、ハーバード大学での人気講義でポジティブ心理学を世に広めたことで知られるタル・ベン・シャハー（Tal Ben-Shahar　幸福アカデミー）は、自分の考案したSPIREという指標の中に、PERMAにおけるPに相当するE（emotion、感情）とR（関係）の他に、「身体（P：physical）」と「精神性（S：spirituality）」と「知性（I：intellect）」という要素を入れている。

「身体」については、すでに記したようにH（健康）が重要な指標と考えられるようになっている。この健康にも「深い」「浅い」の違いがある。風邪や病気ではないというレベルの健康だけでなく、英語ではバイタリティ、日本語では「元気」「活気」「旺盛」というような生命力の充溢という意味での深い健康もあるのだ。

「精神」（心）も、後述のように、セリグマンらの美徳の分類では「超越性」ないし「スピリチュアリティ」とされている（一三五頁）。日本語ではスピリチュアリティの訳として「心」が用いられることがある。精神や心は、精神作用という意味で広く用いられるが、物質的な身体とは独立した魂や霊性という超越的な意味もある。この双方を「浅い」「深い」とみなすことができよう。

また、「知情意」という言葉で表されることもある心の働きの中で、ポジティブ感情は「情」に相当するが、「知」あるいは「智」のありようもウェルビーイングを調べる視点になる。セリグマンが二つの知性を区別したように、ここにも「浅い」「深い」がある。テストで測定される学力的な思考に近い分析的知性や理性がある一方、新しいものを構想して創造するような叡智や目標を深く考えて実現する時などの知恵、賢慮もあるのだ。

「意」に関しては、前章で述べたようにダックワースは日本語で言う「気力」にあたるものを評価する調査指標を考案し、グリットの概念を提起した。これは、西洋的な思想における「意志」に対応する。従来から「意志力」についての研究はあるが、彼女の研究で明らかになったグリットは東洋的な「気」の概念を内包した「気力」や「気概」「意気」に近いため、両者はそれぞれ「浅い」「深い」とみなせるだろう。

心理学に限定して整理するのなら身体や知性などを入れる必要はないから、ＰＥＲＭＡの五項目でも十分かもしれない。だが、心理学だけではなく、総合的な人間学における幸福の要因を考えようとする場合、タル・ベン・シャハーのように幸福やウェルビーイングをもたらす要素を包括的に入れることが必要になる。そのためにＰＥＲＭＡの五項目に心（精神）・身体・知性・意志を加えて九項目に整理し、「統合的人間観」としてまとめたのが表1である。九項目を日本人になじむ単語で表現すると、表の左の列に記したように「心（精神）・身体・知性・感情・意志・熱心（熱中）・意味（意義）・達成・人間関係」というように整理することができよう。それぞれが深浅に分かれるから、合計一八項目となる。覚えやすくするには、それぞれの漢字を取り出して【心身・知情意・熱意・達人】と語呂よくまとめることができる。これは、日本人向けのウェルビーイング指標整理として活用できそうだ。

まず初めの二つは「心身」である。精神と身体は心身に相当し、ポジティブ体験はその双方に関わる。

一方、日本語の「心」が指すことの多い感情的な働きを分けて考えるのが、次の三つの「知情意」だ。Ｐ（ポジティブ感情）はこの中の「情」で表しており、先の「心身」の「心」はそれとは別の「精神」を意味していることに注意する必要がある。

ここまでが人間の身心やその能力に関係するウェルビーイングの要因であり、この後にＰ以外のＥＲＭＡを配置した。すでに「情」でＰを示しているから、あとは先ほどと同じように「熱意達人」となる。「知情意」の「意」は「意志」を表すのに対し、こちらの「意」は「Ｍ（意義）」を表すわけである。

以上の中で「心身」と「知情意」は、人間とその心の働きを指しており、個人におけるウェルビーイングの要素を示している。「熱（熱心・熱中）意（意味・意義）」はポジティブな体験と認識を、「達（達成）人（人間関係）」はポジティブな行為の結果と人間の間《あいだ》の関係をそれぞれ表している。「熱意」

				浅い	深い
個人		人間（**心身**）	**心** **（精神）**	精神性	スピリチュアリティ （魂・霊性）
個人		人間（**心身**）	**身体**	健康	バイタリティ （生命力）
個人		心の働き（**知情意**）	**知性**	分析的理性	知恵・賢慮・ 叡智
個人		心の働き（**知情意**）	**感情** **（P）**	ヘドニア・快楽	歓喜 （心からの喜び）
個人		心の働き（**知情意**）	**意志**	意志力	グリット （気力・気概・ 意気）
人々や世界との関係	世界との関係	体験・認識（**熱意**）	**熱心・熱中** **（E）**	熱心な参与・ 従事	熱中する没頭・ 没入（フロー）
人々や世界との関係	世界との関係	体験・認識（**熱意**）	**意味・意義** **（M）**	意味 （価値・重要性）	意義 （個を超えた世界へ の価値・重要性）
人々や世界との関係	世界との関係	行為・人間間（**達人**）	**達成** **（A）**	通常の目標達成	自己本来の目的 （使命など）の達成
人々や世界との関係	他人との関係	行為・人間間（**達人**）	**人間関係** **（R）**	知人・友人との 交流	親友・パートナー・ 同志との親密な 交わり

表1：統合的人間観　通常のPERMAモデルが扱っている領域が斜線部。筆者作成。

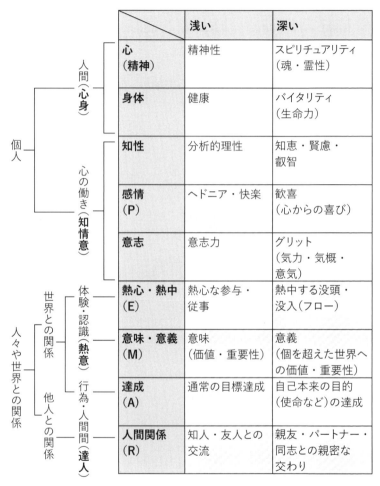

と「達」は、個人と世界との関係で生じ、「人」は他人との関係で生じるから、これら二つは人々や世界との関係におけるウェルビーイングを表しているのである。

この九項目（×2）を念頭に置けば、自分自身だけではなく自分が属する企業やコミュニティのウェルビーイングの状態にも常に自覚的になれるだろう。例えば、飛行機にはダッシュボード（計器盤）があり、パイロットはそれぞれのメーターごとの指標で機体の状態を把握して空を飛ぶ。セリグマンはPERMAというダッシュボードを示したが、この深浅の九項目を自分自身のダッシュボードとして生かせば、ウェルビーイングを生身の感覚により近い精密な視点で自己点検できるはずだ。

「統合型リゾート（IR）」は日本社会を「幸福」にするか？

それでは、見てきたような論争を経たポジティブ心理学は、現実の社会を生きている私たちにどのような視点を提供してくれるだろうか。一つの例を通して考えてみよう。

ある研究で、アメリカの二二州の宝くじ（最低でも賞金は五万ドル）当選者とその近所の人々の幸福感が比較された。その結果、当選者たちは現在・未来の幸福感がわずかに高かったものの、日常的活動にはより少ない楽しみしか見いだせていないことがわかった。また、前年に事故に遭って手足が永久に麻痺した人たちとも比較したところ、その障害者たちの現在の人生満足度は宝くじ当選者より低かったが、未来の幸福観と日常活動の楽しみの度合いはむしろ高かった。つまり、宝くじで多くのお金が手に入っても、そこで得られる幸福感は長期間にわたる日常において続くものではないのである。[4]

もちろん、お金を持つことが幸福に繋がることも多い。お金を得ることは、それじたいが喜びを生むし、社会的地位を高めたり人生をコントロールしやすくしたりする。買い物の楽しみも得られるだろう。だが、当のお金持ちの中には、自分を幸福にしているものはお金そのものではなく、家族関係や世界を助けること、仕事の充実や達成であると考える人もおり、お金を持つことじたいが幸福であるとは限らないのだ。

その典型が、前述の宝くじ当選者だ。中には当選後しばらく経つと、元よりも不幸になる人がいる。例えば、大金を手にしたので仕事を辞め、豪華な生活をしてみたとする。しかし、ライフスタイルが変わったために身を持ち崩したり、友人を失ったり、うつになったりすることも多いのではないか。貧しいよりも豊かな方が幸福感は統計的に高い傾向があるものの、お金を重視している人よりも愛情を重視している人の人生満足度の方が高く、お金が「とても重要だ」と答える物質主義者は、「重要でない」と答える人に比べて、家計収入が極めて高い場合を除けば全般的に人生満足度が低いこともわかっている。要は、お金を持つことは一般的に良いことだが、お金を望みすぎることは幸福には有害なのである。[5]

これらはいずれも、「ヘドニア–エウダイモニア論争」を経て明らかになったことと一致している。先ほど見たように、宝くじの当選で得られるようなヘドニア的ウェルビーイングは短期的で浅いものであり、現在・快楽・力・物質・利益に焦点が置かれている。だが、ヘドニア的ウェルビーイングだけに終始しても、必ずしも長期的な幸福にはつながらない。長期的な深い幸福は、エウダイモニア的ウェルビーイングを高めてこそ得られるものだからだ。それは自己実現や成長、意義や目的を通じて得られるウェルビーイングであり、転がり込んだお金で享楽的に生きる人は快楽を感じることはできても、社会に貢献する意義を感じながら仕事をしている人に比べて真に幸福とは言えないかもしれないということである。

ここで一つの政策的な問いを立てることができる。政府自身が賭け事に大勢の人を集め、それによってGDPを引き上げようという政策は、社会を長期的に見て幸福にするのだろうか。

日本ではカジノ（ルーレットなどのゲームを用いたギャンブル施設）を含む統合型リゾート（IR）を設置し、そこに多くの訪日外国人客などを集めて経済効果を得ようという政策が進行中だ。この政策をポジティブ心理学の視点で見たとき、何が言えるだろうか。

従来、日本では刑法によってカジノの開設は禁じられてきた。だが、観光や地域経済の振興に寄与するという「公益性」があるという理由づけで、IRにおけるカジノが解禁され、IR推進をうたった統合型リゾート推進法は「カジノ法」という異名で、二〇一六年一二月に施行された。ここで言う「公益性」の実体は、端的に言えばたくさんのお金が地域に落ちるということだ。それによって国民の幸福は増大するはずだという見通しのもとで進められるこの政策は、快楽主義に基づく功利主義的な政策と言える。カジノはギャンブルによる一時的な快楽を生む施設であり、その意味でもこの政策は快楽主義的である。

IR推進政策については目玉であるカジノ解禁の是非のほかにもいくつかの論点があるだろうが、ここではヘドニア－エウダイモニア論争を経たポジティブ心理学の観点から、カジノ解禁を前提として成り立つIR推進政策について考えてみよう。

カジノ解禁については、当初からギャンブル依存症を助長するという強い懸念の声があった。ギャンブル依存症とは「賭け事にのめりこむことにより日常生活又は社会生活に支障が生じ、治療を必要とする状態」を指す（「一般財団法人ギャンブル依存症予防回復支援センター」HPによる）。心を乗っ取られた状態になって歯止めがきかなくなり、ついには人間関係の危機や借金などに陥る——政府はこうした依存症の防止策を講じたうえでカジノの開設を認めるというが、今も懸念の声は消えていない。ギャンブル依存症は誰が見ても「不幸」だ。不幸が生じるリスクを承知で営まれるこの政策は、社会にどのような質の幸福を提供できるのだろうか。

二〇一八年七月に可決成立した統合型リゾート実施法に基づいてＩＲ誘致に手を挙げた地方自治体は、誘致によって国内外からの観光客や国際会議場等の施設利用が増大し、それが地域に経済効果を生むという見通しを持っている。市内の雇用や税収を増大させ、市民サービスの向上をもたらすという循環が期待されているのだ。そこで向上する市民サービスとは、例えば「福祉」「子育て」「医療」「教育」である。それが経済効果のすべてではないにせよ、市民向けＰＲとしてカジノを含むＩＲに集まる人が落としたお金を、高齢者や障害者など弱い立場にある人を支えたり、子どもたちを育てたり、病気の治療をしたりすることに役立てるというイメージを示す自治体もあった。

だが、先ほど述べたようにギャンブル依存症に陥った人やその家族は、明らかに「不幸」だと言わざるを得ない。たとえ依存症にまで至らなくても、ヘドニア的なウェルビーイングだけで長期的な幸福は得られず、幸福とは言い難い状況に陥る可能性もある。ＩＲを誘致して福祉や医療、教育の充実を図るというのは、不幸もしくは幸福とは言い難い人を生み出す可能性を横目で見ながら、弱者や子ども、病人を支えるということを意味しないだろうか。

私ならこの構図を見て、本章の最初に述べたたとえ話に抱いたのと同じ違和感を抱く。〈宝くじに当たったと思ったら孫まで生まれてうれしい〉という話だ。この語り口からは、本来あるべき「遠近感」が失われている。それと同じくこのＩＲ推進構想でも、あるべき「遠近感」が失われていないだろうか。

　例えば、賭博に集まる人々が落としたお金が自分たちの教育を支えていることを知って、子どもは自分が受ける教育に不純さを感じないだろうか。教育者は胸を張って倫理や道徳を説けるだろうか。また、教育や福祉、医療に従事する人々は、社会の構成員の健康や幸福を支えているという誇りをもって働いている。その自分たちの仕事が賭け事に集まる人々が落としたお金で支えられるとき、彼らが哀しさを感じて天職意識や熱意が萎えさせられることはないのだろうか。社会は自分たちの仕事をそのようにしか見ていないのか、と。もう一つ付け加えるとすれば、社会が賭け事による集客と利益獲得を推進するようになった後、大人は自信を持って子どもたちに「勤勉」という美徳を語り続けられるだろうか。

　医療や福祉、教育は「利他性」と深く結びついており、それに取り組む者のポジティブ感情（P）を高めたり、友愛ひいては人間関係（R）を育てたりする。利他性の発露がそれを「してもらう側」のみならず「する側」のウェルビーイングを高めることは、第一章で見たとおりだ。また、人々はこれらの領域に意義（M）を感じるからこそ、無理してでも財源である税を負担してきた。共同で他者を支えたり子どもを育てたりしているという自覚は市民の〈E（参与）〉を増進するとともに、〈P〉や〈M〉、〈R〉を高め、政策の結果としてだけではなく、その実施に寄与することによっても、地域社会というコミュニティのウェルビーイングを高めている、つまり社会保障や教育は、それじたいが市民社会全体のウェルビーイングを高める巨大なエクササイズであると言えるわけだ。

　だが、賭け事に集まる人々が落としたお金があてがわれたとき、これらの分野からは愛や利他性をはじめとする美徳や意義が蒸発させられ、社会保障や教育はお金の流れ先の一つになり下がってしまう。手早く儲けたお金をあてがえばいいという発想がひとたび大手を振って歩きはじめれば、市民は弱者を支えたり子どもを育てたりするために苦労して税金を払うことをバカバカしいと思いはじめる可能性もある。その時、市民は協力して弱者を支えたり子どもを育てたりすることで生まれる「私たち」という感覚を失うかもしれない。

簡単に考えてみてほしい。IRによって教育や社会保障を支えるという筋書きは、ギャンブルで稼いだお金で子どもを育てるのもあり̇で̇は̇な̇い̇かと考えるのと同じだ。子育ての「費用」だけに目を向ければ、お金に色はついてないから同じだという理屈が成り立つようにも見える。だが、仮にそうして子育ての費用を工面することが当たり前になったとき、人はそのような自分を誇らしく思えるだろうか。

ポジティブ心理学が、個々の行動や政策判断の結論までを準備してくれるわけではない。だが、ヘドニア－エウダイモニア論争を経たポジティブ心理学は、少なくともこうした政策を前にした時に考えるべき「問い」を生み出してくれる。

2 二四の「強み」から検証する、〈人間〉の物語

VIA――「善いこと」の公約数

ポジティブ心理学はヘドニア的なウェルビーイングの効用を認めつつ、長期的にはエウダイモニア的ウェルビーイングを高めることが、資質を開花させて「幸福」をもたらすことを明らかにしてい

る。アリストテレス的に言えば、それが善い人生ということになる。

「でも、何を『善い』とみなすかって、人それぞれでしょう？　ギャンブルでお金を稼ぐことを『善いこと』って思う人だっているかもしれないし……」

そんな声が聞こえてきそうだ。たしかに善い生を目指すには、何を「善いこと」とみなすのかという価値判断を避けて通ることはできない。序章で述べたように、現代では何が善いことなのかを簡単には決められないようにも見える。また、さまざまな問題を論じる際に、文化による違いも考慮しなければならない。

例えば、感情一つとっても、その表れ方は文化によって異なる。近年の研究では日本や中国のような集団主義的文化では個々人の感情を犠牲にしても社会的調和を図る傾向があり、西洋とは異なって個人的な誇りや意見に固執し過ぎると嫉妬や不調和を招いてしまうことが強調されている。日本などでは、個人が思いのままにふるまおうとすることが、かえって本人のウェルビーイングの低下につながりやすいとされているのである。西洋の個人主義的な文化と比較すれば、集団主義的文化の中では「みんなとうまくやる」ことがウェルビーイングを高める重要な要素と言えるかもしれない。直感的に言っても、例えばラテン系の国々の人々はちょっとしたことでも大きな喜びや楽観を示すが、それは日本にはあまり見られない態度だ。東洋では、穏やかで感情を激しく表さないことがポジティブ（感情）とみなされているのである。

こうしたさまざまな違いにさらされて生きているため、私たちは所得の多少など、価値判断の伴わない指標に依存しやすい。功利主義的な政策を推進するよりどころにされるGDP指標は、その典型と言えよう。

だが、文化や宗教、個人の好みなどによる違いが多いことは事実だとしても、ほとんどの人々、大半の文化が一致して「善いこと」だとみなす人間の性質、すなわち美徳もまた、厳然として存在している。ある文化で「善いこと」とみなされているものは、別の文化のもとでも「善いこと」であるというように、「善いこと」には一種の公約数があるのだ。現代では多様性による差異に重きを置く相対主義が力を持っているため、こうした公約数の存在が見落とされやすい。これに対してポジティブ心理学は、〝公約数としての美徳〟やそれが具体的に表れる人格的な強み（長所）の存在を明らかにしてきた。利他性がポジティブ感情（P）を高め、愛が人間関係（R）を育むというように、美徳や強みを活かすことは幸福度を高める。そうした資源としての美徳や強みは、多様な人々の間でもかなりの程度共通しているのだ。

心理学によるこの解明は、従来の心理学の流れから見ると極めて異例のことであり大きな変化でもある。なぜなら従来の心理学では、価値判断を伴う美徳や人格に関わる問題はほとんど無視されてきたからだ。これに対してセリグマンらは、科学的な中立性は堅持しつつも、これらの概念を心理学の中に復活させた。彼はピーターソンとともに「人格的な強み（character strengths）と徳目（美徳：virtues）」に関する「活動における価値（ＶＩＡ：value in action）」の研究プロジェクトを開始し、それを担う組織としてＶＩＡ研究所（VIA Institute on Character）が設立された。どのような美徳や人格的な強み（長所）がウェルビーイングの向上、ひいては幸福の基礎となっているのか。それを膨大な数の個人やさまざまな文化についての研究をもとに抽出し、幸せにつながる「善いこと」の公約数を明らかにしようと考えたのである。

＊

知恵と知識 【智】	好奇心 （興味関心）	向学心	開かれた思考 （判断・批判的思考）	創造性 （独創性・創意）	大局観・観点 （知恵）
勇気 【勇】	勇敢 （豪勇）	忍耐力 （持続力、粘り強さ・堅忍・固持力、勤勉）	廉直 （真実性・真性・本当さ、正直）	生命力 （バイタリティ、熱意・熱烈・活力・エネルギー）	
人間性 【仁】	愛情	親切 （寛大さ・養育・ケア・思いやり・利他的愛・感じ良さ）	社会的智性		
正義 【義】	市民性 （社会的責任・忠誠心・チームワーク）	公正	リーダーシップ		
節制 【礼節】	許し 寛容	慎み深さ 謙虚	思慮深さ	自己制御 （自己統制、自制心）	
超越性 【信】	美と卓越性の鑑賞能力 （審美眼、畏敬、驚嘆、崇高・高揚）	感謝	希望 （楽観主義・未来思考・未来志向）	ユーモア （陽気さ）	精神性・スピリチュアリティ （宗教性・信仰・目的）

表2：VIA分類表　セリグマンとピーターソンのいくつかの著作の説明を勘案して、筆者作成。美徳に関する筆者の略号（智・勇など131ページ参照）も記入している。

研究ではさまざまな文化（中国の儒教・道教、東南アジアの仏教とヒンドゥー教、西洋の古代ギリシャ・ユダヤ－キリスト教、イスラームなど）における主な宗教や哲学が調査され、その中で美徳とみなされているものがリストアップされた。その結果、文化や宗教などによって細かな意味の相違があるのは当然だが、それを超えて各文化間には大きな共通性があることがわかったのだ。「知恵と知識」、「勇気」、「愛と人間性」、「正義」、「節制」、「精神性と超越性」という六つの美徳は、世界のどの文化においても、ほぼ普遍的に賞賛されているのである。

これらの美徳を発揮できることは、それぞれの社会ごとに何らかの形で性格的な長所、すなわち強みとして受け止められ語られている。それをセリグマンらは精神医学や組織研究、教育などのさまざまな学問領域や大衆文化の中で調べあげ、抽出された二四の強み（長所）を表す概念を右の中核的な徳目にふりわけて分類した。こうして作られたのが、ＶＩＡ分類表と呼ばれる表である[6]（表2）。

調査で抽出された強みは、持って生まれた特異な才能とは異なる。才能は道徳とは無関係に活動や仕事などで発揮されることがあるのに対し、ここでの強みは道徳的性質を帯びている。また才能は先天的な要素が大きいが、これは訓練などで強化できるものとされている。

ＶＩＡ分類表で「ユーモア」が「超越性」という徳目に位置付けられていることに違和感を持つ人がいるというように、この表も完全無欠なものとは言えない。これまでも個々の強みをどの徳目に位置づけるかは微修正されているので、今後も改定の可能性はあるだろう。ただ、この表の大事な点は、それこそアリストテレスなどの特定の道徳理論に基づいて作られた表ではないにもかかわらず、東西の古典的な思想や哲学、宗教との間に驚くほどの対応関係がある、ということにある。

例えば、古代ギリシャ哲学では「知恵、勇気、節制、正義」が「四枢要徳」として重視されたが、それはＶＩＡの六つの徳目のうちの四つに該当している。さらにアリストテレスの倫理学が重視する「友愛」はＶＩＡの「人間性」に相当するから、ギリシャ哲学はＶＩＡの五つの徳目まで網羅していることになる。一方、キリスト教では四枢要徳に「信仰、希望、愛」が加わった。この中の信仰と愛は、ＶＩＡの「超越性」と「人間性」に相当するし、残る希望も「超越性」の強みの一つとして位置付けられている。ギリシャ哲学とキリスト教の両方との共通性が高い点で、西洋世界の人々はＶＩＡ分類表が掲げる六つの徳目に納得しやすいだろう。

だが、ＶＩＡで示されている徳目や強みは西洋文化に固有なものではない。例えば、東洋の儒教では最も代表的な徳を「五常徳（五つの常に変わらない徳）」と呼び、そこでは「仁義礼智信」が掲げられている。このうち「仁義智」はＶＩＡの「人間性」、「正義」、「知恵と知識」に対応している。儒教はいわゆる宗教ではないから「超越的」に対応する徳は挙げられていないが、「信」は信頼を意味するため「超越性」や「スピリチュアリティ」と関連する。「礼」もそのままの概念としては分類表に書き出されていないが、「礼」が意味する中身から考えると、謙虚さと深く関連し、「節制」の徳目と極めて近い。さらに長い歴史を持つ儒教ではさまざまな思想家が登場し、それぞれが重要と考える徳のリストを提起してきた。その中で「三達徳」と呼ばれる「智・仁・勇」には「勇気」が入っているし、有名な孟子が重視した「仁義」は「人間性」と「正義」に該当する。こうして見てくると、儒教の掲げる徳もまた、ＶＩＡの六つの徳目とほぼ重なると言えよう。

【仁義礼智信勇】

このように、西洋文明（ギリシャ哲学、ユダヤ・キリスト教）はもとより、中国文明（儒教、道教）、インド文明（仏教、ヒンドゥー教）、イスラーム文明などにおいて、六つの美徳はほぼ普遍的に認識され賞賛されていることがわかっている。さらに、次の世代の研究者によって無文字文化のマサイ（ケニア西部）やイヌイット（北グリーンランド）といった局地的な文化圏でも、類似した徳目が賞賛されていることまで確認された。

それほど普遍性が高いのなら、ＶＩＡに抽出された美徳は各文化に属する人が、自分たちの言葉、なじみのある概念に翻訳して頭に入れても差し支えないはずだ。その方がはるかに覚えやすく、このＶＩＡを借り物ではなく生きた知識として持ち歩くことができるだろう。

そこで私は、ＶＩＡの六つの徳目を【仁義礼智信勇】と置き換え、人や社会が養うべき美徳の勘所として記憶しておくことを提唱したい。【仁】はＶＩＡで言う「人間性」に該当し、【義】は「正義」。【礼】は「節制」にあたり、【智】は「知恵と知識」、【信】は個人を超えたものを信ずるという意味で

「超越性」に該当する。この中で「礼」は日本語では礼儀のニュアンスが強く、VIAの節制とは少し語感が異なるので、一語で表す時には「礼節」と記すことにしよう。また「信」はこの場合は、人間間の信頼というよりも超越的な信仰や信念という意味が強い。

これは、前節でウェルビーイングの指標を【心身・知情意・熱意・達人】とまとめ直したことにも対応している。【心身・知情意・熱意・達人】は現在のウェルビーイング、つまりある時点での良好状態を見る指標だった。一方、【仁義礼智信勇】は、そのウェルビーイングを高める基礎となる美徳や人格的強み、つまり自分や社会の幸福度を高めていくための資源に該当する。【仁義礼智信勇】の観点から自分をふり返ることで自分の強みを知り、進んで行くべき方向を考えたり、伸ばしていくべきものを明らかにしたりすることができる。親が子どもの強みを見定めるときの視点にもなるだろう。

VIA分類表は日常用語で書かれているのでおよその意味はわかると思うが、以下にその用語が指している中身をごく簡単に列記しておこう。世界の人々が共通して幸福に結びついていく強みとして何を挙げているのかを、自分にあてはめながら概観してみてほしい。それぞれの強みを包括する（1）～（6）の徳目には、右に述べた【仁義礼智信勇】の各項目も割り当てておいた。

（1）知恵と知識＝【智】：認知に関わる徳目である。「知恵」と「知識」の二つが併記されているところが大事であり、ウェルビーイングの〈M〉に「浅い」「深い」があるのと同様にとらえられる。

①新しいものへの、世界における「好奇心」（興味関心・新しいものの追求、経験に開かれた思考）。

②好奇心よりも体系的に知識を学ぼうとする「向学心」。

③囚われなく物事をあらゆる角度から吟味・検証し、批判も行う柔軟な「開かれた思考」（判断・批判的思考）。
④芸術的創造のみならず、実践的知性・良識・処世術などの創意工夫のように新しいものを創り出す「創造性」（独創性・創意）。
⑤自他に意味のある大きな世界観や観点を持って他人に賢いアドバイスができるという点で、最も知恵の中核にある「大局観・観点」（知恵）。

（2）勇気＝【勇】：内外の反対や障害に直面しても目標を達成するための意志や実行の力を表す。身体的な武勇だけではなく心理的・道徳的な勇気も含まれている点が重要である。前章で説明したグリット（気力）は熱気と根気からなるが、これは⑨と⑦の強みに相当する。グリットはこの勇気の徳目に含まれるわけだ。
⑥脅威や困難、挑戦、苦痛などに対して恐怖心に打ち克ち、ひるまず立ち向かう「勇敢」（剛勇。身体的な武勇と心理的・道徳的な勇敢さを含む）。
⑦一度はじめたことは障害が生じてもやり遂げるという「忍耐力」（持続力、粘り強さ・堅忍・固持力、勤勉）。
⑧真実を語るとともに、自分を飾らずに偽りなく誠実で純粋に、本当の自分を表すという「廉直」（真実性・真性・本当さ、正直）。
⑨心身とも元気に溢れて、情熱を持って活動する「生命力」（バイタリティ、熱意・熱烈・活力・エネルギー）。

（3）人間性＝【仁】：友人・家族・知人などとの積極的かつ社会的関わりを意味し、次に掲げられている（4）の正義とは違って一対一の関係であるところに特徴がある。

⑩他人との親密な関係においてお互いに思いやり、報いて、愛し愛される「愛情」。

⑪他人に良いことをして助ける「親切」（寛大さ・養育・ケア・思いやり・利他的愛・感じ良さ）。

⑫自分自身や他人について動機や気分を感知して理解し、その知識を用いて応答するという「社会的智性」（ダニエル・ゴールマンが言う感情的智性や社会的智性[7]に該当する）。

（4）正義＝【義】：（3）の人間性やそこでの愛が個々人の関係であるのに対し、家族や国、世界のような、より大きな集団と個人との相互作用を表し、公民的活動を通して現れる美徳である。

⑬集団やチームの一員としてその目的の成功のために働き、自分の役割を果たし、集団の権威や指導者などに盲目的に服従するのではなく、敬意を払いつつ、その目的の実現に貢献する「市民性」（社会的責任・忠誠心・チームワーク）。

⑭全ての人を同じように公平に扱い、個人的な感情によって偏った判断をせずに全員に公正な機会を与える「公正」。

⑮有能で人間味あるリーダーとして自分が属している集団が成功するように促し、集団内部で良い関係ができるように努めて集団活動を組織する「リーダーシップ」。

（5）節制＝【礼節】：行き過ぎを回避できるように自分の欲求や願望を適切で穏やかな形で表し、

欲求や願望を抑圧したり自他を傷つけたりすることなく、満足できるような機会が訪れるのを待つ姿勢である。

⑯悪いことをした人を許して次の機会を与え、復讐しようとはしない慈悲心や情けの深さを意味する「許しと寛容」。

⑰野心によってスポットライトを浴びることを求めず、自分を特別な存在と思わずに、自分の達成をささやかなことだとみなす「慎み深さと謙虚」。

⑱選択について注意深く、後で後悔することはせず、慎重な分別や用心深さをもって短期的な衝動を抑え、機が熟すのを待って長期的に行動する「思慮深さ」。

⑲衝動を抑えて感情をコントロールしたり制御したりする「自己制御」（自己統制・自制心）。

（6）超越性＝【信】：スピリチュアリティという概念では宗教色がない強みを表現できないので、超越性という概念を用い、自分の外にあって自分個人を超え、より大きく永続的なもの（他人、未来、進化、神、宇宙など）につながり、人生に意義を与えるような感情的な強みも含めて表している。

⑳自然や芸術、数学や科学、全領域における優れた技術的業績などに美や卓越性、技巧を見て感嘆し、畏敬や不思議さ、道徳的な美や徳目を鑑賞して精神的に高揚する「美と卓越性の鑑賞能力」（審美眼、畏敬、驚嘆、崇高・高揚）。

㉑良いことを当然視せずに、時間をかけて（他人や、神・自然・動物たちや自分に対しても）感謝の念を表明する「感謝」。

㉒未来に最高の状態になることを期待し、良い未来を信じて、その達成のために計画を立てて働き

努力する「希望」（楽観主義・未来思考・未来志向）。

㉓冗談などによって自ら笑ったり、笑いをもたらして他人を笑顔にしたりする「ユーモア」（陽気さ）。

㉔宇宙のより高い目的や意味についての一貫した信念を持ち、大きな枠組みの中で自分を位置づけ、人生の意義について信念を持つ「精神性・スピリチュアリティ」（宗教性・信仰・目的）。

※自分にはどのような強みがあるのだろう？　それを自己報告式の調査票を使って調べるシステムが、前述のVIA研究所とペンシルベニア大学の「真の幸福」のサイトで公開されている。成人用と青年男女（一〇―一七歳）の二種類の「VIA強みの調査票（VIA‐IS）」が作られ、誰でもオンライン・無料で自分の美徳や強みを調査してもらえる。これは二〇〇ヵ国以上で行われた約三五万人の調査によって完成された〈The VIA Character Strengths Survey〉というシステムで、一つの強みについて一〇項目、合計二四〇項目の質問に答える。ネットでアクセスして調査票の質問に答えた後、すぐに自分についての調査結果を見ることができる。言語設定で「日本語」を選択すれば英語ができなくても簡単に利用できるので、試してみると参考になることが多いはずだ。このシステムには、次のURLからアクセスできる。https://www.viacharacter.org/survey/account/register

美徳や強みはウェルビーイングを高めるのか？

さて、それではVIA分類表などで整理される美徳や強みは、本当にウェルビーイングを高めることに結びついているのだろうか。それに関してピーターソンたちは、「VIA強みの調査票（VIA‐IS）」などで集められた大量のデータをもとにして多くのことを明らかにしている。[8]

それによると、アメリカでは南部における宗教性の強さによる影響はあるものの、総じて強みの順位に違いは少なく、普遍的な特徴が存在する。成人と若者の相違は大きいわけではないがアメリカと他国の成人同士の差よりは大きな違いがあり、青年においては希望やチームワーク、熱意が多く、成人では（美と卓越性の）鑑賞能力や、誠実さ、リーダーシップ、開かれた思考が多いという特徴があった。また、熱意や感謝、希望、愛情といった「心の強み」の方が、向学心のような「頭脳の強み」よりも人生満足度と強く関係している。長期的調査によって「心の強み」はその後の人生満足度とも関連することがわかっており、特に感謝や愛情に表れる他人との関係が幸福にとって重要であることが示唆されている。また、二〇〇一年に起きた九・一一同時多発テロ事件の直後、アメリカでは信仰（宗教性）や希望、愛の強みを自覚する人が増加したこともわかっている。

次いでこれらの美徳や強みと仕事や遊びなどの充実度との関係を調べたところ、回答者が「最も充実している」と答えたのは、自分の性格的な強みと合致した仕事や人間関係、趣味であることが明らかになった。例えば、強みの一つである「親切心」が高い人は、他人に助言できる仕事を特に楽しんでいるという結果が出ている。私なりに補足すれば、「親切心」が強い人は職場で同僚や後輩に助言する立場に置かれた時に充実感を味わうことが多いということだ。助言そのものを業務とする教員やスポーツなどのコーチ、司書といった職種に就いていれば、仕事で充実感を味わう可能性は一層高い。つまり、強みを資源として活かすことはウェルビーイングの向上、ひいては人生の幸福に結びついているのである。

他の研究ではPERMAとVIAの関係についても調べられている。調査票で測定したPERMAの合計とVIAで示された二四の人格的強みとを突き合わせて分析した結果、PERMAの合計、すなわちウェルビーイングと「謙遜」を除くあらゆる強みとの間に相関性が見いだせた。その度合いは

「希望」「感謝」「愛」との間では高く、「思慮深さ」や「判断（開かれた思考）」、「自己制御」では比較的低い。別の研究でも人格的強みと人生満足度の相関性が確かめられ、ここでも「希望」「熱意」「感謝」「好奇心」「愛情」との関係が強く、次いで「思慮深さ」「向学心」「美と卓越性の鑑賞能力」「創造性」が続き、「謙虚さ」は弱い相関性にとどまることがわかった。

これらの強みの出現頻度を高い順に並べてみると、親切、公正、真性（真実性・廉直性）、感謝、開かれた思考、愛情、ユーモア、好奇心、美と卓越性の鑑賞能力、創造性、大局観、社会的智性、リーダーシップ、チームワーク、勇敢、向学心、許し、希望、忍耐力（堅忍）、精神性、熱意、思慮深さ、謙虚、自己制御という順番になる。またアメリカと日本を含む他の国々との間で、これらの強みをそれぞれの出現頻度のデータで比較して類似性を調べると、極めて似ている（相関係数の最高はオーストリアの〇・七九、最低はフランスの〇・六五で、日本は〇・七五）のも興味深い点だ。それぞれの強みが現れる多さや少なさには、どの国でも似た傾向が見られるということである。

以上を全体としてふり返ってみよう。項目による程度の違いはあるものの、人格的強みとウェルビーイングはやはり大きく関係しており、人がそなえている美徳とその具体的な表れというべき人格の強みはウェルビーイングの基礎的な資源だと言うことができる。それに加えてこの人格的強みは特定の国や人種、文化の中だけでウェルビーイングを高めているのではなく、それらの違いを超えた普遍的な有効性があることも明らかになった。人の幸福度を高めることにつながる「善いこと」には、人類規模での公約数がある。必ずしも「人それぞれ」ではないのだ。

美徳と強みの物語――「スター・ウォーズ」

人類のさまざまな文化は、ポジティブ心理学が成立するはるか以前から、このVIAあるいは【仁義礼智信勇】で語られている美徳や人格的な強みの重要性を理解するための道具をつくり出してきた。VIAのような表ではないが、子どもから大人まで共有できるものとして広く流布してきた点では、VIA以上かもしれない文化的ツール。それは、多くの人々に親しまれてきた数々の神話や物語、昔話などである。

例えば、先ほど私が述べた【仁義礼智信勇】という美徳から、『南総里見八犬伝』（滝沢馬琴）を連想された読者もいるのではないだろうか。この長編伝奇小説では「仁義礼智忠信孝悌」という八つの美徳の一文字が書かれた八つの珠が各地にちらばり、その珠を授かった八人の若者が一堂に会し主家を支えるために力を合わせる。封建時代の作品ゆえの思想的制約はまぬがれないが、この物語も人が幸福に至る際に美徳が果たす役割を語っている。

庶民が語り伝えてきた神話や昔話の中にも、美徳をそなえた者が最後の成功を得る、美徳に欠けた者は不幸になるという教訓談がじつに多い。「舌切り雀」や「花咲爺」は、善良で優しいお爺さんの幸せや喜びと強欲なお爺さん・お婆さんの失敗を対比しているし、桃太郎・金太郎や一寸法師は勇気・元気や協力の価値を示すお話だ。「こぶとり爺さん」は「勇気」の物語であり、「浦島太郎」や「鶴の恩返し」は亀や鶴を助けるという優しい行為と約束を破るという不誠実な行為の帰結を語る。さらに「かちかち山」や「猿蟹合戦」のような敵討ち物語は、非道な者によって失われた正義を知恵や協力によって回復することがモチーフである。こうした物語を通して、【仁】や【勇】【智】や【義】などの美徳や元気やチームワークなどの強みの重要性が暗示されてきたわけだ。物語によってこれらを自覚しようとしてきたのは、過去の人々ばかりではない。現代の私たちもまた美徳と人格的な強みを学習するツールを欲し、それを再生産し続けている。

例えば、ハリウッド映画の中には、文化の違いを超えてヒットする作品が少なくない。アメリカ合衆国じたいがさまざまな人種、文化に属する人々が集まってできている国だから、その違いを超えて楽しめる映画が作られている。もちろんヒットの裏には巧みな商業戦略とお金の投入があるし、作品がその時々のアメリカ国家流の「正義」のPRになることもある。だが、さまざまな問題がありながらも、文化的な違いを超えて大勢の人が観てしまう、楽しめてしまうのはなぜか。それは、ヒット作の多くが【仁義礼智信勇】あるいはVIAで示された普遍性の高い美徳や人格的な強みをわかりやすい形でふまえているからだ。その典型とも言えるのが、スター・ウォーズ・シリーズである。

一九七七年に第一作目となる『スター・ウォーズ／新たなる希望』が公開されたスター・ウォーズ・シリーズは銀河系宇宙を舞台とするSF作品で、二〇一九年の『スター・ウォーズ／スカイウォーカーの夜明け』まで合計九つのエピソードが映画化された（スピンオフ作品は除く）長編叙事詩だ。全編を貫くのは、銀河系宇宙をライト（明）サイドが支配するのかダーク（暗）サイドが支配するのかという構図であり、それは本書のテーマに即して言えば人や社会のポジティブな側面とネガティブな側面に該当する。民主主義を基調とする銀河共和国の守護者たるべく禁欲的な修行を重ねる「ジェダイ騎士団」はポジティブな側面を体現する有徳な戦士たちであり、自己のポジティブな力を究極にまで高めることを求める人々だ。彼らに与えられる「ジェダイ・マスター」という称号は、美徳と奥義をマスター、つまり会得していることを表す。これに対して「シスの暗黒卿」と呼ばれる悪役たちはネガティブな力を強大化することを希求し、その力による宇宙支配を目指す。両者の対立と戦闘が物語の基本骨格である。

だが、現実の人間は、ポジティブな側面とネガティブな側面の両方を内包している。ある場面、またはある人にとってはとても「いい人」も、時と場合によっては、とても「嫌な奴」になりうる。大成するかと思われた矢先、ちょっとした冒険心やネガティブな側面に足をすくわれて、運命を狂わせてしまう人も多い。幸福に向かうのか不幸に陥るのか。その分岐点で問われるのが、みずからの美徳や人格的な強みの育て方や生かし方だ。そのような生身の人間の葛藤や選択が全編で主要登場人物によって繰り返されている点も、このシリーズの大きな特徴である。

アナキン・スカイウォーカーからダース・ベイダーへ

その葛藤や選択の軌跡をわかりやすい形で示しているキャラクターの一人が、エピソード1からエピソード6までの物語で重要な位置を占めるアナキン・スカイウォーカー、すなわちダース・ベイダーだろう。近年の作品をご存じない方も、初期のシリーズ（エピソード4〜6）で鉄仮面のような黒いボディスーツを身につけて登場した悪役ダース・ベイダーの姿は、「スーハー、スーハー」という粗い呼吸音とともにご記憶にあるのではないだろうか。あのダース・ベイダーの元来の名はアナキン・スカイウォーカーであり、人間のポジティブな力の体現に努めるジェダイ騎士団の中でも特に有望な若き騎士だった。それがなぜ「悪」すなわちネガティブな力の権化となってしまったのか。それをたどるのが、エピソード1から3（『ファントム・メナス』『クローンの攻撃』『シスの復讐』いずれも監督はジョージ・ルーカス）である。

＊

ある星で奴隷の子として働くアナキン・スカイウォーカーは、この星に立ち寄った古参のジェダイ騎士クワイ＝ガン・ジンによって非凡な潜在能力を見いだされる。「フォース」を操る潜在能力が並外れて高いというのだ。フォースとはシリーズ全体で一種の超能力として多用されるエネルギーで、東洋の「気」の概念に近い。気力や気合の「気」であり、気功の「気」でもある。その力に長《た》けたアナキンは、自分の強みを見いだしてくれた騎士たちの旅に加わることを決める。いつか自分もジェダイ騎士となり、母を奴隷身分から解放する。そう誓って母親に別れを告げる場面からは、肉親に対するごく自然な情愛、つまり【仁】（VIAの「人間性」）がうかがえる。ほどなく一行は戦闘に巻き込まれるが、アナキンは、これまで操縦したこともない戦闘機の操り方を即座に理解して勝利に貢献する。これは【智】（「知恵と知識」）と【勇】（「勇気」）に該当するだろう。なるほど、アナキンは多くの強みをそなえている。

だが、VIA分類表（一二九頁）をもう一度参照していただければわかるように、【仁】【智】【勇】をはじめとする美徳にはさまざまな「強み」が含まれ、そのいずれをどのように生かすかによって人生の結果は大きく変わる。

例えば、好奇心旺盛で創造性に長けているという意味で【智】に秀でた科学者も、大局を見通すという意味での【智】や「正義」すなわち【義】がなければ殺傷兵器の開発に突き進むかもしれない。また、【義】や「節制」を意味する【礼節】を持たなければ、事業者は自分の事業の負の側面に口をつぐんだり商品の効能などを誇大に宣伝したりするかもしれない。特定の徳目や強みだけが突出していても、それがただちに人生や社会を善い方向に導くとは限らないのだ。

いくつかの美徳で素晴らしい強みを持つ少年アナキンもまた、修行を重ねて能力を高めるごとにさまざまな美徳や強みの間のバランスを試されることになる。

先輩騎士であるオビ＝ワンの弟子として修行を重ねるアナキンの敵との奮戦には目覚ましいものがあった。彼は自分の美徳と強みを生かし、強い戦士へと成長していく。だが、師であるオビ＝ワンのアナキンへの評価は手厳しい。しばしば与えられた任務の本筋を忘れかけ、目の前の敵を倒すことに没頭する彼に、師が常に指摘するのは、その【礼節】（「節制」）に欠ける未熟さだった。

＊

ある時、アナキンは元老院議員パドメの護衛の任務を与えられる。アナキンが少年時代に見初めた美しい年上の女性。その身辺を護衛するうちに、アナキンは当然のように彼女に恋する。だが、その恋には大きな障壁があった。執着と所有欲をもたらす恋愛は、ジェダイにとって禁忌なのだ。それを忘れかけたアナキンの態度から露わになるのは、【仁】（「人間性」）に属する個別の愛が強い反面、【礼節】（「節制」）や【智】（「知恵と知識」）における大局観、【勇】（「勇気」）に含まれる「我慢強さ」を養いきれていない彼の未熟さである。

やがて、その未熟は【義】（「正義」）をめぐる彼の言葉にも露呈する。銀河共和国の内部対立はあくまでも民主的かつ平和的手段で解決すべきだと信じるパドメに、アナキンはあっさりと「独裁」もありではないかと言う。政治家が私利私欲で動きがちな民主主義システムには問題があり、力のある者が「独裁」するのも一つの道ではないかというのだ。現実の私たちの社会にも、強権的な国家の方が民主主義国家よりも効率よくパンデミックなどの危機を管理できるのではないかという民主主義懐疑論が存在するが、アナキンの言い分はそれに似ている。

民主主義の守護者であるべきジェダイ騎士を目指すアナキンの思いがけない言葉を、パドメはただの冗談として笑い飛ばす。だが、戦功を重ねるごとに力こそすべてという思いを強めるアナキンにとって、それは半ば本音だ。アナキンは、ひたすら【勇】の中の「剛勇」だけを追い求め、恋の熱情に飲まれ、力を信奉する一人の若者である。ただ、映画を離れれば、これは現実を生きる多くの若者の自然な姿でもあるだろう。

その彼に決壊が兆すのは、故郷の母を殺した部族を、女子どもに至るまで皆殺しにしてしまった時だ。言うまでもなく、逆上にまかせた復讐と殺りくはジェダイの掟に反する蛮行である。母への愛は【仁】(「人間性」)には違いないが、その過剰が同じ【仁】に属する慈悲の心も【礼節】(「節制」)も喪失させ、残酷な復讐へとつながってしまったのだ。これを機に、彼は力だけが愛する者を救うのだという錯誤に陥りはじめる。この一件の後、いくつかのいきさつを経てアナキンはジェダイの禁忌を犯してパドメと結ばれるが、誰一人祝福する者がいない婚姻の場面はシリーズで最も物悲しい場面の一つかもしれない。

*

未熟を指摘され続けることへの不平不満を口にする彼はまた、恐ろしい不安にもさいなまれはじめる。自分の子どもを宿したパドメが、出産時に亡くなるという予知夢を見はじめるのだ。ここから恐れや不安というネガティブな感情が膨れ上がっていく。

自分の力を評価してくれないジェダイ騎士団幹部への不満と、愛する者を失うのではないかという不安と。それらを洗いざらい打ち明けて相談すべき師も友も、もはや彼には存在しない。禁忌を犯してまで結ばれた妻(パドメ)を失うという不安がいかに深刻でも、彼にはジェダイの古参騎士たちに不安の核心を相談することはできなかった。秘密の結婚と妻の妊娠は、彼らには打ち明けられないアナキンの暗部(ダークサイド)だからだ。叡智に長けた最高指導者マスター・ヨーダに相談した時ですら、自己の抱える秘密や不安の具体的な内容を言い出せないアナキンは、生に執着してはいけないという一般的なアドバイスを受けることしかできずに終わる。暗部を師の前に率直にさらして相談する【勇】（「勇気」）を、彼はついに持てなかったのだ。こうして悩みと不安を打ち明けるべき相手を見失ったアナキンの中では、ジェダイ騎士団は自分を十分に評価してくれないという被害者意識ばかりが募っていく。そこに手を差し伸べて付け入ったのが、元老院議長パルパティーンことシスの暗黒卿ダース・シディアスだった。

彼は折に触れてアナキンの能力をほめそやし、その自尊心を増長させる。憎しみに駆られての虐殺、妻を失う不安、そしてジェダイ評議会への不満。これらの憎しみや怒り、恐れや不安といったアナキンのネガティブな感情を、シディアスは批判しない。むしろネガティブな感情こそ大きな力の源泉だと語る彼はシスの暗黒卿という正体を明かし、アナキンをネガティブな世界、すなわちダークサイドへと誘惑するのである。その誘惑で決定的だったのは、シディアスが暗黒面の力を手に入れれば妻を救えるとアナキンにささやき、彼の【仁】（「人間性」）をくすぐったことだ。この誘惑に負けたアナキンは、ジェダイを裏切ってシディアスへの臣従を誓う。妻を死なせたくないという彼の愛の強さは【仁】の一角にある強みだが、その過剰な独り歩きが大局を見通す【智】（「知恵と知識」）や【礼】（「節制」）の一切を手放す方向に作用した。その結果、彼はネガティブの極致、すなわち「悪」の側へと堕ちる。

シディアスの命じるままに虐殺を繰り返すアナキンは、彼を討つためにやってきたオビ＝ワンとの死闘の末に敗れる。瀕死の重傷を負いながらも一命をとりとめ、シディアスによって生命維持装置の鎧で覆われた一種のサイボーグへと作り替えられてしまう。あのダース・ベイダーの誕生である。師でもある誠実な兄弟子に対する敗北の帰結だが、その醜悪な姿はネガティブ感情の肥大化の行く末を象徴的に示していると言えよう。

しかも、ネガティブな世界に堕ちるのと引き換えに守るはずだった妻パドメの命は救われない。双子の兄妹を出産した直後、アナキンにはまだ善の心が残っていると言い残してパドメは亡くなる。その言葉だけが微かな希望として残り、物語はさらなるエピソードへと引き継がれていく。

アナキンの「自業自得」なのか？

【仁義礼智信勇】あるいはＶＩＡに集約される美徳や強みを十全に伸ばすことは、人間として善の方向に向かって大成するための王道である。スター・ウォーズ・シリーズは、それをスピード感のある特撮と大きなスケールで描いた未来の昔話だ。その中で語られる右のアナキンの物語は、何らかの美徳や強みが不十分なためにネガティブ感情に負けた者の末路を語る教訓談と言える。シリーズ全体を通して観ても、美徳や強みをより確かにより広く身に付けた者が最後に勝利し、正義は勝つというわかりやすい形で物語は大団円を迎える。このシリーズはまさに、人類の各文化が伝えてきた神話や物語、昔話のパターンをなぞっているわけだ。

だが、この未来の昔話が語るメッセージはそれだけではない。そのことを、アナキンのエピソードに即しながらポジティブ心理学の視点で考えてみたい。さまざまな強みを持ちながらも岐路に立たされて悩みと不安を抱え、孤独の中で追い詰められたアナキンは、いったいどの段階でどうすればよかったのだろうか。アナキンが「悪」に堕ちたのは未熟ゆえの自業自得であり、未熟なのは彼の「自己責任」なのだろうか。

まず考えなければならないのは、そもそも強みを活かすとはどういうことなのかという点だ。

＊

セリグマンらは、ＶＩＡの調査によって明らかになる個々人の性格的な強みを「特徴的な強み(signature strength)」と呼び、それを自覚して活かすことでウェルビーイングが高まるとしている。そこで重視されるのは、自分の強みを理解し、それを活かす道を考える実践的な方法だ。第一にＶＩＡ調査を実際に受け、そこで明らかになった強みの上位五つなどについて、自分の実感とも合致しているかどうかを考えてみる。次いで現在の自分が歩んでいる人生や仕事で、その強みが活かされているかどうかを考える。そして第三に強みが活かされるようになる方法を考える。ポジティブ心理学ではこのような段階的な絞り込みが提案されている。

単純化した例で言うと、ＶＩＡ調査から自分の特徴的な強みが「創造性」だとわかれば、強みが発揮できる仕事として学問や芸術的活動を選択できるし、職場の中で作業工程や働き方に創意工夫を発揮するように努めたり、そのような役目を引き受けたりすることもできるだろう。あるいは、「社会的智性」、つまり人心の洞察力や気配りに秀でた人が職業を選ぶ際、営業職や顧客の気持ちを汲むようなサービス業を検討すればうまくいく可能性が高まる。こうして強みが発揮できる仕事や活動を選び、それを実行するわけだ。

あたりまえのことを述べているように見えるが、第一章で「知性」に関連して言及したように（八六頁）、子育て中の親は往々にして自分がなじんできた価値観に即した進路を我が子に押し付けがちだ。本当に重要なのは子ども本人とともに強みを探り、それが発揮できる道の発見を後押ししてやることなのである。

セリグマンらの方法のほかにも、強みを生かす具体的なシステムはさまざまな形で実用化されている。ギャラップ社の開発した「強み発見票（strength finder）」は、二〇〇万人へのインタビューから抽出された三四の「強みとなり得る資質」に照らして個人の強みを見つけるシステムである。被験者がインターネット上で一八〇項目の質問に答えると、五つの優れた才能が選び出される。被験者にはその才能を活かす方法がアドバイスされ、企業に対しては強みを勘案した適切な人材確保や、採用した人物の強みを発掘して伸ばすような研修のあり方が助言されるという仕組みだ。ギャラップ社の研究者によれば、これはまさにポジティブ心理学に基づく多目的の測定票であるという。ただ、ビジネス向けに開発されているので競争性や戦略性、社交性なども強みに含まれており、道徳的なＶＩＡ分類とは質が異なる側面もある。[9]

さらにイギリスのポジティブ心理学者アレックス・リンレイ（Alex Linley）は応用ポジティブ心理学センター（ＣＡＰＰ）を設立し、他の研究者らと共に、個人と組織の発達に関する「リアライズ２（realise2）」というモデルに基づく方法論を提唱した。リアライズという言葉には、強みの「自覚・認識」と「実現」という二つの意味が重ねられている。自覚・認識の段階では、六〇種類の強みの中から自分の強みを見つけることができる。次いで実現の段階では、すでに活用できている強みについてはその用い方を整理し、まだ実際に活用できていない強みを最大限用いるようにアドバイスする。また、強みとは無関係に訓練などを通じて習得した能力は、たとえ成果はよくても消耗しやすいから用い方を控えめにするように、さらに、弱みに該当する部分を無理に活用しようとしても消耗するうえ成果もよくないので、最小限に抑える必要がある――などと、リンレイは助言している。[10]

すでに気づかれた方が多いと思うが、セリグマンやギャラップ社、リンレイらの実践的方法は、アリストテレスが示した幸福理論ともよく一致している。アリストテレスによれば、魂の資質や美徳に即して活動することによって、その人固有のエウダイモニア（幸福）は実現する。一連の実践例は、こうした観念を現代に置き換えたアート（技術）と言えるものなのである。

　では、アナキンの「強み」の開花のプロセスはどのようなものだったのだろうか。

＊

　アナキンの類い稀な才能を見いだしてジェダイ騎士団への道を拓いたのは、クワイ＝ガンだった。しかし彼は、シスの暗黒卿の弟子との決闘に敗れ、オビ＝ワンにアナキンの育成を託して亡くなる。これを知ったマスター・ヨーダをはじめジェダイ騎士団のリーダーたちは、アナキンの非凡な才能を看取しつつも、彼を訓育することに難色を示す。ジェダイ騎士団には騎士がネガティブな感情に陥らないように、生後六ヵ月までに訓練を始めなければならないという定めがある。すでに九歳になっているアナキンの中には、恐れや焦りなどのネガティブ感情、つまり弱点が胚胎《はいたい》されており、リーダーたちはそれを見抜いたのである。強みを伸ばすだけでは危険があり、弱点の補正も必要だ。それが難しければ、たしかに特殊な修練の機会を与えるべきではなかったということになるかもしれない。このような問題は、ポジティブ心理学でも最近論じられ始めており、強みの適度な活かし方や、弱点の修正との関係に目を向ける議論が登場している。これについては後述しよう。

　だが、右のような懸念がある中でも、オビ＝ワンは師クワイ＝ガンの遺志を忠実に守ってアナキンを自分の弟子とすることを、最高指導者たるマスター・ヨーダに認めさせる。クワイ＝ガンとオビ＝ワンは、奴隷の子だったアナキンの並外れた資質を見抜いてその強みを引き出し、開花させたわけだ。この点で彼らは『リトル・ダンサー』のビリーにとってのウィルキンソン夫人と同じ役割を果たしており、それはポジティブ心理学から見ても称賛されるべき行為である。アナキンにとってのオビ＝ワンらジェダイ騎士団は、資質を開花させてくれるメンター（教師）であり環境だった。師の遺志やメンターとしての役割に対するオビ＝ワンの忠実な誠実さも尊敬すべき美徳であり、彼はアナキンの育成過程を通じて常にその弱点を指摘して修正させようと努める。最後には悪に転じてしまった愛弟子を自らの手で倒さざるを得なくなった彼の誠実な努力は、全編を通じて私には最も印象的である。もちろん才能の開花には、ビリーの場合と同じように、アナキン自身の努力も不可欠だった。気力を意味するグリットの概念そのままに、本人の熱気と根気こそが修行の遂行を可能にしたのだ。

しかし、これらの善意と努力にもかかわらず、アナキンは悪の手に落ちてダース・ベイダーとなり、ネガティブな力が勝利してジェダイ騎士団は壊滅させられて帝国の支配が実現してしまった。どこに問題があったのだろうか。

アナキンのネガティブな感情は、通常ならポジティブな感情と言えるものの裏返しである。例えば、アナキンが母やパドメに示した情愛の濃さや積極的に成果を求めるひたむきな向上心は、不安や野心というネガティブ感情にさえ転化しなければ、本来は高く評価されて活かす道がある強みばかりだ。禁欲的なジェダイ騎士団では恋愛や結婚は原則として禁じられているが、一般人にとっては何ら否定する必要のない【仁】（「人間性」）の表れの一つであり、禁忌などではない。これらの強みや美徳の開花を大きな視野で考えるなら、アナキンには快活で積極的な善き市民、善き夫としてパドメを支えて生きる道もあり得たはずだ。ジェダイ騎士団のマスターになるという夢すなわち目標を再考して公的に結婚し、例えば政治家に転進すれば、勇気と智恵を持つ指導者になったかもしれない。

異性への愛情と禁欲的自制との緊張関係は、ヘドニアとエウダイモニアの関係に相当する。この相克の中から、ヘドニア的な愛を単純に否定するのではなく昇華させ、愛と勇気を両輪として発展させていく道はなかったのだろうか。先に述べたようにポジティブ心理学はヘドニアを否定するのではなく、それをエウダイモニア的な喜びにうまく結びつけることによって持続的な開花と繁栄がもたらされると考えている。ジェダイ騎士団がヘドニア的な情欲を禁じてエウダイモニア的な鍛錬のみを禁欲的に強いているからこそ、アナキンはパドメとの熱愛を騎士団に隠さねばならなかったのだが、ポジティブ心理学の評議会だったら二人を祝福するはずだ。そうであったなら、アナキンは悪の手に落ちることもなかっただろう。賢明なパドメの深い愛に支えられれば、彼は怒りや野心というネガティブ感情を克服し、強みを十全に開花させて世界に貢献できたような気がする。

人生の目標設定の方法や、弱みを自覚しつつ強みを生かす方法、そのためのアートを授けるシステムを、ジェダイは備えていたのだろうか。騎士団の壊滅時にヨーダはダース・シディアスと死闘を繰り広げて退いた後、「年を取りすぎたのじゃな。頭がかたくなりすぎた。古い方法しか認められんほど、傲慢じゃった」と述懐している。[11] 伝統的なシステムはいつしか硬直化し、その隙をシスの暗黒卿に突かれたのかもしれない。そのことを考えると、ダークサイドに堕ちたアナキンを「自業自得」「自己責任」としてだけ突き放すことはできないかもしれない。ここにはジェダイ騎士団や社会全体のシステムの問題もあるからだ。

実際、正史と異なる外伝（スピンオフ作品）では、後に帝国を打倒したルーク・スカイウォーカー（ダース・ベイダーとなったアナキンの息子）がジェダイ騎士団を再建した際、厳格すぎた伝統的な掟を反省したヨーダのアドバイスで、恋愛や結婚の禁止や生後六ヵ月までの入団という規則は撤廃されたことになっており、ルーク自身も結婚している。[12] 何しろ「遠い昔、はるか彼方の銀河系で……」の話だから、実際のところはマスター・ヨーダあたりに尋ねるしかない。現代の私たちは、ポジティブ心理学が目標設定や弱みの修正について何を明らかにしているかを見ていくことにしよう。

暴走を防ぐ目標設定

自分の美徳や強みを自分なりの善福につなげるという大目的から逆算し、その方法や当座の目標の妥当性を考え直す熟慮。その機会が、アナキンに与えられていたのだろうか。わざわざこんな問いを立てるのは、強みを活かすための熟慮は個人にとってだけでなく、社会にとっても重要な意味を持つと考えられるからだ。

例えば、社会の不平等が人を不幸にしていることに気づいたとき、一点突破的な方法でそれが是正できるかのような思いにとらわれる人もいる。異論を許さない独裁や全体主義的な体制、あるいは宗教的な原理主義のもとで資源を分配すれば、平等な世の中が実現しそうに考えてしまう人がいるかもしれない。あのアナキンが民主主義を軽蔑し、手っ取り早く「独裁」で解決するのもありだと口走ったのと同じだ。こうした考えが台頭したとき、テロや暴力の危険が生まれる。ネガティブな方法で「問題解決」に向けて暴走を始めれば、それを自分で抑えるのは容易ではない。

だが、そもそも不平等を正そうと思ったのは、自分や他者の幸福の実現という目的があったからではないか。その大目的にもかかわらず、テロや暴力、内紛や紛争から生まれるのは無数の不幸だ。だからこそ、それを回避するアート（技術）を知ることが、暴走に陥るのを防ぐ助けになる。

アリストテレスは究極的な目的をエウダイモニアとしつつ、そこに至るまでの段階的な目的を設定し、それぞれの実現にふさわしい方法を選ぶことを実践的な知恵と考えた。善き願望に基づく目的のために、自分の力によって行える可能な範囲の中から、手段を自発的に選択することが必要であり、それを可能にするのが道理や思考である。そして、複数の手段の中から最も容易でうまく実現できそうな手段を考えるのが「熟慮」「賢慮」という実践的な智の美徳と言えよう。PERMAのA（達成）に関わりの深いアドバイスとして、ポジティブ心理学ではリュボミアスキーが目標設定に関して次のような「人生目標設定法」を勧めている。

彼女はまず、「内在的で、真性の、接近的で、調和的で、柔軟な、活動志向」の目標を追求することが望ましいとしている。このうち「内在的」「真性（自分自身の真実のもの）」「接近的」「活動志向」な目標というのは、自分の価値観に基づく活動を通じて実現したい目標を設定することを意味する。与えられた目標をノルマとしてこなすのではなく、心の内に自発的で大きな目的ないし長期的に重要な目標を設定するのだ。その目標は自分の人生を見つめ直して死亡後に残したいものを書くことや、子どもたちにどのような人生を送ってほしいかを書くなどの方法で見つけることができる。これに対し、「調和的」「柔軟」な目標というのはさまざまな目標の相互関係を調整し、状況に応じて適応させていくことを意味する。

続いてリュボミアスキーは、右の考え方で設定した抽象的な高い目標をより低い水準の具体的な下位目標へと分解して小さく具体化し、柔軟に目標を設定し直し、内在的動機を損なわないようにすることを提唱している。

例えば、彼女はある研究者によるワークショップを紹介している。ワークショップはコミュニティに住む早期退職者が対象で、参加者が「人生目標を成し遂げる方法を学ぶ」のがねらいだ。ワークショップはまず、「もっと社交的になる」といった自分たちの個人的な願望や意図、プロジェクトなどを述べてもらうという第一段階から始まる。次の第二段階では、先に挙げたことの中から最も優先度の高い目標を決めてもらう。じっくりと目標を思い定めるわけだ。第三段階ではそれを具体化し、例えば「スペイン語を学ぶ」といった当面の目標を一つ選び、それを具体的な言葉で書かせる。第四段階では「どこで、いつ、どのように」について実施方法を明確にし、家族の反対などの障害を予想してそれに対する戦略（反対に対する応答など）も考える。これは当面の目標を実現するための計画にあたる。そして第五段階では、計画を実行させ、困難や苦労があってもグループの感情的な支えによって成し遂げてもらう。これら一連のプロセスの中では、本人が目標を改訂することもあり得る。この三ヵ月間、毎週二回の実験は大きな成功を収め、対照群と比べて被験者は明らかに幸福になり、介入が終了してから六ヵ月後もその効果が継続していた。

　以上のように、人生の大きな目標を分解し、小さく具体化していく方法は、「人生目標の下位具体化」と呼ぶことができ、これによって参加者は以前よりも大きな幸福を感じるようになるのだ。[13]

　前述のようにリュボミアスキーによれば、人生目標は「内在的で、真性の、接近的で、活動志向」なものであることが望ましい。自分の価値観に基づき、「なぜ」それをするのかという考察の積み重ねを通して設定すべきものだ。だが、こうした人生目標の設定は、動機や達成のための自制心を高めてくれる一方で、本人の価値観次第では「独裁」もありじゃないかという暴論や空論に行き着くこともある。したがって、まずはM（意義）を考えることが大事だ。

　さらに、内在的で善い目的であっても、「社会に貢献したい」というように遠大すぎ、具体的に何をしたらよいかわからないこともある。そこでワークショップが行ったような「人生目標の下位具体化」が大切になるわけだ。これは実際の計画や行動を考えることだから、目標に向かって「何」をすればよいのかという思考だ。第一章で述べたように、適切な目標設定は悪しきフロー状態に陥るのを防ぐ（六六頁）。それに加えて美徳や強みを穏やかな形で活かすためにも、目標設定は重要なのだ。

この考え方は、先のアリストテレスの実践的選択の考え方に近い。選択すべき手段は、「大目的↓小目的↓手段」という形で下位に降りてくるものであり、それを実践的に推論するのが賢慮の役割でもある。リュボミアスキーの人生目標設定法は、その古《いにしえ》の知恵を科学的に裏付けて甦らせるものの一つだ。

一気に社会を幸福にすることなどできないし、不平等を世の中から手早く一掃することもできない。ならば叶うのは、アリストテレスが言うように「自分の力によって行える可能な範囲の中から手段を自発的に選択すること」しかない。まず、身近に感じている不平等について、家族や友人、職場の仲間に語ってみる。たったそれだけでも、本当に実行するには【勇】（「勇気」）が必要だし、伝えるための努力も要る。何がどのように不平等なのかがあいまいなら、報道や本を活用して考える【智】（「知恵と知識」）も必要だ。これらを通じてすぐに社会を大転換させることはできなくても、一人の善き市民になることはできる。市民は選挙で意思表示できるし、投書したりデモに参加したりすることもできるだろう。これはあくまでも一例だが、このように小さな達成の積み重ねは「拡大－構築理論」によってより大きな成功へと結びついていくものである。市民の政治参加とは、このようにして始まるものだろう。

アナキンは母親や恋人への愛を生かして人々への建設的な貢献へとつなげることができなかった。オビ＝ワンがアナキンに十分に伝えられなかったことの一つは、このような「なぜ」と「何」との間を往復しながら一つ一つの事柄を達成していくアート（技術）だったのかもしれない。

ダークサイドも見よ――ダース・シディアスの言葉

各人のポジティブな資質である「強み」を活かすことでウェルビーイングは高まり、その先に成功や幸福があるという考え方は、すでにビジネスなどにも取り入れられている。これはポジティブ心理学の重要な成果であり、自分の強みを知ることは第一章で述べたウェルビーイングの把握とともに価値判断や行動選択の手がかりとなる。

だが、もう一度スター・ウォーズのアナキンに関わるエピソードに立ち返ると、物語の中で絶対的な悪役であるシスの暗黒卿ダース・シディアスは、こうしたポジティブ心理学がかつては十分言及していなかった大事なことを一つ語っている。自分を評価しないジェダイ騎士団への不満を募らせるアナキンをネガティブな世界へと誘惑するにあたり、シディアスはジェダイのポジティブ一辺倒の志向の限界を語っているのだ。

「シス（悪）もジェダイ（善）も、強い力を求める点で違いはない。ただ、ダークサイドを忌避するジェダイの教えは狭い。全体を統べる指導者は、ダークサイドも含めたすべてを知らねばならない」――およそこういう意味のことを語るシディアスは、ジェダイがひたすら忌避し、断ち切ることを勧めてきた人間のネガティブな半面について、むしろ直視して利用せよと述べているのだ。この誘惑の言葉を直視することによって、深い真実を看破できるのではないだろうか。アナキンという一人の若者の悩みの核心は彼の暗部（ダークサイド）、すなわちネガティブな側面にこそあったのだから。

＊

美徳の開花を幸福としたアリストテレスもまた、長所を伸ばして活かすことだけを主張したわけではなかった。彼は倫理的な徳目は、過大と不足との中庸であると主張し、悪徳を修正することも必要だと唱えていたのである。彼は「美徳といわれる優れた性格とは、個人個人それぞれに適した中庸に従って行動するような性向であり、この中庸は賢慮によって決められる」としている。

また、儒教でも「中」という概念が古くから重んじられ、儒教を拓いた孔子は「中庸の徳たるや、それ至れるかな」（『論語』）と述べた。子思は『中庸』という書物を著して「舜は問うことを好んで邇言《じげん》を察することを好み、悪を隠して善を揚げ、その両端を執って、その中を民にも用ゆ」と述べ、「君子の中庸は、君子にして時に中す」とも語っている。いずれも個々人の具体的な状況に応じた中庸の必要性を説いたもので、アリストテレスと同様の主張をしている。

これらの考え方と、強みを伸ばすことを強調してきた従来のポジティブ心理学の理論との間には違いがある。倫理学は人間のポジティブな側面に目を向けるだけでなく悪いところを修正することを模索してきたし、日本にも「反省する」ことを重んじる文化がある。これに対して先に紹介したＶＩＡの活用法では、上位の強みには焦点を当てる反面、下位の強みないし弱点にはさほど注意を向けていない。ギャラップ社の強み発見法も弱みより強みに注目するし、リアライズ2も弱点についてはその用い方を最小限にすることを勧めるだけで、いかに修正したり反省したりするかということはさほど論じていない。

その原因は、短所の矯正を強調しがちな従来の倫理学とは違って、ポジティブ心理学が心のポジティブな側面を伸ばす意義を明らかにするところから始まったからだ。性格的な欠点に過度に注目することは人を暗い気分にさせてしまうし、もともと抑うつ的傾向がある場合にはそれを強めかねない。ネガティブな悪循環を生むのを避けるには、ポジティブな面に目を向けてそれを伸ばすというアプローチの方がよいのである。

だが、現実を考えたとき、これだけでは不十分だという違和感が、ポジティブ心理学の中からも提起された。例えば、イローナ・ボニウェル（Ilona Boniwell）は、テニス選手が得意なフォアハンドを伸ばすことは確かに大事だが、苦手なバックハンドを練習で上達させなくてもいいだろうかというたとえ話を挙げて疑問を投げかけている。[14]

「強みの強調は、成果を重視するアメリカ的イデオロギーには適合しているが、勝利が主要な関心事ではない時はどうか」、「弱みを改善しようとするのは妥当ではないという主張は正しいだろうか」。こうした疑問をアナキンの例に引き付けて考えれば、たしかに彼が【義】や【礼節】（「節制」）の弱さを改善する修養を積むことなく【勇】の強化に終始してしまったのは、敵との戦いの日々ゆえでもあった。「勝利が主要な関心事ではない時」なら、彼の修行も弱みの改善に気を配ったものになり得たし、騎士団もアナキンの迷いを察知して有効な指導や対処ができたかもしれない。

同じくボニウェルは、「この理論（ポジティブ心理学の強み理論）は、考え方の成長や柔軟性を軽視していないか」、「極端な創造性が混沌になりかねないように、強みには伸ばしすぎることもあるのではないか」といった疑問も投げかけている。これもまた、アナキンの暴走を言い当てているかのような指摘だ。

アリストテレスが主張しているように悪徳の矯正が必要な時があり、それには【勇】の行き過ぎを防ぐことで「無謀」に転じるのを避けるといった心の働かせ方が大切であろう。アリストテレスはこれを「中庸」と呼んだが、VIAの中では「節制」がこれに関連する。じつはVIAの開発の中心人物だったピーターソン自身も、このような問題点を明確に自覚していた。彼は、自分たちの新しい

「強みに基づくアプローチ」が「強みだけが重要であるという全く理不尽なアドバイスへとねじ曲げられてしまっている」と述べ、曲解を正そうとしている。彼によれば強みと弱みは共に重要だから、双方に目を向ける必要がある。もちろんその目的は、弱みが肥大化してネガティブな道に踏み込むのを防ぐためだ。そこにダース・シディアスとの根本的な違いがあるわけだが、双方の認識の必要性に言及した点に限ればシディアスが述べたことにも真実が含まれていたのだ。[15]

*

ピーターソンはＶＩＡの六徳目の一つ「節制」を、行き過ぎを抑制するものだとしている。憎悪の行き過ぎに対しては愛情や寛容が防ぎ、同じように傲慢に対しては慎み深さと謙虚が、また刹那的な快楽に対しては思慮深さが働いて私たちを行き過ぎから防御してくれる。極端な感情から私たちを守ってくれるのが自己調整の力、すなわち中庸もしくは「節制」である。

彼は惜しくも二〇一二年に亡くなったが、その遺稿の中で彼はアリストテレスの中庸の考え方を本格的に追求しはじめていた。ＶＩＡ分類表に準拠しながら、一つの強みごとにその反対、欠如、過剰に該当する状態を加えた新たな表を作成していたのである。例えば、この表では「勇敢」という強みの反対として「臆病」が挙げられ、欠如としては「恐怖」、過剰としては「無謀」が挙げられている。同様に、「好奇心」という強みも過剰になれば「詮索好き」になるし、「市民性」という強みが欠如すれば「利己的」、過剰になれば「ショービニズム（愛国主義的熱狂）」になる。このように、ピーターソンは、悪徳や倫理的弱点というネガティブなものを強みというポジティブなものの欠如や過剰としてとらえ直し、両者の中庸を探る手がかりを示そうとしていた。この試みを受け継いで、二〇一七年からＶＩＡ研究所のライアン・ニーミックらが「人格的強みの過大活用・過小活用・最適活用」という質問票を開発し、強みの最適な活かし方として中庸を勧めるアプローチを提案し始めている。[16]

中庸をいかにして実現するかは、現実の私たちの社会にとっても差し迫った課題と言えよう。現代の個人の多くは、かつてのように労働組合や自治会、檀家組織や氏子会といった中間組織に媒介されることなく、むき出しの個人として社会を浮遊している。その人々が他者と手軽につながる手段が、FacebookやTwitterなどのSNS（ソーシャルネットワーキングサービス）だ。だが、そこでのコミュニケーションでは似たような不満や主張、同じような価値観やライフスタイルの人同士が互いに「いいね」を押し合いながら結びつく傾向が強い。境遇や価値観が異なる他者など、コミュニケーションの外側にいる者への想像力は失われやすく、自分にとって都合のよい情報だけが摂取される。その結果として人々は情報空間でも分断され、他者や異論を排除した独善的な思想や主張がそれぞれのコミュニケーション空間ごとに、雪だるま式に肥大化していく。

例えば、新型コロナウイルスの感染拡大期、ネット空間には感染者への暴言や過剰な「自粛」監視があふれ、リアルな世界でも「自粛警察」と呼ばれる暴力的行為が続発した。「正義」に名を借りて独善を肥大させたこの種の暴力に権力が便乗すれば、ポピュリズム的な強権政治が生まれかねない。社会危機の中で不安や不遇にさらされて孤立する人々の誰もが、強みの過剰な発揮によって暴走しうるし、そこで生まれた極論を利用しようとするダークサイド的な権力もたやすく誕生しうる。

まさにこの罠に落ちてしまったのがアナキンだった。彼の最大の強みである勇敢さ（【勇】）が過剰に用いられて暴走し、力への野心となり、大局観（【智】）や思慮深さ・自制心（【礼節】）を失わせて、まさにダークサイドの帝国を出現させてしまったのである。こういった危険をみずから反省し、中庸を見つけようとする態度を持てるか否か。古代東西の哲学者たちが必要性を説いた中庸は、二一世紀における最先端の課題でもあるのだ。

逆境からの回復力（レジリエンス）

ポジティブ心理学においてネガティブな状況を直視することの重要性が指摘されはじめたのは、強みの過剰や暴走を抑えて中庸を実現するためだけではない。人が否応なく直面してしまうネガティブな状況に目を向け、その状況の克服に貢献することもまた、ポジティブ心理学の学問的課題として認識されるようになったのである。

例えば二〇〇一年の九・一一同時多発テロ事件は、アメリカ社会全体に非常に大きな衝撃を与えた。日本でも二〇一一年三月一一日に起きた東日本大震災は今も社会に大きな爪跡を残している。こうした事件や災害の惨状や近親者の突然の死、離別、生活基盤の喪失などによる精神的打撃や辛い状況は心に大きな傷を生み、心身の健康を損ねることに結びつきやすい。同じことは、犯罪被害者やその家族についても言える。

人は誰でもそのような辛い状況に陥る可能性があり、あらかじめ回避することはできない。したがって、これらの災害や事件の後には、当事者のネガティブな状態からの立ち直りを社会が支えなければならないのだが、この立ち直りというのは、人生全体の中に置けばじつはポジティブな局面と言えるのではないだろうか。近年のポジティブ心理学では、こうした問題意識が力を持ちつつある。この考え方に立ち、災害やパンデミックといったネガティブな状況に直面した人や社会に対しても積極的に貢献しようとしているのだ。

心理的な逆境から立ち直るプロセスに関するポジティブ心理学の概念が、回復力（レジリエンス）

である。ここで言う回復力（レジリエンス）とは、大事な人との死別、ストレスなどの不幸や嫌なできごとに対する心理的な耐性や、そこからの回復・脱出、それを通じて成長を遂げる力などを総称する概念だ。逆境となりうるネガティブなできごとがある時、通常なら不調に陥るような場合でも、この回復力（レジリエンス）が高ければ大きな影響を受けずに乗り切れる可能性が高まる。

回復力（レジリエンス）の強さは、持って生まれた人格的な特性であると考えられがちだったが、近年の研究の結果、じつは意識して学べる技能（スキル）であるという見方が強まっている。そのきっかけの一つが、先の「VIA強みの調査票」の集積データに基づく研究だった。同時多発テロ事件以後の研究から、逆境を経験した人が心身の危機から回復する際、性格的な強みが大きな役割を果たすことがわかったのである。身体的な病気や心理的不調、それにすぐ後に述べる心的外傷（トラウマ）のいずれにおいても、それを乗り越えた人々はそうでない人々よりも、何らかの人格的な強みが増大している傾向が強い。ある身体的病気から回復した人を調べてみると、勇敢さや親切心、ユーモアが増えていたといった例がいくつも見られるのである。このことから、人は自分の強みを稼働させることによって悪い事態を乗り越えていると考えることができる。

それならば、ポジティブ心理学の成果はネガティブな状況を乗り越える際にも役立つ。ポジティブ心理学の成果を用いて強みを把握して増進させてもらい、それを使ってネガティブな局面をポジティブな局面へと位置づけなおす方法を提供できるからである。例えば、セリグマンはアメリカ陸軍に要請を受け、軍隊向けにアレンジした回復力（レジリエンス）向上プログラムを考案した。

このプログラムでは「①精神的な強靭さ（メンタルなタフさ）・②人格的強み・③強い人間関係」の構築に主眼が置かれる。①はネガティブな思考に陥っているときに「気を晴らす」（呼吸法やリラックスさせる方法なども用いる）、「距離を取る」（自分の考え方は単に一つの解釈であり必ずしも正しいとは限らないと自覚させる）、「論駁《ろんぱく》」（証拠を見つけて、ネガティブな解釈に代わる考え方を見つける）という三つの段階から成り立っている。次いで②のためには、ＶＩＡを用いて自分の強みを自覚させ、試練を乗り越えるために強みを活かす方法を考えさせる。軍隊で言えば、部隊の任務完遂のためには、トラブルを引き起こした部下に対処する必要がある。そのために自分の部下への「愛情」という強みを高めたり、部下との人間関係を好転させたりするために「知恵」の強みを活かすことができる。さらに③のためには、第一章で説明したポジティブ・コミュニケーションの方法をロールプレイなどで習得させ、自らの意志を適切に伝える方法も教える。[17]

トラウマ後成長

回復力（レジリエンス）と密接に関連するものとして、トラウマを乗り越えて起こる心理的成長についても紹介しておこう。これは「トラウマ後成長」と言われ、学問的には「心的外傷後成長」と訳されている。

トラウマという言葉は今では日常語にもなっているが、医学的には「心理的に大きな打撃が与えられ、その影響がいつまでも残るようなショックや体験」を指す。つまり「心（の）傷」であり、トラウマ後成長とは「心傷後の成長」ということになる。心の傷を負うというのは極めてネガティブなことだが、その後に人は心理的に「成長」というポジティブな局面を迎えることがありうるというのだ。

この現象の発見のきっかけは、「ＰＴＳＤ（トラウマ〔心的外傷〕後ストレス障害・post-traumatic stress

disorder)」という障害についての研究だった。心に深い傷を負うと精神障害が起きることがある。中でも災害などの時に耳にすることが多いのがこのPTSDだ。生命に危険があるほどの大きな災害や事故、戦争、拷問などの極度の逆境を経験して約一ヵ月経ってから発症する精神疾患で、いくつかの特徴的な症状が知られている。例えば、心の傷を受けた時の情景をありありと再体験したり（フラッシュバック）、突然その情景がくり返し頭の中に浮かんだりすることがある。また、そのようなことが起こりそうな場所には行けなくなり、普通の生活ができなくなる（回避、感情麻痺）という症状もある。悪夢を見たり小さな刺激に大きく反応したりする驚愕反応が起こり、激しい抑うつや不安に見舞われることも多い。

日本でPTSDが最初に注目されたきっかけは阪神・淡路大震災だったが、アメリカの比較的新しい事例では九・一一同時多発テロ事件の後に大きな社会問題となった。テロを機にして起こされたアフガニスタン・イラク戦争で、派遣された陸軍兵士のうち二〇％もの兵士がPTSDを発症していることが判明したのだ。

その対処に協力したセリグマンは、ピーターソンやナンスク・パークとともにPTSDとウェルビーイングとの関係についての研究に取り組んだ。人生で起こりうる最悪の出来事（拷問、重病、子どもの死、レイプ、投獄など）のうち、自分が体験したものをインターネットで報告してもらい、本人のウェルビーイングとの関係を調べたのだ。すると、驚くような傾向が判明した。回答を寄せた一七〇〇人のうち、そういった経験がない人よりは一つ経験した人、一つよりは二つ、二つよりも三つ経験した人の方が、ウェルビーイングが高かったのである。これは、人は逆境を経験した後に成長し、長期的には以前よりも心理的に強くなりうることを意味している。この心理的な現象が「トラウマ後成長」である。

これを受け、陸軍においてＰＴＳＤの克服プログラムが開発された。それは対話形式で次のような段階を経ながらＰＴＳＤの克服を目指したものである。

①トラウマへの通常の反応を教え、ＰＴＳＤは自分の性格の問題ではないことを理解させる。
②侵入する思考とイメージを制御する技法を教えて不安を軽減する。
③トラウマに関する体験談を話させて、建設的に自己を開示させる。
④トラウマに伴う喪失や悲嘆と、その後に得られる強さや新しい関係や精神的向上などの両面を認識できるように、トラウマの物語を創造する。
⑤試練に対して、より強健に立ち向かうことのできるような、包括的な人生の原則や姿勢を考えて表明する。[18]

かつてフランクルが『夜と霧』で描写した強制収容所体験は激しい逆境そのものだったが、フランクルはこの逆境下の人々が尊厳を保ち得た背景にある「意義」（ＰＥＲＭＡのＭ）の大切さを浮き彫りにした。生きるうえでの「意義」を見いだすということは、まさしく右の⑤で言う「人生の原則や姿勢」の把握に該当する。また楽観主義がトラウマ後成長の主要因となるという研究もある。研究によると、先に見た回復力（レジリエンス）向上プログラムで精神的強靱さを養って楽観主義を増大させれば、ＰＴＳＤになることを予防するとともに、ＰＴＳＤに見舞われた場合にも回復とその後の成長を可能にすることが期待できるという。Ｍ（意味・意義）にせよＰ（ポジティブ感情）に属する楽観主義にせよ、従来からポジティブ心理学が重視してきたウェルビーイングの構成要素は逆境に立ち向かうためにも有効なのだ。

言うまでもないことだが、PTSDを発症させかねないほどの事故や災害の直後、まず必要なのは傷ついたり弱ったりしている人々の心の状態を少しでも明るくすることである。そこではポジティブ感情（PERMAのP）を中心とする主観的ウェルビーイングを高めることが先決であり、それは健康状態を保つためにも欠かせないことだ。

ただ、時を経て当事者が人生を先に進めようとする時、経験せねばならなかった災厄や悲劇を自分の中でどのように位置づけて昇華させるのかは避けて通れない課題となるだろう。その際、当事者に寄り添う立場にある人の中に、当事者との信頼関係に加えて右に述べたトラウマ後成長についての知識があれば、逆境の経験の中から深いものが得られる可能性を相手に示唆することができる。一人ひとりの市民にとってもまた、いつか避けがたい災厄に直面したその後を生きる際、トラウマ後成長についての知識は頼るべき杖の一つとして生きるはずである。

＊

さて、スター・ウォーズ・シリーズは、アナキンが暗黒面に堕ちた後の世界を描いた初期三部作（エピソード4〜6）の中で、一人の若者のトラウマ後成長の軌跡を描いている。その若者とは、アナキン（ダース・ベイダー）の妻パドメが死の直前に産んだ双子の兄妹のうちの兄ルーク・スカイウォーカーである。

ルークは自分の出自を知らぬまま、彼を近くでひそかに見守ってきたオビ＝ワンに導かれて、ダース・ベイダーを介して暴政を極めるダース・シディアスの帝国への反乱に加わる。ルークもまたフォースの力に長け、隠棲していたマスター・ヨーダのもとでの修行によってその資質は徐々に開花していく。

だが、ルークもまた最初は自制心が不充分な若者だった。『帝国の逆襲』(アーヴィン・カーシュナー監督)の中で彼は、修行半ばの身でヨーダの制止を無視して友人達の救助に赴き、ダース・ベイダーに戦いを挑んだ挙句、右手を切断される重傷を負う。しかも、彼が負ったのは身体の傷だけではなかった。この戦いで追い詰められたルークは、ダース・ベイダー自身の口からベイダーこそがルークの父親であるという衝撃的な事実を聞かされる。反乱軍を殺りくしてきた残忍なベイダーが実の父。その衝撃を受け止めきれないルークは、自分を暗黒面へと誘うベイダーの言葉を拒絶して奈落に身を投げるが、間一髪で仲間に救い出される。その後、彼は義手の装着手術を受け、仲間と離れて、老衰で死にゆくヨーダと再会し、ジェダイ騎士としての修行に努める。

その帰結が描かれるのが、続く『ジェダイの帰還』(監督はリチャード・マーカンド)である。宿敵が実父であるという精神的衝撃。そのトラウマを経た後、ルークが選んだのは、先の戦いと全く異質な対決のあり方だった。

反乱軍艦隊の総攻撃において、ダース・ベイダーのいる帝国軍、巨大な宇宙要塞にみずから投降したルークは、ベイダーにジェダイ騎士としての善なる心を取り戻すように呼びかける。だが、ベイダーはこれに応じないばかりか、彼をダース・シディアスのもとに連行する。シディアスは帝国軍によって壊滅させられていく反乱軍の惨状を見せつけ、ルークの怒りや憎悪をかきたてる。怒りに我を忘れたルークが実父ダース・ベイダーに再び戦いを挑むように仕向けたのだ。仲間を殺された怒りと恨みに駆られれば、ルークは【仁】(「人間性」)における親子の愛情や「許しと寛容」という【礼節】

（「節制」）をかなぐり捨て、かつてのアナキンと同様に過剰な【勇】（「勇気」）だけを暴走させる怪物となり果てるだろう。それこそがルークを臣従させたいシディアスの計略だった。その挑発にのせられかけたルークはダース・ベイダーと激しく切り結び、一度は自制して戦いを中断しようとしたものの、妹のレイア姫の存在を察知されて逆上し、ベイダーの右腕を切り落としてしまう。

ところが、次の瞬間、我に返ったルークは持っていた剣を捨てて戦いを放棄する。とどめを刺して父を殺せとけしかけるシディアスに対し、彼は憎悪に駆られて暗黒面に堕ちるのを拒んだのだ。誘惑の失敗を悟ったシディアスは、自分のフォースの力でルークを殺そうとする。シディアスの放つ稲妻に撃たれ、断末魔の悲鳴を上げるルーク。この時、傍らで立ち尽くすダース・ベイダーの目に映るのは、【仁】と【礼節】を貫いて「善」にとどまろうとする若者の姿であり、耳に聞こえるのは父である自分に助けを求める息子の悲鳴だ。それがダース・ベイダーの中に眠っていた美徳や強みの覚醒、すなわちアナキン・スカイウォーカーとしての再生を促す。アナキンはルークに代わって稲妻を全身に浴びながらもシディアスを殺し、息子であるルークの命を救うのである。こうして善の心を取り戻したアナキンは、漆黒の装甲マスクを取り、息子ルークに看取られて亡くなる。

一連の物語の中でルークは、心身に大きな傷を負うというトラウマを機に、みずからの戦いに新しい意味を付与している。【勇】一辺倒から脱した彼は、自分の【仁】【礼節】という美徳を喚起し、ダース・ベイダーを「殺す」ことではなく、アナキン・スカイウォーカーを再生させて「生かす」道を選び取ったのである。ネガティブなものの除去ではなく、ポジティブなものの促進へ。それを自身の戦いの目標として課したルークの行動は、トラウマ後成長の一つの姿を示している。

同時にこの行動は、アナキン（ダース・ベイダー）の波乱に富んだ人生にも、大きな文脈の組み換えを起こした。ポジティブの体現者であるジェダイ騎士からネガティブの権化へと反転した彼の人生は、最期にシディアスを葬ることによって銀河に平和をもたらす。若き日にジェダイ騎士すなわち民主主義世界の護り手としての役割を期待されていた彼の人生は、最後の最後に本来の目的へと回帰したと言える。

文脈を変えることで、ネガティブもポジティブに転換しうる——それを未来の昔話のできごととしてではなく、現実の私たちの人生や社会の中で自覚的に実現していこうという発想が、近年のポジティブ心理学に生まれている。それが次に述べる「第2波ポジティブ心理学」である。

「第2波ポジティブ心理学」

ポジティブ心理学はいまやポジティブな感情や体験だけを扱っているわけではない。一部には何でもポジティブな状態が良いことであり、常に明るく前向きでさえあればうまくいくという単純化した言説が見られ、ポジティブ心理学がそれを正当化する学問であるかのように戯画化する誤解や批判さえ見かける。

だが、近年のポジティブ心理学の主要な関心の一つは、ネガティブな経験を善福（エウダイモニア的幸福）に至る道筋の中に正しく位置付け直すことにある。その潮流の到達点とも言えるのが、イタイ・イヴザアン（Itai Ivtzan　東ロンドン大学）らの『第2波ポジティブ心理学——人生の暗黒面を包み込む』（二〇一六年）である。回復力（レジリエンス）やトラウマ後成長がそうであったように、人生の暗黒面を直視することが人間の成長・癒やし・洞察・変容にポジティブな役割を果たすこともある。イヴザアンらはその点に注目し、失望や挫折、不快が試練となりながらも、それがポジティブな結果につながる可能性を宿していることを強調したのである。

彼らは、ヘーゲルの弁証法の論理を用いて、ポジティブ心理学を概念的に再構成することを主張する。不幸の感情などネガティブな心理をテーゼ（正）とすれば、幸福になるためのポジティブな心理がアンチテーゼ（反）である。しかし臨床心理学者のポール・ワンが述べているように、幸福追求がマイナス面を伴ったり、ネガティブな過程が繁栄を促進したりすることも少なくない。ポジティブはネガティブに、ネガティブはポジティブになりうるわけだ。したがって、ネガティブな心理を単に避けてポジティブな心理だけを追い求めるのではなく、感情的経験の全てを巧みに活かして善き生を実現することが可能であり必要でもある。これが弁証法で言うところの成熟したシンセシス（合）に該当する。[19]

その実現には、経験がどのような文脈（コンテクスト）に置かれているのかに注意することが大事だ。例えば、楽観主義というポジティブな心理状態は一般的には幸福の実現に寄与するが、過度に非現実的な楽観主義に陥る危険性がある。楽観主義のあまり試験に失敗する学生や、社会問題の一点突破的な解決を夢見る極論はその典型だ。文脈によっては、むしろネガティブな悲観主義を活用する柔軟な楽観主義ないし現実的楽観主義が求められるわけだ。一方、逆境はネガティブなものだから一般的にはそれを回避することが幸福につながるが、トラウマ後成長のように逆境が成長に繋がる場合もある。人は避けることができないネガティブな試練さえも、回復というポジティブな局面に転換できる存在なのだ。こうしてポジティブとネガティブの両方の心理を善き生に至る過程の中に位置づけ直し、いずれも善き生の実現に活かす。それが第2波ポジティブ心理学の考え方なのである。

哲学的科学の萌芽

さて、第一章で触れたように、ポジティブ心理学は実践的科学である。統計調査や実験による立証をふまえて理論を導き出すという点では厳格な手順を踏む科学である反面、物理学のように厳密な数値、公式によって機械的に人の幸福を導き出すことはできない。そのような装いで幸福への近道を安直に語る人生指南書があれば、一歩距離を置いた方がいいとさえ言えるだろう。ポジティブ心理学の第一の役割は、科学的に確かめられた傾向を示し、個人に判断の目安を提供するところにある。それを学んだ個人が、よりよい選択や実践を積み重ねていくことをうながすという意味では促進的な科学とも言えるだろう。もちろん、研究の過程で考案されたさまざまな介入（働きかけ）をエクササイズとして紹介し、各個人の実践を手助けすることもできるから、その点、実践的な学問でもある。

同時に私は、ポジティブ心理学が「哲学的科学」というものの萌芽と言えるのではないかと考えている。くり返し述べてきたように、従来の心理学も含めて科学は人間の価値観・世界観に関わる問題には触れようとしてこなかった。だが、面白いことに、その科学の方法を用いた分析を通じ、価値の領域に属する美徳や強みが人生の幸福や逆境からの回復に結びつくことが明らかになった。これまで宗教や道徳、倫理、あるいは学問的に言えば哲学で語られていたことが、科学的な方法で確かめられたのである。ポジティブ心理学においては人文科学と自然科学の境界が取り払われ、「あの哲学者が語っていたのは科学的に表現するとこういうことだ」という結びつきが起きているのだ。

さらに第2波ポジティブ心理学の登場により、私たちはポジティブ心理学が開拓してきたウェルビーイングの多次元的理解や美徳や強みに関する知見を、ポジティブかネガティブかという二項対立的なとらえ方を超えた形で活用できるようになりつつある。回復力（レジリエンス）やトラウマ後成長はその典型だが、誰にとっても必要な「中庸」もまた、ネガティブな面を直視してこそ養われるポジティブな態度である。

こうして包括的に展開している今のポジティブ心理学の全体像は、図5のように示すことができる。これは、ポジティブ心理学を日本に導入された心理学者の島井哲志教授と作ったものである。[20]ポジティブ心理学は、「哲学・思想」、「ウェルビーイングに関する理論と概念」、「関連理論・概念・実践」の三つの水準でとらえられる。その水準ごとに、今まで触れてきた理論や実践をマッピングしたものだ。これからポジティブ心理学をより詳しく学ぶ人の便も考え、本書では言及する余裕のない理論なども※を付して記入している。

まず、哲学・思想の水準から考えると、「幸福」に至る条件や道筋を考えるポジティブ心理学は最上段に示した「福利型」と「美徳型」にまたがりながらも、美徳型に相当する考え方やそれに即した研究が増加しつつある。

福利型というのは功利主義やその源泉とも言うべき快楽主義（ヘドニア）に根差した考え方だ。福利型と結びつけてとらえやすいのは主観的ウェルビーイングであり、それはPERMAで言うと〈P（ポジティブ感情）〉として表れる。ただ、この〈P〉も「拡大－構築理論」で見たようにPERMAの他の要素を増強する起点として働くわけだから、福利型は美徳型とも関係している。

その美徳型とは、哲学で言えばアリストテレスをはじめとする西洋古典哲学や儒教、仏教・老荘思想などの東洋哲学との親和性が高い理論や概念を指す。例えば、東洋哲学の仏教や老荘思想が述べていることとフロー理論、マインドフルネス、玩味などとは密接なつながりがあり、PERMAで言えば〈E（没頭・没入・熱中）〉に表れてくる。一方、アリストテレスに代表される西洋古典哲学はエウ

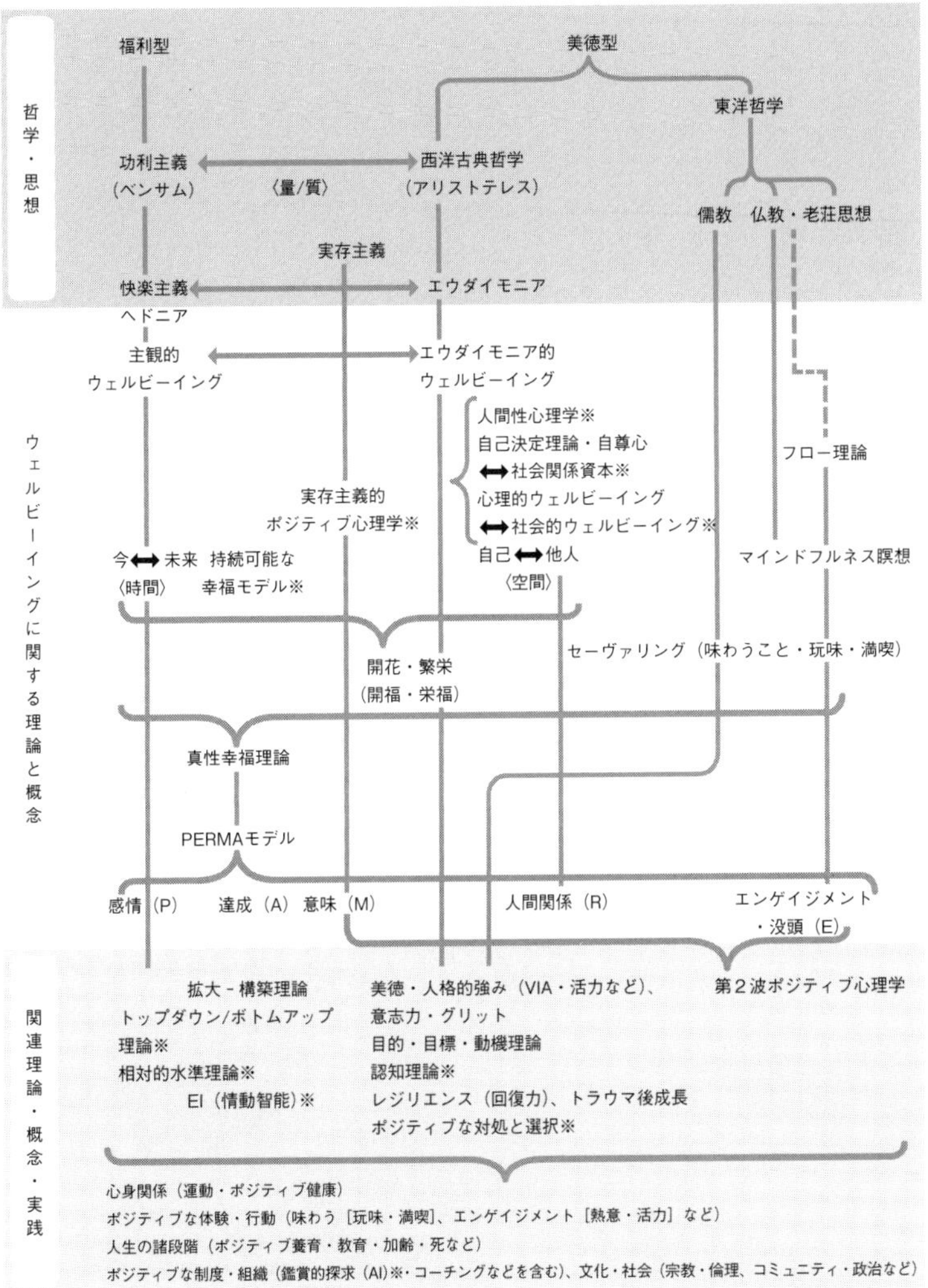

1）⟷⟷ は整理の軸、〈量/質〉〈時間〉〈空間〉は軸の種類を表す。　2）破線は実線に比べて弱い関係を表す。
※は本書で深く言及していない理論など。小林正弥、他：保健師ジャーナル 76（2）：1040−1045, 2020

図5：ポジティブ心理学の根本的枠組み

ダイモニア的ウェルビーイングに直結し、〈M（意義・意味）〉や〈A（達成）〉、〈R（人間関係）〉に結びついている。「関連理論・概念・実践」の段を見ていただければ、これらを高めるうえでの基礎資源が美徳・人格的強みであること、それがネガティブな状況をポジティブな局面へと転換させる第2波ポジティブ心理学にも結びついていることがおわかりいただけると思う。

ポジティブ感情が健康につながるという発見からスタートしたポジティブ心理学は、古典哲学の考え方とも結びつきながら価値判断と行動選択の目安を提供する哲学的科学へと発展し、ウェルビーイングを高めて真福（真の幸福）ないし開福・栄福（開花による幸福・繁栄）に至る方法を探る大きな学問領域を形成している。では、永福（永続的幸福）への道を探るというこの学問領域から見たとき、個人が生きる場である社会の側はどのように変わらなければならないのだろうか。それを考える新たな座標軸としても、ポジティブ心理学は貴重な視点を提供しはじめている。次の第三章ではこうした公共的な制度、つまり社会のシステムのあり方を、ポジティブ心理学の視点から考えてみよう。

第三章　個人から社会へ——。

ポジティブ心理学の包括的発展

1　「心の状態」を善くする組織・制度とは？

問題を「心」から掘り起こす

ポジティブ心理学は、個人の「心」のポジティブな側面に目を向けるところからスタートした。そのポジティブ心理学が「公共的な制度」、つまり個人を超えた家族や地域、学校や企業、さらに地方自治体や国といった組織やその制度のあり方を考えるとは、どういうことなのだろうか。

学校や企業などにはそれぞれの設置目的や活動目的があり、行政組織は法律に基づいて運営されている。これらは無機質な器や機構に過ぎず、人間のような「心」が宿っているわけではないし、ましてやそこに美徳が備わっているとは考えにくい——そう感じる方も多いかもしれない。人の「心」に目を向ける学問が、無機質に見える組織や制度のあり方について分析したり考えたりするのはお門違いではないかという疑問である。たしかに現代人の多くは制度や組織を経済的な効率や平等性、あるいは構成員の自由の度合いといった観点で評価することにはなじんでいるが、「心」やそこに宿る美徳、強みといった観点で眺めることは少ない。

そこでまず、「心」に焦点を当てて公共的な制度を考えるとはどういうことか、少し回り道して述べておきたい。最初に引き合いに出すのは、日本の学校教育で課題の一つとされ続けてきた「不登校」をはじめとする子どもの問題である。

従来から日本の学校教育では、不登校の増加が大きな問題の一つとされてきた。不登校とは病気や経済的な理由以外で学校に行かない・行けない人のこととされ、その数は今も増え続けている。かつて不登校は「問題行動」とみなされ、学校に復帰させることが第一に考えられていた。これに対して近年では、「問題行動」ではないという認識が共有されつつある。学校に行くのが辛いと感じた子どもが学校を休むことは当然の選択肢として認められ、学校以外の学びの場を選択できる余地も広がりはじめている。

だが、このような変化の中にあっても根強いのが、不登校をもっぱら子ども本人の「心の問題」に起因する現象としてとらえる風潮だ。子ども自身の抑うつ傾向の強さや自己肯定感の乏しさ、あるいは心の病などを不登校の根本的な要因だとするとらえ方である。子どもが非行や犯罪に走ってしまうと、「心の闇」といった言葉で本人の「心の問題」へと関心が集まり、少年犯罪などが話題になるたびにその原因を子どもの「心」に求めることが繰り返されてきた。たしかに私たちは、問題を個人の「心」に落とし込むことで、その本質や全体像を理解したつもりになってきた。しかし、果たしてそれで十分なのだろうか。

もしも、何らかの心の傷を抱えているといった「心の問題」で不登校になっているのが事実だとしても、その傷が家庭での虐待や育児放棄から生じている場合、問題の淵源は本人の「心の問題」だけではなく、家庭というコミュニティの方にもあると考えるべきだろう。さらに親の虐待や育児放棄の背景が親自身の貧困に起因するなら、問題を根本的に解決するには貧困を生み出す経済や困窮家庭を支え切れない社会保障制度の不備にまで遡らざるを得ない。問題を本人の「心の問題」としてだけとらえることは、問題を「個人化」させてしまう危険があるのだ（以上参考：広田照幸、伊藤茂樹著『教育問題はなぜまちがって語られるのか？』日本図書センター、2010年）。

念のために述べておくと、私は個々の子どもたちの「心の問題」そのものに対処することに意味がないと言っているのではない。子どもの抑うつ傾向の高まりはさまざまな形で指摘されており、そこに起因すると思われる問題も多発している。したがって、カウンセリングなどの方法も用いて個々の子どもたちに向き合い、克服するように努めることはとても大切なことであり、そのためにもポジティブ心理学は役立つ。ただ、これまでの心理学はそこで終わってしまうことが少なくなかった。しかし、それだけでは抑うつなどの心理的問題の増大を食い止めることはできないことが明らかになってきている。問題を「心」だけに落とし込むのではなく、「心」の中でポジティブな側面よりもネガティブな側面が勝ってしまう背景や構造まで探ること、つまり、問題を「心」から掘り起こすことが大切なのである。ポジティブ心理学が公共的な制度、すなわち社会システムに目を向ける意義や役割の一つもそこにある。

「可能にする制度」という考え方

それでは、問題を「心」から掘り起こすことと、個人の「心」だけに落とし込むということはどこが違うのだろうか。その違いをイメージするうえで参考になるのが、ピーターソンが著した『ポジティブ心理学入門』の第一一章に冠されたタイトルである。彼はこの章に「可能にする制度」というタイトルを付けた。このタイトルの文言が、ポジティブ心理学の社会システムとの向き合い方を端的に示している。

例えば、ある企業が評価される場合、一般には収益性や存続性、顧客満足度、企業イメージのよしあしといった観点から評価される。だが、そうした評価とは別に、企業が自社の構成員や顧客、あるいは周辺地域住民のウェルビーイングを高めることに貢献できているかどうかという観点からの評価も成り立つはずだ。一定の水準以上の賃金を支払っているとしても、社員が家族と共に過ごす時間などを犠牲にした働き方を強いているとすれば、社員や家族のウェルビーイングは低下し、永福（永続的幸福）や善福（善き幸福）の実現が妨げられるから、その企業はポジティブ心理学的視点からは低く評価せざるを得ない。一方、賃金水準はさほど高くなくとも、ワーク・ライフ・バランスを保ちながら社員が意義を感じられる仕事を提供している企業や、社内が民主的で人間関係の良好な企業はポジティブ心理学の視点からは高く評価できる。なぜなら、こうした企業は社員やその家族のウェルビーイングを高め、それぞれの善福の実現を「可能にする」組織だからである。

このように、ポジティブ心理学の視点から見た善い組織や制度とは、構成員にとって善い人生を「可能にする」組織および制度であり、その善さが組織や制度としての美徳ということになる。ピーターソンの言う「可能にする制度」というのは、構成員が善い人生に向かっていくことを可能にする社会システムのことなのだ。彼は同書の中で善い家族や善い学校、善い職場、善い社会、善い宗教について概観し、共通する組織や制度としての美徳を抽出している。

挙げられている美徳の一つは「目的」である。これは組織における道徳的目標がきちんとしていることを意味する。この美徳がそなわっていなければどうなるだろうか。自分が働く企業が何を通じて社会に貢献しようとしているのか明確でなく、ただがむしゃらにお金儲けだけをしているなら、そこで働く社員は仕事に意義（ＰＥＲＭＡのＭ）を感じられなくなる。意義の感じられない仕事で疲労すれば、ポジティブ感情（Ｐ）も低下していく。

続く美徳は「安全性」であり、脅威や危険、搾取からの保護を意味する。働くことに伴う危険を防ぐ配慮のない職場や、過重労働が常態化している企業が社員や家族のウェルビーイングを低下させることは言うまでもない。ブラック企業はその典型だ。

「公正」もまた重要な美徳である。この美徳がそなわっている組織は、賞罰を決める公平な規則と実施手段が貫かれている。逆にないがしろにされる組織では、構成員同士の人間関係（R）やポジティブ感情（P）は低下してしまう。

「人間性」という美徳は、組織や制度に属する人同士の関心やケアの度合いが高いことを指す。わかりやすく言えば、仲間が困っている時に手を差し伸べる気風が組織内にあるかどうか。それが徹底されている組織でなければ安心して活動できないし、当然のことながら人間関係（R）は悪い。また、失敗しても誰も助けてくれないのではないかという不安の中では、仕事に没頭（E）できるわけがないだろう。

「尊厳」は、組織のあらゆる人を地位に関係なく個人として扱うことを意味する美徳である。極端な例で言えばパワーハラスメントやセクシャルハラスメントが起きる企業に属する人のウェルビーイングは低下し、多くの社員が幸福になることなどできない。あるいは行政が役場窓口に相談に訪れた困窮者を見下した態度で扱えば、困窮している市民は必要な行政サービスへのアクセスすら躊躇するようになり、ウェルビーイングは極限まで低下してしまうだろう。

以上のように、個人にとって美徳があるのと同様、組織や制度のレベルでも美徳というものが存在する。個人の美徳や強みがその本人の善福の実現の基礎資源として働いたように、組織や制度の美徳は構成員がウェルビーイングを高めて持続的幸福に至ることを「可能にする」。すなわち、ポジティブ心理学の視点を通して組織や制度のあり方を検討するということの根底には、いかにして「可能にする」社会システムを実現するかという問題意識が流れているのだ。これは、社会問題を当事者の

「心」だけに落とし込むことで片付けるのとは対極にある発想である。当事者の「心」の状態に目を向け、そこから当事者の周辺に広がる組織や制度が抱える問題を掘り起こし、当事者が善き幸福に至るのを可能にするような制度や組織へと改めていくこと。社会システムをそういう見方でとらえる目安を示していくのが、ポジティブ心理学の役割なのである。

これを、最初に述べた不登校などの子どもの問題に置き換えてみよう。例えば、ポジティブ心理学の視点や手法で子どもや親、教員たちの「心」に目を向ければ、そのウェルビーイングの状態を多次元的に把握することができる。結果を分析すれば、家庭や学校が構成員のウェルビーイングの向上を「可能にする」うえで何が欠けているのか、何が過剰なのかといった問題点が明らかになる。

さらにさかのぼれば、現在の社会保障政策や教育政策のもとでは、どうして家族や学校が「可能にする制度（組織）」たり得ないのかという視点も生まれるだろう。教育に投入すべきお金や人材の不足が明らかになることもあるだろうし、社会に流布してきた子育てや教育の思想や手法が子どものウェルビーイングを下げていることに気づくことも可能だ。

前章までに見たように、ポジティブ心理学はウェルビーイングを高める手法を数多く開拓し、ネガティブな状況からの回復力（レジリエンス）を高める方法も考案している。その成果は現場で生かせるし、ウェルビーイング向上のために必要な教育政策や福祉政策を助言する基盤にもなる。こうして問題を個人の「心」だけに落とし込んで済ませるのではなく、「心」から掘り起こすことにより、教育に関わる組織や制度をポジティブなものへと変化させることができるのである。

第一章での説明の通り（四〇頁）、いま、心に抑うつなどの問題を抱えている個人にとってはポジティブ感情の芽を獲得し、自分自身の問題の解決に向かって動き出す好循環を生み出すこと――例えば、本当に困っている人がせめて「助けが必要だ」と口に出したり、公的な相談窓口に足を向けたりすることができるようなポジティブな心理状態になることは必須だろう。そのためにも組織や制度などの社会システムの側は、個人が前向きな気持ちを自己の中に育てることを「可能にする」ものでなければならない。だが、「可能にする」社会システムになることをうながすのは、社会を構成する個人であるというように、社会システムと個人、公と私の間には相互循環的な結びつきがある。公私が結びつくこのような領域こそ公共領域であり、ポジティブ心理学は公共領域のどこにどのような働きかけが必要かを考える計器盤としても働くものなのだ。

公私の結びつき方は、必ずしも単純ではない。企業にせよ公的機関にせよ、顧客にとっては良いところだが、中で働く者にとっては悪い職場と言わざるを得ないということが起きるし、その逆のこともある。実態を知るには、構成員だけでなく顧客や地域住民など、関連する人々のウェルビーイングをPERMAなどの多次元的な指標で計測することが最初の一歩となるだろう。また、近年ではポジティブ心理学に関わりのある研究者たちが、社会的ウェルビーイングやコミュニティ・ウェルビーイングといった概念を提起し、人が自分の属している組織やコミュニティなどとの関わりを通じて獲得している幸福感や満足度を調べる方法を開拓している。

本章ではそうした視点にも触れながら、「可能にする」制度・組織のあり方、すなわちポジティブな社会システムのあり方について考えていきたい。

2　高齢化社会への希望「ポジティブ健康」

日本を覆うウェルビーイングの危機

不登校に関連して述べたように、近年の日本で抑うつをはじめ精神的な問題に悩み、学業や仕事を中断せざるを得なくなる人々が増えているのは確かである。そうした人々にとってネガティブな状態から脱するための治療はもちろん重要だが、ポジティブな心理状態を育てるための支援も提供するのが望ましい。ネガティブな状態を減らすことと、ポジティブな状態を増やしてこの先の人生をより善いものにするということとは、関連しあいながらも基本的には別のことであり、状況によっては後者が前者にも役立つからだ。さらに第二章までに述べたように、個人が永福（永続的幸福）を得るには、後者が決定的に重要である。

人がその人なりの人生を開花させるということは、個人にとっても社会にとっても大切なことだ。せっかくの学業や仕事を不本意な形で断念させられれば、それは抑うつの要因となって復学や再就職ができないなどの悪循環を生み、本人の経済的な困難まで招き寄せる。例えば、一九九三年から二〇〇五年にかけて学業を終えたいわゆる「就職氷河期」世代の人々の中には、こうした境遇が精神的な問題にまでつながり、ひきこもり状態に陥っている人が多いことも報じられている。しかも、多くの個人がこのような負のスパイラルに陥ることは、本人にとって不幸なだけでなく、日本社会全体にとっても極めて大きな損失となっている。日本では人口減少に伴う人手不足の深刻化が目立ちはじめており、この世代の今後の人生の開花を可能にすることは、日本の社会経済にとっても必要なことではないだろうか。

支援にあたっては、先に述べたように、「心」から問題を掘り起こし、当事者のウェルビーイングの向上を可能にする方法が考えられなければならない。容易に想像できることであるが、海外の一〇〇以上の研究の分析などからは、雇用されている人より失業者や無職の人はウェルビーイングが低いことがわかっている。[1] 私たちが協力した三菱総合研究所調査（二〇二〇年五月、対象五〇〇〇人）でも（就労希望のない人を除くと）まったく同じ結果が得られた。さまざまな調査項目の中で、この項目が最も大きくウェルビーイングの低さと関係していたのである。[2] さらに、望まない就労形態での生活を強いられている人が仕事や人生に感じる意味や意義（PERMAで言うところのM）、人間関係（R）の充足感などのウェルビーイングは低下しやすく、再スタートには、ウェルビーイングを高める上向きの螺旋を獲得することが必要になるだろう。それが伴わなければ就労に向けて踏み出せない人もいるし、就労が長続きしない可能性もある。日本社会はこれまで以上に就労がうまくいかなかった人々のウェルビーイングの維持や向上に取り組まなければならないはずだ。

また、世界に先駆けて超高齢社会に突入している日本では、どうすれば高齢者が健やかに暮らしていけるかという大きな命題も抱えている。高齢化と並行して未婚率も上昇しているから、今後は身寄りのない一人暮らしの高齢者も大幅に増えていく。適切な働きかけがなければ、多くの人々が加齢とともに孤立し、ウェルビーイングが低下してしまうだろう。ウェルビーイングの低下は健康状態の悪化をもたらし、それがまた心理状態を悪化させる。悪循環の中で高齢者の老後生活が暗いものになるだけでなく、医療や福祉の負担は増大し、この分野の人手不足は一層深刻化していく——。そこで具体的な課題となるのが、「成功した加齢」（三〇頁）の実現である。高齢になっても社会との関係を保ち、明るい気持ちで新しいことに挑戦したり行動的な日常を送ったりすることができるような歳の重ね方。現代日本は、その実現の方法を開拓する必要にも迫られているのである。

このように、多くの人が心の健康に関わる課題を抱えつつある日本社会で、ポジティブ心理学はどのような役割を果たしうるのか。まずは人々の健康と直接向き合う医療や福祉の領域から考えてみよう。

メンタル・ウェルネスとポジティブな医療・福祉

第一章で述べたように、従来の精神医学や心理学は、心のネガティブな問題にいかに対処するかという方向で発展してきた。私たちもまた、病気やケガに見舞われて医療機関を受診することが多いため、治療が医療の目的のすべてだと考えやすく、病気やケガのない状態、回復した状態が健康のことだと思いがちである。だが、病気やケガという「不幸」が少ないだけで十全たる健康や幸福が実現するわけではないことは、繰り返し述べてきたとおりだ。世界保健機関（WHO）憲章前文も「健康とは、単に病気ではないとか病弱ではないのではなく、肉体的にも精神的にも社会的にも完全に良好な状態にあること」（一九四八年）と定義している。例えば、病気治療が精神的な孤独を強いるなら、患者は健康とは言えず、医療現場における患者の身体抑制や胃ろう栄養などへの過度の依存が、患者の幸福を奪う可能性もある。

WHOのこの定義を踏まえて、心身の関係も含めて、広い視点から見た健康観として「ウェルネス」という概念が提起された。これは、積極的に良い状態を表すので、ポジティブ心理学の考え方に適合的であり、もっとも著名な概説書であるピーターソンの名著『ポジティブ心理学入門』でも、第9章「ウェルネス」でこの概念を紹介して、健康促進のための広範な「ウェルネス運動」を説明している。

ポジティブ心理学では「メンタル・イルネス（精神的な病）」の対概念として、「メンタル・ウェルビーイング」や「メンタル・ヘルス（健康）」が用いられることが多い。ただ日本人には「ウェルビーイング」より「ウェルネス」の方がわかりやすいだろうし、「健康」という概念は病気の欠如という意味で使われることが今でも多いので、本書では「メンタル・ウェルネス」を副題に用いることにした。

一方、「福祉」という言葉も、社会的に弱い立場に置かれるなどしてネガティブな状況にある人の救済や保護、それを通じたネガティブな状況の縮小という意味だけで受けとめられやすい。だが、福祉（welfare）という言葉を辞書で調べると、日本語でも英語でも語義の筆頭に来るのは「幸福」である。welfare は幸福の中でも日常生活に関わる充足や繁栄を指すことが多いため、福祉は「人々の日常生活における社会的幸福」として再定義できるだろう。それもまた単に衣食住が欠けていないというだけでは得られないものだ。最低限の生活の保障があったとしても、社会から孤立したり生きがいから遠ざけられたりしていれば、人は幸福とは言えないからだ。

以上の観点から、医療や福祉に求められるのは、人生における目的や人間関係、自尊感情や自己統御の感覚などを伴った積極的な健康、すなわち「ポジティブ健康」と呼ぶべきものであることがわかる。先に見た日本の実情から明らかなように、このポジティブ健康を社会全体に拡大することは現代の医療や福祉の課題である。人々のポジティブな側面を増大させてウェルビーイング向上に取り組む医療は「ポジティブ医療」、同様のことを目指す福祉は「ポジティブ福祉」と呼ぶことができ、それを拡大していこうという動きがあちこちで見られる。

例えば、セリグマンはうつ病患者へのポジティブ介入（働きかけ）を通じてＰＥＲＭＡの〈Ｐ（ポジティブ感情）〉や〈Ｅ（没頭・没入・熱中）〉、〈Ｍ（意味・意義）〉の感情を高め、患者の抑うつを軽減させた。それは従来のうつ治療に取って代わるものではないが、効果的な補完であることは間違いない。ポジティブ心理学的な介入を従来の精神医学や心理学による治療と組み合わせれば、より多くの人がポジティブ健康を得られる可能性もあるのだ。近年では回復力（レジリエンス）の向上やトラウマ後成長といったポジティブ心理学の成果を生かしてポジティブ臨床心理学やポジティブ精神医学という学問領域も生まれ、ポジティブ医療やポジティブ福祉を後押ししようとしている。

こうした流れは日本でも生まれている。日本でポジティブ心理学を軸にした唯一の学会は「日本ポジティブサイコロジー医学会」である。ポジティブ心理学がポジティブ感情をはじめとするウェルビーイングの向上と健康や長寿との因果関係を次々に明らかにしたのを受け、その重要性に気づいた医学者らによって設立された学会だ。ここで精神医学が果たしている役割は大きく、ポジティブ精神医学的な実証研究も行われている。

近年、私自身も同学会での活動を通じ、「成功した加齢」と関わる実証研究に取り組む機会を得ることができた。それは医学と福祉にまたがる領域でポジティブ心理学が有効に機能し、個人だけでなく家族や地域というコミュニティにも貢献しうることを実感する研究となった。日本に古くから伝わる和太鼓を用いたエクササイズについての、ポジティブ心理学的観点からの実証研究である。

和太鼓エクササイズ「エクサドン」

和太鼓は神社の祭儀をはじめとするコミュニティの祭礼・芸能などで用いられ、日本各地の文化の中で長い歴史を持つ楽器であり祭具でもある。プロ・アマを問わず演奏を手がける人は海外でも増えており、鑑賞を楽しむ人も多い。だが、和太鼓は音楽や芸能の世界でだけ注目されているわけではない。和太鼓演奏は集団で体を動かし、音の響きを全身で感じるところに特徴がある。これが高齢者の抑うつなどの心理的症状の改善や、身体的能力の回復・向上、認知症の症状の軽減に寄与するのではないかと期待されているのだ。このため、和太鼓を用いたさまざまなエクササイズのプログラムが考案・実施されている。新潟県の佐渡市に拠点を置く和太鼓集団「鼓童」と現地の精神科医・森本芳典氏が共同開発した和太鼓エクササイズ「エクサドン」はその代表的なものである。

佐渡島内の各地区では、古くから五穀豊穣祈願や厄払いを目的とした祭りに和太鼓が用いられてきた。この和太鼓の演奏活動で世界的にも有名な「鼓童」が設立した公益財団法人・鼓童文化財団と協働し、森本氏は認知症を抱えた人や高齢者に向けた和太鼓エクササイズを開発した。それは「エクササイズ」と「佐渡」、そして太鼓の「ドン」から各文字を取り、「エクサドン」と名付けられた。

二〇一八年五月に、森本氏から日本ポジティブサイコロジー医学会に一つの依頼があった。和太鼓エクササイズ「エクサドン」を用いた自分たちの活動の効果を、ポジティブ心理学的な観点で測定し評価してほしいというのだ。依頼を知った私は、和太鼓が神社などの祭礼、つまり神道と関わりの深い楽器・祭具であることに注目した。

すでに述べたように、仏教や儒教といった東洋思想には、アリストテレス哲学とも共通する考え方が多く含まれている。それはポジティブ心理学を思想的に支えるばかりでなく、マインドフルネスなどの実践的なエクササイズの源流ともなっている（六八頁）。神道も、そうした東洋思想の一つである。また、私自身も公共哲学的な観点から神社が果たしうる役割をまとめた『神社と政治』（角川新書、二〇一六年）を刊行し、神社や神道への関心を深めていたところだった。その神社と関係の深い和太鼓を用いたエクササイズに、私は日本の伝統文化に内蔵されたエクササイズとしての可能性を感じたのである。

ポジティブ心理学的な視点から見たとき、和太鼓エクササイズは日本文化に根差した伝統的、かつ最新のエクササイズとして位置づけられるのではないだろうか。そのような思いから、私は和太鼓エクササイズ「エクサドン」の効果をポジティブ心理学の観点で調査することをお引き受けした。

和太鼓エクササイズが人の身体能力や精神にどのような効果を及ぼすのかということについては、いくつかの先行研究がある。ある少人数の実験ではストレスが緩和するという効果が科学的に確認された反面、効果を確認できなかったという研究もある。例えば、和太鼓を用いたエクササイズが抑うつ状態や認知症を改善させる効果があるかどうかを調査した実証研究は、その効果は必ずしも明確には見いだせないという結論を出している。

だが森本氏らは、この結果に首をかしげた。高齢者を対象に「エクサドン」を実施して効果を感じてきた自分たちの実感とは、明らかに違っていたからだ。そこで私は佐渡市内の介護施設の協力を得て先行研究を追試するとともに、新たにポジティブ心理学的な手法を用いて和太鼓エクササイズに取り組む高齢者の精神状態の変化を調べることにしたのである。[3]

＊

私が行った実証研究の最大の特徴は、ポジティブ心理学の成果を活かしてウェルビーイングに関して尋ねる調査票を独自に作成し、エクササイズの心理的効果を測定したところにある。そこには、この研究に臨むにあたっての私なりの仮説があった。

和太鼓エクササイズに関する先行研究では、主として抑うつ度や認知能力の低下といったネガティブな状態がエクササイズによってどう変わるかが調べられてきた。そこでエクササイズの効果について有意な結果が出なかったということは、あくまでもネガティブな心理状態にさほど変化が見られなかったということを意味する。

だが、和太鼓を敲《たた》くことは、感情の高揚をはじめとするウェルビーイングの向上をもたらすことが容易に想像できる。変化が表れるとすれば、ネガティブな心理の減少よりもむしろポジティブな心理の増大という形をとるのではないだろうか。第一章の「修道女研究」のことを思い出してほしい（二七頁）。あの研究でも修道女たちの長寿のカギを握っていたのは、ネガティブ感情が少ないことではなく、ポジティブ感情が多いことだった。同様のことが、「エクサドン」についても言えるかもしれない。森本氏らが実感しているというエクササイズの効果は、ポジティブな心理状態を調べることで科学的に示せるのではないだろうか。それが私の仮説だった。

そこで、先行研究の追試という意味でネガティブな方向の心理状態を調べると同時に、新たにポジティブな心理状態についても調べるための研究計画を練った。前者を明らかにするためには、うつ病について調べるために多用されるＢＤＩ、認知症を調べるためのＭＭＳＥといった調査票を使用した。一方、ポジティブな心理状態を調べるために、ＰＥＲＭＡ測定のための調査票やＩ－ＣＯＰＰＥ（「アイコープ」と呼ばれる）など、ポジティブ心理学の知見を活かしたいくつかの質問事項を交えた総合調査票を作成した。Ｉ－ＣＯＰＰＥというのはプリレルテンスキー（九一頁）が考案した調査票で、個人がコミュニティとの関係から得るウェルビーイングを個人間関係（interpersonal）、コミュニティ（community）、組織（organizational）、身体（physical）、心理（psychological）、経済（economic）という多次元的な観点で計測するものだ。

「エクサドン」はゲーム的な要素も含んだエクササイズで、前述のように認知症を抱えた人や高齢者に向けて開発されている。使用する和太鼓はそれこそ「鼓童」がステージの真ん中に据えて演奏するような大太鼓ではなく、高齢者でも敲くことができる一抱えほどの太鼓だ。基本的には参加者の前で熟達したファシリテーターが音頭を取り、それに合わせてリラックスした雰囲気で自分の太鼓を敲いてもらうというもので、初心者でも楽しく行えるように工夫されている（写真）。

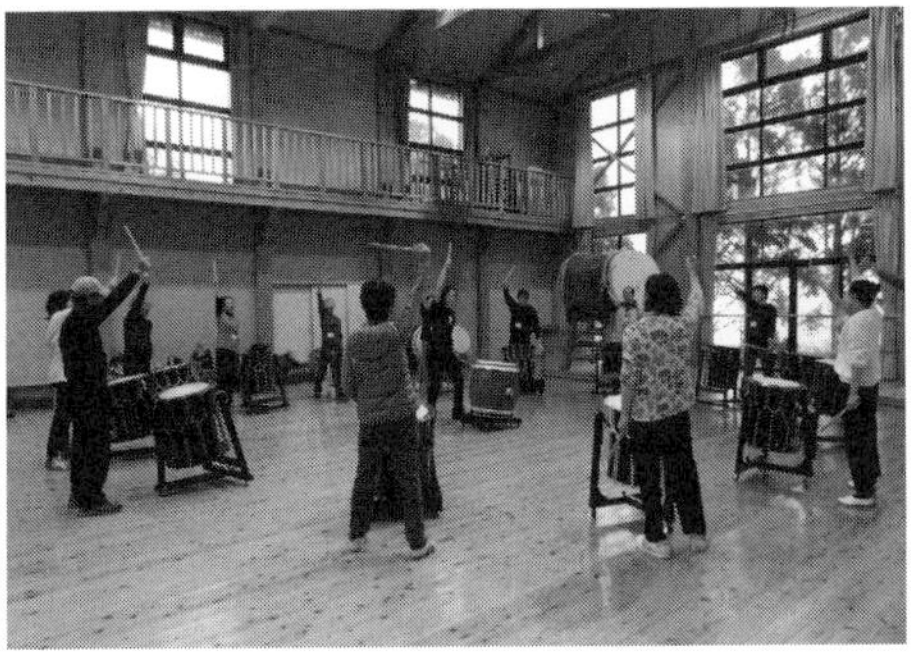

写真　「エクサドン」の様子。写真提供／「公益財団法人　鼓童文化財団」

今回の実証研究で実際に「エクサドン」に取り組んでもらったのはA群とB群の二グループの方たちで、A群は佐渡市内の介護施設の居住者および通所者からなる合計一四人のグループ（平均年齢七二・〇）、B群は一般人二二人（平均年齢六六・八二）である。一方、エクササイズの効果を測定するには、エクササイズには取り組まない対照群も必要になる。そこで、それぞれのカテゴリーにCA群、一般人のCB群というエクササイズ非実施の対照群を設けた。「エクサドン」に取り組んでもらったのは二〇一八年九月末から一〇月末までの毎週一回、合計五回。実施前と後に調査票による心理調査と体力調査、バイタル測定を行ってグループ間の比較を試み、「エクサドン」の効果を調べてみたのである。

実施プログラムの流れをざっと書き出すと、次のようになる。カッコ内の時間の数値は（A群の標準的な時間：B群の標準的な時間）を意味している。
準備体操（五分：一〇分）→一発打ち～連打（一〇分：二〇分）→休憩（一〇分：一〇分）→ゲーム（一五分～二〇分：二五分～三〇分）→整理体操（五分：五分）

ここで言うゲームには「ドンはい！」と「やまびこゲーム」、「ぼやぼやしちゃいらんないよ」「回覧板」の四種類がある。「ドンはい！」は太鼓を叩いて指した相手に音のパスをするもので、「やまびこゲーム」ではサークルの中心に立つ人のまねをする。これら二つのゲームは、A群とB群両方で実施した。一方、残る二つのゲームはB群だけで実施した。「ぼやぼやしちゃいらんないよ」というのは、二人以上のグループを四つ作って音を隣にパスし続けるのだが、その最中に鳴らされる拍子木の音でパスの方向が反対回りになる。「回覧板」は、一人ずつ隣から回ってきた音をつなぐのだが、同時に三人が敲く。

さて、こうしたプログラムを経た計測の結果はどのようなものだっただろうか。

＊

一般に心理学的調査では、多くの項目について得られたデータのすべてに大きな変化が表れるわけではない。その中ではっきりした変化が表れているものに注目し分析することで、エクササイズ（介入）の効果などが明らかになっていく。今回の「エクサドン」の実証研究でも調査結果を統計解析してみると、目立った変化が見られない調査項目もあった反面、エクササイズの前と後で明らかに有意な変化を示しているものがいくつかあった。その項目を拾って分析していくうちに、「エクサドン」がどのような点で効果を持つエクササイズなのかが見えてきた。

最初に、身体的機能に関わる調査項目を見ると、歩行のスピードや開眼での片足立ちなどいくつかの項目でプラス方向での変化が見られたものの、全体としてそれほど大きな変化は見られなかった。先行研究では、全身持久性や握力について有意な効果があったとされている。これらから考えると、立って拍子をとりながら撥《ばち》で太鼓を敲く「エクサドン」が、握力や歩行能力の増加につながりうることは想定できる。ただ、全体として身体機能の項目の中には有意でないものが多く、この限られた回数だけでは体力の増強という点での効果は顕著ではないというのが今回の結論だった。

それでは、ネガティブな心理状態の改善効果についてはどうだろうか。

まず、認知機能の向上の有無について。取り組んだ方たちの年齢層が高いということもあり、エクササイズ前の時点で七一％以上に軽度認知症障害の疑いがあった。「エクサドン」に取り組んだ後も、その傾向にはほとんど変わりがなかった。より細かく見れば時間見当識（日時など）や場所見当識（「その場所はどこ?」）、遅延再生（「先ほど言った三つの言葉は?」）については有意な差が見られたので、さらに細分化して調べたりエクササイズを長期間継続したりすることで変化がはっきり出てくる可能性はある。だが、全体として見れば、認知能力の向上についても明確な効果は見いだせなかったと言わざるを得ない。

一方、抑うつ状態について（図6）は、エクササイズの前と後でいくらかはっきりした変化が見られた。「ベック抑うつ尺度」と呼ばれる指標に照らすと、「エクサドン」に取り組んだA群とB群はともに前よりも抑うつ度が減少し、特に一般人であるB群では有意な変化が見られたのだ。これに対してエクササイズを行わない対照群は、変化がないか少ない。さらにA群で「うつでない」人はエクササイズ前の二人が事後には五人に増え、B群では九人から一三人に増えた。一方、軽度うつはA群では七人から三人、B群でも五人から四人へと減少している。これらの結果から考えると、「エクサド

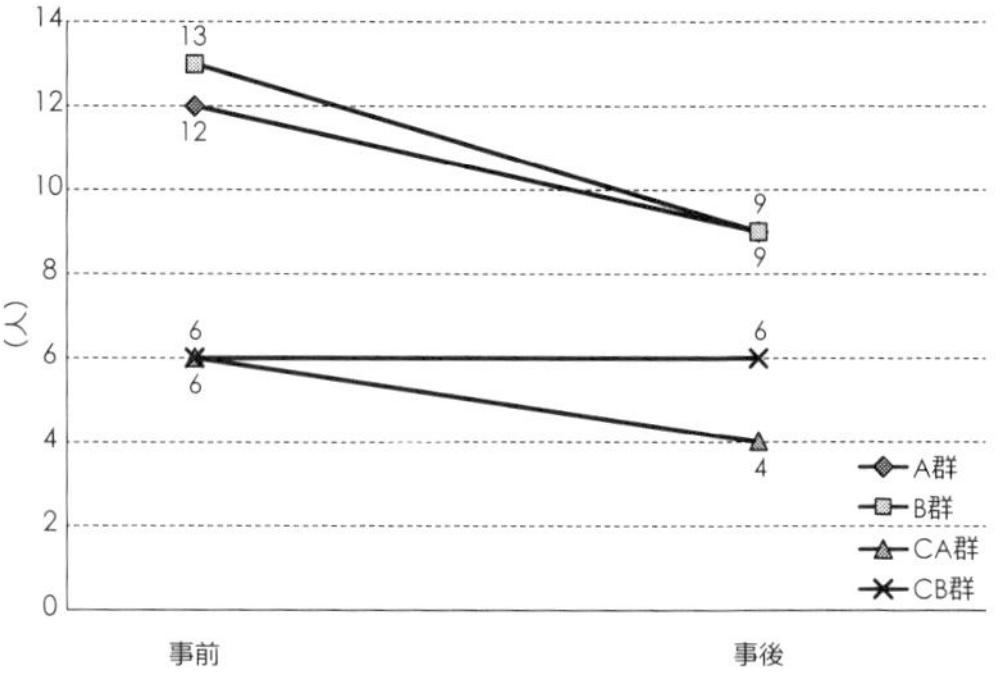

図6：エクサドン実験における抑うつ状態の変化
縦軸は軽度抑うつ以上の人数
実験群：A群・B群
対照群：CA群・CB群
B群、A+B群、CA群の変化は5%有意。筆者作成。

ン」には抑うつ度を下げる効果がありそうだ。

　さて、次はいよいよ今回の実証研究の目玉、ポジティブな心理状態についてだ。じつは、今回の研究全体を通じて最も劇的な変化を示したのは、ウェルビーイングの測定結果だった。

　測定結果をまとめた図7のグラフ横軸の各項目を見ていただくと、左からおなじみのＰＥＲＭＡが並ぶのに続いてＨ（健康）、Ｎ（ネガティブ感情）、Ｌ（孤独）、さらに「幸福度」「一般的ＷＢ（ウェルビーイング）」（ＰＥＲＭＡに幸福度を加味して集計した値）と続く。各項目の平均値を結んだ折れ線を「エクサドン」実施の前と後で比べてみると、Ａ群とＢ群、Ａ群＋Ｂ群では、いずれも実施後のＰＥＲＭＡ、「幸福度」、「一般的ウェルビーイング」が明らかに上昇していることがわかる。なお、ネガティブな心理的状態を表すＮ・Ｌについては、見やすくするために反転させて示しており、いずれも事後の方が心の状態が好転したことがわかる。同じ測定結果を対照群について見てみると、変化はエクササイズ実施群に比べて乏しい。

　さらに詳細に見てみると、「エクサドン」を実施した人々全体を意味するＡ群＋Ｂ群では、ＰＥＲＭＡのうちＭ以外の4要素とＮ、Ｌ、「幸福度」、「一般的ウェルビーイング」というほとんどの要素

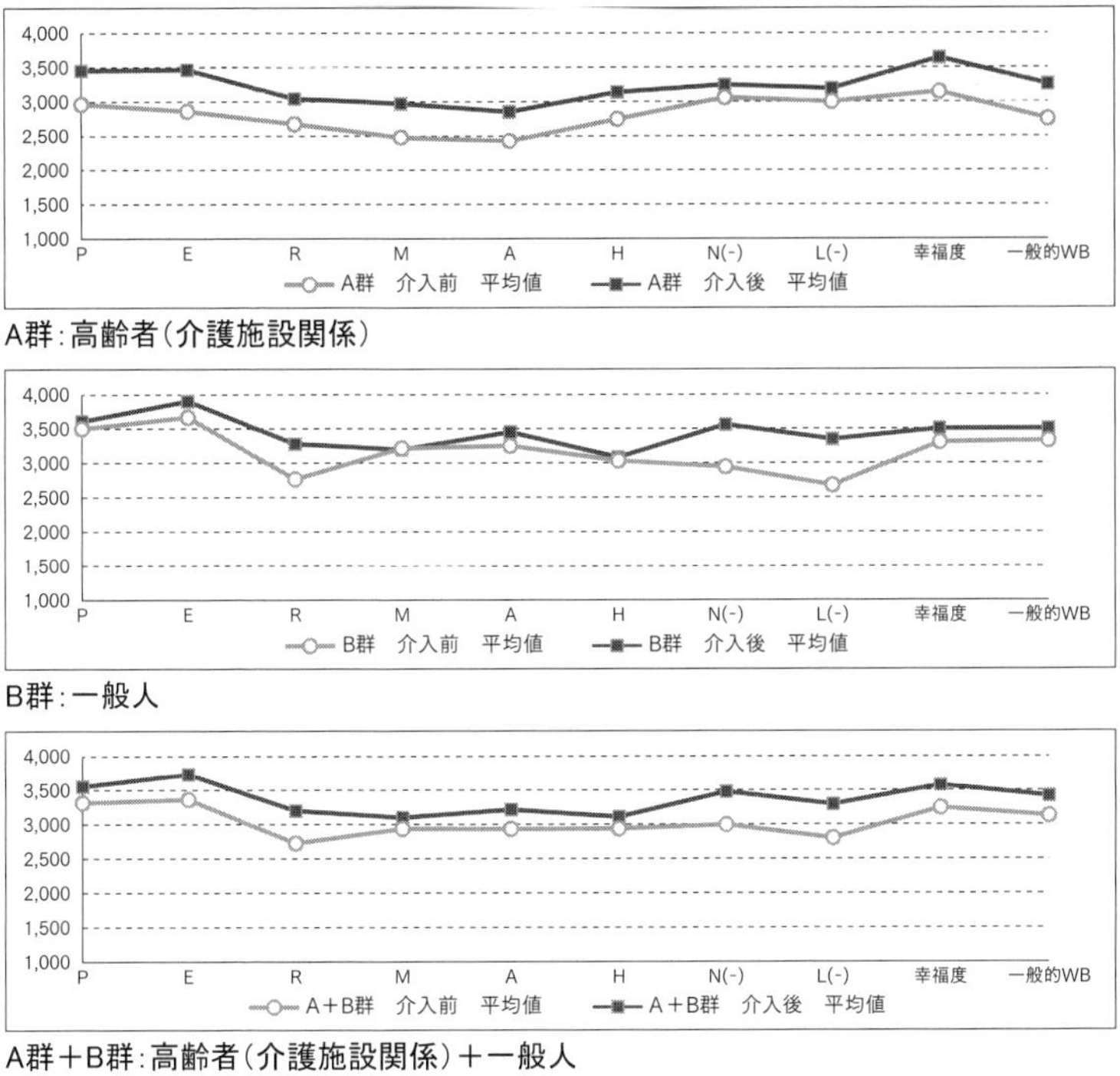

図7：ウェルビーイングの変化　筆者作成。縦軸は各項目の回答平均を表し、値が大きい方が望ましい心の状態を表す。

で有意な変化が見られ、中でもE（没頭・没入・熱中）とR（人間関係）の上昇ぶりが顕著だ。「エクサドン」を実施することにより、取り組んだ人の心理状態は明らかにポジティブな方向へと変化したのである。

まとめてふりかえってみよう。「エクサドン」は一部の身体機能を向上させる効果はあるかもしれないが、その効果はそれほど大きくはない。また、認知機能に関しても、先行研究がそうであったようにエクササイズ実施後も有意な変化は認められなかった。一方、抑うつについては、特に一般人においてエクササイズによる改善効果が認められた。ただ、施設入居・通所者の抑うつの人数は減少したものの統計的に有意なレベルの変化ではないので、効果の度合いはさらに検証が必要だろう。

これらに対し、ポジティブな面での変化は非常にはっきりしている。ウェルビーイング全体として顕著な向上効果が見られ、中でも効果が著しいのはE（没頭・没入・熱中）とR（人間関係）だった。つまり、このポジティブ度の上昇こそが、「エクサドン」を開発した森本氏ら現場の人々が抱いていた「実感」の科学的な姿だと考えられるのである。

他の人たちと一緒に和太鼓を敲くことから得られる「没頭」と「人間関係」。この結果から、お祭りの時の微熱を帯びたような心地よさが思い起こされるのではないだろうか。

私自身も「エクサドン」を実体験してみた。腕の一振りが、次の瞬間には太鼓の響きとなって背骨と腹の間を震わせる。それを感じながら撥をふるい続けるうちに名前も知らない他の参加者たちとの間にある種の一体感や親愛の情が生まれる。没頭・没入の経験の共有によって友愛が生まれ、友愛が人間関係を結ぶ。それは第一章で述べた「友愛」の原理的な形成過程（七二頁）そのものだった。

伝統文化に内蔵されたエクササイズ

今回の調査結果の中でPERMAの〈M（意味・意義）〉の効果は相対的に少なかった。ある意味で、これはもっともな結果かもしれない。和太鼓エクササイズをひと月に五回実施したからといって、人生に「意味」や「意義」を感じるというものではないだろう。ただ、この〈M〉に関しても、面白い調査結果が得られている。施設入所者・通所者からなるA群に限ると、〈M〉も有意な向上を示したのだ。もしかしたらこれらの人々にとっては、和太鼓に継続的に取り組むことが「生きがい」「やりがい」になり得るのかもしれない。

さらに興味深いのは、ＰＥＲＭＡなど個人のウェルビーイングの顕著な好転と並行して、社会・コミュニティとの関係から得られるウェルビーイングの一部も高まっていたことだ。例えば、Ｉ－ＣＯＰＰＥの指標の中では、「組織」の項目に有意な向上が見られた。他の手法による質問項目でも、社会に自分が受け入れられているという感覚を意味する「社会的受容」や、社会関係に関わる「信頼」が上昇していた。いずれも、個人のＰＥＲＭＡで大きく向上した〈Ｒ（人間関係）〉と関連する項目である。

これらは、社会・コミュニティのウェルビーイングを調べる調査票の項目全体の中では、ごく一部の項目の変化に過ぎない。だが、私はこの変化に、「エクサドン」の持つ大きな可能性と意味を感じる。この場では、人間関係が生まれ、自分が受け入れられているという感覚があり、組織（集団）との信頼を感じられるような状態であるからだ。皆さんの脳裏に、こうした感覚や場、状態を簡潔に言い当てる一つの日本語が思い浮かびはしないだろうか。

「居場所」というおなじみの言葉だ。

「居場所」は、若者から高齢者に至るまで現代日本人が希求してやまないものの一つだ。現代では家族や地域、あるいは学校といった既存の組織やコミュニティが機能不全に陥ることが増え、企業もかつてのような家族的な共同体としての性格を弱めている。雇用形態や個人のライフスタイル、価値観も多様化し、他者との間で「私たち」という実感を共有することも難しくなった。その結果、組織やコミュニティから切り離されて浮遊する個人は、かつてないほど孤立しやすくなっている。そのような社会環境のもとで、「居場所」を得ることは誰にとっても切実でありながら、さほどたやすいことではない。「居場所」は単なる物理的な場所のことではなく、そこに自分が居てもよいのだという安心感や、人とのつながりや自己の存在意義を感じられる状態まで含むものだからだ。だからこそ「居場所」を得られない状態が長く続けば、個人のウェルビーイングはあらゆる面で低下していく。そのような状況に陥る人が多い現代の特徴をふまえれば、「居場所」の感覚を取り戻すきっかけを提供してくれるエクササイズには高い価値があると言える。

右の考察から一歩進めれば、お祭りやそこで用いられる和太鼓がもともと持っていた機能に関する一つの仮説が成り立つ。日本では各地でお祭りが活発に行われていた頃の方がコミュニティの絆が強く、個人の孤独感は少なかった。現代との社会構造の違いなど理由はさまざまだが、お祭りじたいにもコミュニティの絆を生み出したり強めたりする機能があった。その機能を生み出す要素の一つはお祭りの由来といったコミュニティごとの意味付けだが、それとは別に、祭りの中に参加者のポジティブ度を高め、「居場所」の感覚を生み出すエクササイズ的な要素が埋め込まれていたのではないだろうか。奏者たちに「居場所」の感覚を喚起する和太鼓はその一つであり、これは日本の伝統的な地域文化に内蔵されてきたエクササイズだと考えられるのである。

和太鼓の意義はすでに海外でも知られて実習され始めているが、それを用いたエクササイズは日本発のポジティブ介入、すなわちポジティブエクササイズとしても海外の人々に知ってもらう価値があると、私は考える。アメリカをはじめとする欧米のエクササイズの多くは、個人を単位とするエクササイズが多い。それはそれで重要なのだが、和太鼓はもともとお祭りで使われていたものだから集団の中で実演される。和太鼓を演奏するという行為じたいの中に、集団との関係が組み込まれているのが一つの大きな特徴なのだ。コミュニティとのつながりの感覚、日本人が言う「居場所」の感覚を求めているのは日本人だけではないだろう。

そう考えたとき、新型コロナウイルスの急激な感染拡大期、テレビニュースで見かけた海外での一つの光景が思い出される。ニュース映像が映し出したのは、ロックダウン（都市閉鎖）が実施されたイタリアの都市の街角だった。外出が禁じられた街で、窓際やバルコニーに立つ地域住民たち。通りに向かって立つ彼らは歌を合唱していた。それが誰の発案で生まれた試みだったのか、私は詳しく知らない。だが、街の一角の住民たちが歌を合唱する姿は、コミュニティのつながりが寸断されかねない状況に追い込まれた人々が期せずして生み出した一種のお祭り、コミュニティのウェルビーイングを維持するためのエクササイズのように思えた。そんな感慨を抱いたのは、イタリアが日本に次ぐ高齢社会であり、パンデミックが起こる前にはイタリア人研究者が私たちと協力して「エクサドン」を同国にも紹介して効果を測定しようとしていたからだ。「エクサドン」もまた、個人とコミュニティとの関わりを醸成し、「居場所」を体感するエクササイズである。

このように、日本の伝統芸能やお祭りなどの中には、コミュニティの活性化や孤立しがちな人々のポジティブ度の向上や、社会的包摂を可能にするエクササイズのヒントが含まれている。これには伝統文化の保存や継承、観光資源の開拓といった文脈とは別に、社会全体として注目すべき価値がある。社会の個人化と高齢化が進む中では、医療や福祉にとってこうしたヒントが持つ実践的な意味は思いのほか大きいからだ。具体的に、認知症を抱えた高齢者の場合で考えてみよう。

先にもふれたが、今回の実証研究では、「エクサドン」に認知レベルそのものを明確に向上させるような効果は見いだせなかった。けれども、「エクサドン」が高齢者のウェルビーイングを高め、明る心理状態を生み出すことは明確になった。共に和太鼓を敲く隣人との間に人間関係を感じ、「居場所」の感覚を得ることは、認知症を抱えた高齢者自身にとっても、介護にあたる家族や施設関係者などにとっても大きな実益がある。

認知症を抱えた人の心の中でネガティブな心理の比重が高まってしまうと、BPSDと呼ばれる行動症状が表れ、暴力や暴言などの頻発へとつながる場合がある。すると家族の負担があまりに大きくなり、施設に預けざるを得ないケースも出てくる。施設で同様の状態に陥ればますます本人の「居場所」は狭められ、介護にあたる職員の負担も増す。一方、本人のウェルビーイングのレベルが高く、ポジティブな心理状態が保たれていれば、認知能力そのものは残念ながら低かったとしても、穏やかに家庭生活や社会生活を営むことができるだろう。これは本人が認知症を抱えながらも「成功した加齢」を生きることにつながるだけでなく、家族や地域といったコミュニティにとっても明らかにプラスになる。結果として家族や施設の介護スタッフの負担を抑制することにつながり、社会が投じる労力や金銭的負担も抑えられるからだ。実際、新型コロナウイルス問題が起こる前には、ある介護施設で検証実験が始められていたところだった。

以上のように、和太鼓エクササイズ「エクサドン」は認知症を抱えた高齢者を社会に包摂するアート（技術）になりうる。この種のアートが現場に蓄積され、社会で幅広く共有されることで、医療や福祉は高齢者のウェルビーイング向上を「可能にする」組織・制度へと発展できる。ポジティブ医療やポジティブ福祉が現実のものになるわけだ。それは「成功した加齢」、ひいては「ポジティブ健康」を求める社会全体にとって間違いなく「善いこと」である。

共通善――社会全体にとっての「善いこと」

「成功した加齢」を可能にする条件は、一つではない。まず、生活していけるだけのお金がなければ、人は安定した老後を過ごすことはできない。また、他者との関係を築ける場やきっかけが散在していなければ、人は自分の老後をうまく社会関係に編み込むことができない。さらに社会関係や明るい気持ちを醸成するのに効果のあるアート（技術）が提供されなければ、せっかくのお金や機会も生きないだろう。

「エクサドン」の場合は、民間の和太鼓集団が地域の医療者と協働し、その成果を地域社会に還元するというつながりに恵まれて生まれた。だが、これを長続きさせたり各地で同様の取り組みを掘り起こしたりするには、偶然の出会いに任せるのではなく社会全体として後押しする必要がある。その出発点になるのは、ポジティブな方向へのウェルビーイングの向上が、社会全体にとって「善いこと」だという認識の共有だ。公共哲学では、このように社会全体にとっての「善いこと」を「共通善」という言葉で呼んでいる。

「共通善」は医療や福祉などの領域に限らず存在しており、担い手も各分野の専門職に限られない。例えば、新型コロナウイルスのパンデミックの際、感染拡大を防ぐことは社会にとって疑いようのない共通善だった。海外からの帰国後、二週間にわたって自宅その他で経過観察のために待機した人は、この共通善の実現のために「善き行い」をしてくれたことになる。感染拡大の見地から営業を自粛したさまざまな飲食店、商店やその従業員なども同様に共通善に貢献したのだ。こうして、人は社会的地位、雇用形態などに関わりなく、その時々の社会状況に応じてさまざまな形で共通善を担う。

病気の治療や弱者保護を中心とする従来の医療や福祉にせよ、ポジティブ医療やポジティブ福祉にせよ、医療・福祉の充実は「共通善」の典型だ。その中で「エクサドン」のようなエクササイズが開発されて実践されることもまた、「成功した加齢」につながる共通善の一つである。

ところが、現代人や現代社会がなじんでいる考え方やその指標の下では、せっかくの「善いこと」の「善さ」が認識されないことが多い。例えば「エクサドン」に効果があるという現場の実感も、心のネガティブな側面に目を向ける従来の医学的な視点では必ずしも表現できなかった。従来の指標のもとでは、人が永福（永続的幸福）に至るための試みが共通善として認識されず、社会的支援を受けられずに埋没してしまうということがしばしば起きがちだ。しかも、問題は単に現場の実感と調査法のズレという点にとどまらない。現代社会では何が共通善と言えるのかを社会全体で明らかにしたり、その共通善を社会システムとして後押ししたりするという考え方そのものが乏しいのだ。

＊

社会の資源配分のあり方を決めるのは政治である。私たちの価値判断とそれに基づく行動選択に応じ、徴税（誰から優先的にお金を取るのか）や予算配分（誰に優先的にお金を提供するのか）のあり方が決められるし、さまざまな規制（してはならないことやするべきこと）も定められる。では、私たちは政治を通じて、医療や福祉をはじめとする社会保障に関してどのような価値判断と行動選択をしてきたのだろうか。一つの象徴的な事例を通して考えてみよう。

新型コロナウイルスのパンデミック以前、日本の医療政策は地方医療の効率化、スリム化を目指していた。医療費抑制の観点から、地方の多くの医療機関の病床を「過剰」とみなし、診療実績が少ない医療機関などの統廃合を呼びかけていたのである。

ところが、パンデミックに見舞われた日本社会は、「医療崩壊」という言葉を連日耳にすることになる。感染拡大により、感染患者を受け入れられる施設や病床、スタッフ、資材の余裕が乏しくなり、それが他の一般的な疾患を抱えた患者の治療、さらには救急患者の受け入れまでも圧迫しはじめた。限界を超えたときに生じるのが医療崩壊であり、崩壊リスクが極めて高いとされたのが地方医療だった。感染拡大が生じてしまうと地域の医療は余力を失い、たちまち機能不全に陥る。端的に言えば、私たちは少し前には「過剰」というレッテルを貼られた地方医療の余力の「不足」を目の当たりにし、その脆弱性におびえる事態に直面したのだ。

パンデミックの前と後を対比的な構図で考えるのは、じゃんけんの「後出し」には違いない。また、高齢化に伴う医療費の増大は事実であり、その抑制に向けた医療の効率化を支持する声が国民の中にあることも確かだ。

だが、わずかな間に起きた劇的な事情の変化は、複眼的な価値判断の必要性を実感させる教訓だった。医療や福祉が市民の生命や健康の維持・向上という共通善を担う社会の基幹的な部門の一つであり、経済性や効率性という視点で合理化すればよいというものではないことを、私たちは身に染みて思い知らされたのである。

ここで、ピーターソンが「可能にする制度」で指摘していたことを思い出そう。企業などは、一般的には収益性をはじめとする経済的合理性の観点から評価されやすい。だが、ポジティブ心理学は、構成員や周辺の人々のウェルビーイングを高めることに寄与しているか否かという観点からも評価すべきだと考える。医療や福祉などでは、なおさら同じことが言えるはずだ。医療や福祉を経済的合理性の観点から切り詰めることは、社会の構成員の不安を増大させ、ウェルビーイングを低下させる。裏返せば、医療や福祉に一定の余力を持たせることは、それじたいが社会のウェルビーイングの維持に必要な共通善であることが今回の事態から明らかになったわけだ。

このパンデミックの下、医療従事者の業務は煩雑化と増加の一途をたどった。その背景の一つもまた、以前からの経営合理化による余力の乏しさだったと言われる。医療現場の労働環境の厳しさは従来から指摘されていたが、その抜本的な改善がなかったところにパンデミックが起きた。一方、保健所など保健行政の現場も、人員の削減政策によって減少したスタッフで感染対策の膨大な業務をこなさなければならなかった。さらに街に目を転じれば、普段から炊き出しに頼って命をつないできた路上生活者に食の提供を絶やすまいと努めたのは、これまたスタッフの数も資金も乏しい民間のボランティアたちである。もともと限られた人手とお金しか与えられていなかった中で苦闘するこれらすべての人々が、本人の天職意識を支えにしながら社会的な危機の中で共通善を担ったのである。

この事態をふり返って、私たちは自問すべきだろう。これら共通善を担う人々やその組織、制度に対し、パンデミック前の私たちの社会は、その善にふさわしい人材やお金などの資源を提供していただろうか。あえて素朴な言葉で言えば、私たちが政治を通じて示してきた価値判断や行動選択の中に、共通善を担う人や組織に対する「引き受けてくれてありがとう」や「よろしくお願いします」は、正しく位置づけられていたのだろうか。

むしろ私たちは経済性や効率性といった尺度のみに左右されやすく、道徳的な価値判断を政治に持ち込むことを怠りやすい。例えば、医療や福祉、保育などの人手不足が指摘されてきたにもかかわらず、これらの分野に従事する人々の賃金水準は低いことが少なくなく、その引き上げペースも鈍かった。この人々が担う共通善の「善さ」について考えるより先に人件費の抑制を考えてしまう風潮は、市民の間にもあったはずだ。

このような価値判断が主流化している中では、「エクサドン」のように、ポジティブ医療あるいはポジティブ福祉の観点から編み出されるアートも、いわば「おまけ」のようなものとしてしか受け止められず、社会的に促進すべき課題としての位置を与えられずに終わりやすい。医療や福祉は病気などのネガティブな状態さえ解消してくれればよく、わざわざ人手やお金をかけてまで「善いこと」を目指す必要はない。多くの人が、そのように考えてしまうのである。

現代社会がなじんできた考え方のもとでは、「善いこと」なのだから人やお金を割いて促進しようという政治的判断が生まれにくい。それは、これまでの市民社会が、例えば先の「ありがとう」や「お願いします」を社会システムの中で表現する政治哲学的な理論、比喩的に言えばこれらを表現するのに必要な「文法」を身につけてこなかったからだ。その背景にあるのは、「善いこと」「善い行い」とは何かという価値判断を避けてきた近現代の主流政治哲学の存在である。

リベラル・コミュニタリアニズムが提起するもの

第二章の終わりで述べたように、ポジティブ心理学にはその概念や理論の一部に福利型の哲学・思想との共通性がありつつも、全体としては古代東西の哲学・思想に源流を持つ美徳型の哲学・思想との親和性が高い。永福（永続的幸福）ないし善福（エウダイモニア的な善き幸福）の実現につながる「善いこと」を促進するための美徳を見つけ、その美徳の発現を通じてウェルビーイングの向上を目指す。それは美徳型の哲学・思想の現代社会における有効性を、科学的方法で裏付ける実践的科学だ。例えば「エクサドン」も認知症を抱えた人なりの人生の開花を促進する試みであり、福祉の現場における美徳型の哲学・思想の実践としてとらえられる。それでは、政治・経済のあり方について考

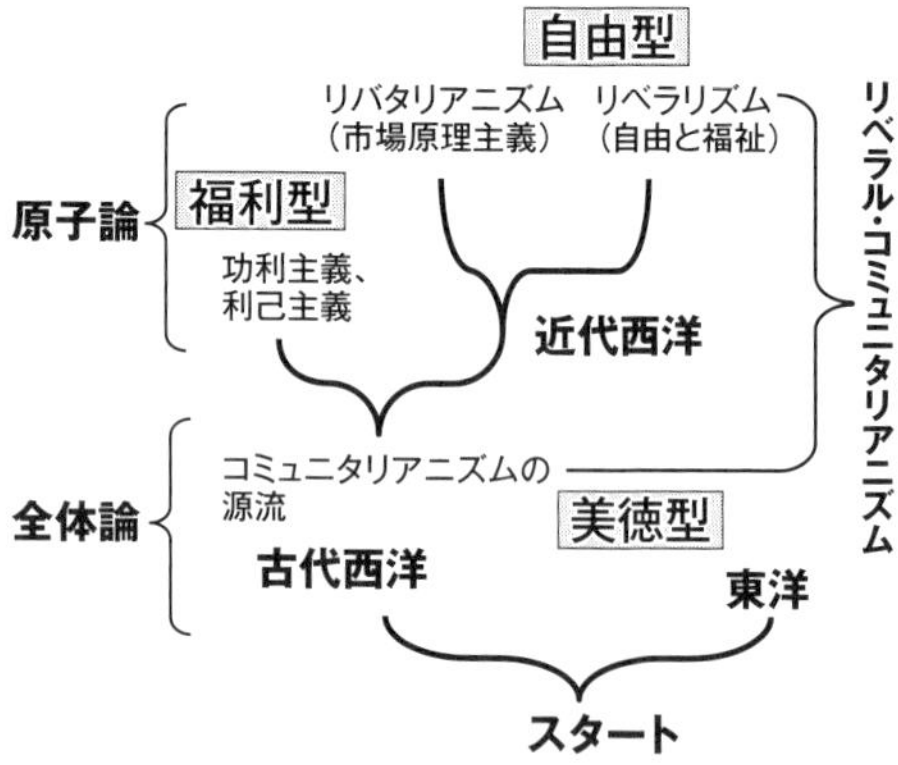

図8：政治哲学の概括的展開　前野隆司・小林正弥対談で前野氏作成の図を筆者が改訂したもの。

える政治哲学の世界では、美徳型の哲学・思想はどのように位置づけられてきたのだろうか。[4]

　私は現代の政治哲学は、大きく「福利型」、「自由型」、「美徳型」の三つの類型に分けられると考えている（図8）。「福利型」というのはすでに述べたように、個人の利益の拡大を求める利己主義や、快楽の総和を追求する快楽主義に代表され、幸福を「快楽」や「利益」を中心に置いて考える。これは、戦後日本の高度成長時代を考えるとイメージしやすい。経済成長を遂げてひたすらGDPを増やしていけば、みんながいろいろなものを買えて喜びや快楽が得られるという発想である。ここからひたすら経済成長を目指すことが政治の目的だという考え方が生まれ、かつての自民党が主導した戦後政治はこの考え方を軸に展開していた。

　だが、近年の政治哲学では、それに並び立つ「自由型」の考え方が主流派を形成している。「自由型」は文字通り個人の自由を重視する考え方だが、経済的な「自由」を強く主張するリバタリアニズム（自由原理主義）と、個人の社会的な「人権」の行使を重視するリベラリズムとに大別できる。近年の現実の政治・経済の世界は、リバタリアニズムとリベラリズムとの対立を軸にして進んできたのである。

リバタリアニズムは経済的な面で見ると、グローバル化以降の世界を席巻してきた市場原理主義的な経済政策と重なるところが多い。自由の中でも経済的自由を特に重視し、私的所有権の徹底した尊重を求める考え方だ。この考え方のもとでは何よりも市場経済における自由が重視され、国家は治安や市場のルールの維持以外のことをすべきではないとされる。したがって、リバタリアニズムは富裕層への課税に結びつく所得の再分配や福祉の充実などには反対する。第一章で見た『リトル・ダンサー』でイギリスの炭鉱の合理化を強行したサッチャー政権は典型的なリバタリアニズムの政権であり、社会保障の切り詰めと多くの産業の民営化を断行したことで知られる。日本で言えば、国鉄（日本国有鉄道）の民営化を断行した中曾根政権（一九八二～一九八七年）の政策がこれに該当するし、規制緩和と郵政民営化を実行した小泉政権（二〇〇一～二〇〇六年）の政策もリバタリアニズムに立脚していた。先述した医療や保健所の削減政策も、この思想に基づいて行われたものだ。

一方、リベラリズムの方も個人の自由をはじめとする権利を重視するのだが、福祉を受ける権利を擁護するのが特徴だ。一九七〇年代にロールズ（John Bordley Rawls）が提起して広まった政治哲学に立脚しており、日本で言えば自民党政権の揺らぎを機に誕生した民主党政権の中で、菅直人政権（二〇一〇年）に代表される立場である。

リバタリアニズムとリベラリズムは、政策的には経済的効率性を重視するか福祉を重視するかという点を中心に対立し、一九八〇年代から現在に至るまでその対立は続いている。ただ、政策的に対立は激しいものの、どちらも基本的論理として「自由」を志向する点で共通するうえ、両者とも近代西洋が生み出した「個人」の概念を基礎にして成り立つ。物理学が原子を最小単位とするように社会の基本単位を「個人」と考えるところから、二つの「自由型」を「原子論」的な政治哲学と表現することもできる。このことが、二つの「自由型」に共通する大きな思想的特徴をもたらすことになる。リバタリアニズムもリベラリズムも、個人に立脚するがゆえに、公共政策を考える際に個人を超えた人々やコミュニティ、そこで育まれる価値観・世界観を考慮外に置いてしまうのだ。

今日の世界では、個人の間で価値観・世界観が異なる。したがって、特定の価値観に基づいて公共政策を行うと、他の価値観や世界観を持つ人々が抑圧されたり不利益を被ったりすることもあり得る。そこで、リバタリアニズムもリベラリズムも、価値観・世界観をめぐって人々が合意することは困難だとハナから考え、何が「善いこと」であるかという価値判断は棚上げして、公共政策の正しいあり方をもっぱら個々人の「自由」についての「権利」に基づいて考えようとするのだ。「権利」だけは、価値観・世界観の相違を越えて人々が合意できると考えるからだ。したがって、「自由型」の政治哲学のもとでの「正義（ジャスティス）」とは事実上「権利」と同じ意味になる。英語では「正しい」はright（ライト）であり、「（諸）権利」も同じrights（ライツ）だから、「正義」と「権利」が結びつきやすいわけだ。逆に何が「善いこと」なのかはあえて問わないのだから、社会全体にとっての「善いこと」、すなわち共通善についての合意も正義とは切り離される。したがって、共通善を担う人や組織に対する「ありがとう」や「お願いします」は、社会政策として表現しにくくなってしまったわけである。

だが、それでいいのだろうか。経済政策も含めた政治のあり方を考えるとき、価値観・世界観に基づく価値判断と行動選択、そこから導き出される「善きこと」や「善き行い」の実現という課題を避けることはできないのではないかと考えるのが、政治哲学の第三の類型である「美徳型」である。その源泉はアリストテレスなどのギリシャ哲学にあり、「自由型」では棚上げされる価値観・世界観に照らした「善き生」の実現も正義や公共政策の判断材料に入れる点に最も大きな思想的特徴がある。

ここまで書けばおわかりの通り、その立ち位置は本書で説明してきた最近のポジティブ心理学に極めて近い。従来の心理学も、価値判断に関わる問題には触れようとしてこなかった。また、ポジティブ心理学は当初、快楽的（ヘドニア的）幸福を中心に考えていたので「福利型」の政治哲学（功利主義）と親和的だった。ところが最近は、幸福に結びつく「善いこと」を明らかにする方向へと発展してきた。今では個人の善福（エウダイモニア的幸福）の内実を明らかにし、それにつながる「善いこと」をさまざまな形で提示するとともに、人々の善福の実現を「可能にする」社会システムのあり方まで検討しようとしている。一方、「美徳型」の政治哲学もまた、「自由型」の政治哲学が価値観・世界観に関わる問題を棚上げにするのとは違って、「善き生」とは何かという価値判断も含めて議論することによって共通善や正義の実現を政治の課題とし、その実現のための社会システムのあり方を考えようとしている。

ポジティブ心理学においてウェルビーイングの向上の基礎となるのは、人がそなえているさまざまな美徳と人格的な強みだった。それと同様に、「美徳型」の政治哲学が言う「善き生」もまた人々の心に宿る仁義礼智信勇などの美徳に支えられて生まれる。だが、正義や美徳は、ひとりでに個々の人間に発現するものではない。人間は宙に浮遊する原子のようにばらばらな存在ではないからだ。生身の人間は家族や学校、職場、友人関係や地域社会、自分が属する宗教や国といった何らかのコミュニティの中で他の人と共に生まれ育つ。人はコミュニティで他者と共に（コミュナルに）生きて行動する中で、「善き生」の基礎となる美徳を培う。それゆえ、「善き生」の実現を図ろうとする「美徳型」の政治哲学は、コミュニティのあり方にも注意を払う。ピーターソンの言い方にならうなら、美徳の発現を「可能にする」コミュニティのあり方を考えるのである。このため「美徳型」の政治哲学はコミュニタリアニズムと呼ばれる。自由型が「原子論」的な政治哲学であるのに対し、人をコミュニティ全体の中でとらえようとする点でコミュニタリアニズムは「全体論」的な政治哲学であるとも言える。

ただ、「コミュニティ」の日本語訳を「共同体」として、たんに「共同体主義」と直訳すると、封建的な共同体への回帰を志向する考え方と同一視されかねない。共同体や国家を絶対視し、個人がその掟などに服従する全体主義的な主張だとの誤解も受けやすい。そこで私は、民主主義における個人の尊重を前提としたうえで共に(コミュナルに)考えて行動するという学問的立場を「コミュニタリアニズム」と表記している。さらに、近代の自由主義の伝統を踏まえて、その弱点を補正する思想であることを明確にするために「リベラル・コミュニタリアニズム」とする呼び方もあるので、本書でも以下ではこの「リベラル・コミュニタリアニズム」という言葉を用いる。

私たちは個人の「自由」や「権利」といった単一の原理に即して行動するだけではなく、コミュニティによって育まれた美徳に照らして共通善を見つける力を持ち合わせている。その力を活かし、民主的な議論を通じて共通善を見つけ、現実の政治・経済に反映させていこうというのが、リベラル・コミュニタリアニズムの基本的な考え方だ。先ほど述べたように、現代社会はごく自然な価値判断として生まれてくるはずの「ありがとう」や「よろしくお願いします」を公共的な制度の中で表現する文法を持ち合わせてこなかった。だが、この価値判断を公共政策に持ち込むことは、社会の構成員の善福を実現するために必要であるし、可能なはずだ。私も含めたリベラル・コミュニタリアニズムのこの考え方を、一つの事例に即しながら説明しておきたい。

ポジティブ心理学とリベラル・コミュニタリアニズムが出あうとき

事例として取り上げるのは、新型コロナウイルスの感染拡大期に見られたマスクの高額取引である。感染拡大によってマスクが品薄になり、薬局やスーパーマーケットなどの店頭でもオンラインショップでも、マスクは高価格で売買された。その状況下で、ある議員（A氏）がインターネットのオークションサイトに大量のマスクを出品していたことが判明し、世論による批判を招いた。報道によるとA氏は自分が経営する貿易会社で数年前にマスクを仕入れており、販売したのは在庫品だった。当時、マスクを入手してはオークションなどに出品して利ざやを稼ぐ「転売」が問題化していたが、在庫品を出品したのであって「転売」とは異なるという。それでも多額の売り上げを得ていたことは厳しい批判にさらされ、A氏は残る出品を取り下げて記者会見ではお詫びの言葉を述べた。

この時、在庫品をネットオークションという市場に供給する行為は、なぜ厳しい批判にさらされたのだろうか。

リベラル・コミュニタリアニズムの立場に立つ政治哲学者マイケル・サンデルの著作『これからの「正義」の話をしよう』の一節（ハヤカワ文庫版、一三-二三頁）を下敷きにして考えてみよう。同書でサンデルは、ハリケーンの被災地で発生した物資の便乗値上げを取り上げている。被災地では被災民の必要物資が不足し、そこに目を付けた便乗値上げが相次いだ。便乗値上げを法的に禁じることが検討された際、法的禁止は妥当か否かをめぐってさまざまな議論が展開された。サンデルはそこで出たいくつかの主張を、思想的な類型に即して整理しているので、今回のマスク問題についても参考にしてみたい。

リバタリアニズムの考え方に立てば、パンデミックのような事態のもとでも物の分配や交換に国家は一切介入するべきではなく、市場での自由な取引に任せるべきだということになる。マスクが高値で取引されれば、在庫を抱えている人はこぞってそれを市場に出品する。結果的に、それは人々にマスクが行き渡る可能性を高めることになる。この理屈にしたがえば、先のA氏の行為も批判するにはあたらない。

一方、リベラリズムの見方からすれば、生命や健康に関わる物資が高額で取引されることは、裕福ではない人を危険にさらすから福祉に反する。しかも、この場合は自由な取引ではなく、天災時の避難などと同様に強いられた状況下での取引だ。福祉の権利を擁護すべき国は、A氏のような行為を禁ずるべきだということになる。

だが、これらの主張とは別に、感情的な次元でマスクの出品に違和感を抱いた人も多いはずだ。平時に在庫品を市場で売りに出すことと、緊急時に人々が命を守るために渇望しているものを売りさばくこととの間には質的な違いがある。どちらも同じ経済行為に見えるが、私たちの中には前者は自由に任せて差し支えない行為だが、後者は控えるべきだという「遠近感」がある。人々が感染におののいているのに乗じて多くのお金を稼ぐことは、強欲ではないかという価値判断が生まれるからだ。

この「遠近感」の源泉となっているのは、【義】(VIAで言う「正義」)という美徳だ。オークションでのマスクの高額取引が中止に追い込まれた背景には、こうした美徳に基づく社会の価値判断も影響したはずだ。A氏自身が謝罪のうえ出品を取り下げた事実からは、当のA氏も美徳を共有していたという見方さえ成り立つ。

このように、公共的な議論に価値判断を持ち込み、何らかの着地点を見つけることは私たちにもできる。リベラル・コミュニタリアニズムは、コミュニティで培われた価値判断を現実の社会的決定に活かすことが重要だと考える政治哲学なのだ。

ただし、ここで罵詈雑言を浴びせてつるし上げのようなことが行われれば、それは【礼節】（「節制」）を失した行為だから共通善に反する。また、サンデルも述べているように、主張される正義や道徳が常に優先されるべきだとは限らない。彼がハリケーンの際の便乗値上げに即して説明しているように、「強欲を認めるという道徳面のマイナスに目をつぶっても」、物資が市場に出回ることを優先する選択もあり得る。美徳型の政治哲学は美徳が万能だと主張しているのではない。大事なのは、社会的決定を導き出す議論の場に「美徳」も持ち込むこと、「ありがとう」や「お願いします」を従来の「自由」や「権利」の概念と同様に判断のよりどころの一つとして位置づけ、共通善を探ることなのだ。

では、何が社会全体にとっての「善いこと」、すなわち「共通善」に該当するのか。政府が独善的に決めれば、異なる価値観を持つ人々が抑圧されてしまう。それは極めて重要な懸念であり、「善いこと」は多様に考えられるからこそ、共通善はあくまでも個々の市民自身の価値判断と丁寧な議論のもとで見つけられなければならない。したがってまず、市民自身が「善いこと」とは何かを熟慮するための目安が要る。

ここまで来た時、私たちは再びポジティブ心理学と合流する。

ポジティブ心理学は、真福（真の幸福）に結びついていくウェルビーイングの構成要素を明らかにし、その状態を数値化する指標を編み出した。世界の多くの文化の間には、ウェルビーイングの向上の基盤あるいは資源となる美徳の公約数とも呼べるものがあることも明らかにしている。ＰＥＲＭＡ

(【心身・知情意・熱意・達人】)やVIA(【仁義礼智信勇】)、数々のエクササイズはその成果であり、人はこれらを計器盤のように用いることで「善いこと」を自分自身の判断で選び取ったり実践したりすることができる。先に私は、問題を「心」から掘り起こすことが、ポジティブ心理学を通して公共的な制度、すなわち社会システムを見る意義であり役割であると述べた。問題を掘り起こしたその先で、ポジティブ心理学は問題の克服にとって何が社会全体にとって「善いこと」なのか、すなわち何が共通善に該当するのかを市民が探る座標軸を提供しているのだ。

もちろん、ポジティブ心理学は実践的科学であって、万能の処方箋を示すおまじないではない。だが、ポジティブ心理学の視点とその成果を用いることにより、私たちは「美徳」を現実の社会システムに持ち込む文法を手にすることができる。「善いことなのだから実現しようではないか」という価値判断に基づく主張が、科学的根拠にも支えられて、「自由」や「権利」に基づく主張と同等の重みをもつものとして社会システムに位置づけられるのだ。

「意気に感じて」行う医療・福祉

「自由型」の一つの潮流であるリバタリアニズムは、政府による市場への介入をいかに防ぐかという方向で学問を組み立ててきた。同じく「自由型」に位置づけられるリベラリズムは、権力による人権の侵害をいかに防ぐかという方向で深化してきた。これらの学問は、権力との関係で生じるネガティブな問題への対処を中心に組み立てられてきたということができる。例えば、近代の政治学はマキャベリやホッブズなどから始まるとされるが、そこでは人間が利己的で自己利益を追求するものであり、放っておけば戦争や独裁などのネガティブな事態が生じたりすると考える。人はそういうネガティブな事態を引き起こすものであるという性悪説的人間観を前提として、予想される問題をいかに防ぐかという視点で近代の社会科学が構築されてきたのだ。

一方、リベラル・コミュニタリアニズムは、人がコミュニティの中で培う道徳をはじめとする価値観に照らし、「善いこと」すなわちポジティブなものの増進を目指す。これは、人はポジティブな状態を生み出すことができるという性善説的人間観に立つ政治哲学だと言える。このこともまた、従来の心理学がネガティブな心理状態の解消に主眼を置いていたのに対し、ポジティブ心理学がポジティブな状態の拡大を目指そうとするのと相似形でとらえられる。

それではリベラル・コミュニタリアニズムとポジティブ心理学が出あうことを通して、医療や福祉では何が可能になるのだろうか。

従来、「自由型」のリベラリズムも医療や福祉の充実は主張してきた。だが、先に述べたように「自由型」の発想のもとでは、価値観・世界観の問題は棚上げにされる。したがって、リベラリズムの主張する医療や福祉は、価値判断を伴わない範囲のものにとどまらざるを得ない。

例えば、所得の低い人々への生活保護の拡大を求めたり、その人たちの公共交通や公共施設の利用料金の減額を求めたりすることなら、リベラリズムの立場からも主張できる。所得水準の低い人は自由や権利が制約されるネガティブな状態に置かれており、それをお金の給付によって是正すべきだという主張だ。所得水準という一律の基準で給付するわけだから、価値判断が介在する余地は少ない。

一方、生活に困窮しているとまでは言えないが、メンタルな問題を抱えることで苦境に陥っている人への支援についてはどうだろうか。例えば、メンタルな問題ゆえに職場にうまく「居場所」を築くことができず、生きづらさを抱えている人は大勢いる。これらの人々が問題を克服するには、本来ならセミナーでアドバイスを受けたりメンタルヘルスに焦点をあてたプログラムに参加したりすることが必要だ。

だが、その種の取り組みが本人にとっては「善いこと」だとしても、リベラリズムの立場ではそれを公的に支援せよとは主張しにくい。一律の基準でお金を配る生活保護などと異なり、メンタルな問題をどの程度深刻にとらえるかは個人の価値判断によって変わるからだ。困窮しているわけではない者に支援は不要だという立場もあるだろうし、支援するなら他の趣味や娯楽なども支援しなければ不公平だという意見もあり得る。したがって、なぜ生活に困窮しているわけでもないのにメンタルな面での改善を支援するのかということを、自由や権利の侵害の是正という文脈で説明し主張するのは難しいのだ。

これに対して美徳型のリベラル・コミュニタリアニズムは、メンタルな面での健康を後押しすることは「善き生」につながり、市民が「善き生」を生きることは社会にとっての共通善であると主張する。心のポジティブな面を増進させることによってウェルビーイングが高まり真福（真の幸福）に至るという、ポジティブ心理学が明らかにしてきた現実があるからだ。しかもメンタルヘルスを後押しすることでより多くの人が社会で活躍できるようになることは社会経済にとってもプラスであり、それは一般の趣味や娯楽と比べて優先されるべき「善きこと」だ。熟議の上でこのような価値判断を思慮深く持ち込み、共通の善に即した政策の実現を目指すのである。

例えば、メンタルヘルスに関わるプログラムを実際に受講する人に受講費用を支給する。それは、問題を深刻に受け止めて何とかしたいと考えている当事者の「意気に感じて」行う支援だ。所得水準に応じた広く薄くの支援ではないから、無駄遣いは生じにくい。また、医療や福祉の現場の間で蓄積されたポジティブ健康に向けたアート（技術）に光を当て、この種のアートの開発を公費で後押しすることもできる。医療や福祉に従事する人々の給与を大きく引き上げるという特定の目的のもと、医療機関や福祉施設に補助金を出すことも考えられる。共通善を担おうという人々の「意気に感じて」、社会としての「よろしくお願いします」を形にする政策である。

その原型になるような考え方が、イギリスのブレア政権（一九九七〜二〇〇七年）が掲げた「第三の道」と呼ばれる政治路線に強い影響を与えた社会学者アンソニー・ギデンズ（Anthony Giddens）によって提唱されている。ギデンズはリベラル・コミュニタリアニズムやポジティブ心理学の系譜に直接連なる学者ではないが、彼もまた福祉が本来はウェルビーイングの実現に関わる概念であることに目を向け、二〇世紀末の時点でポジティブ福祉（心理的側面も含めてウェルビーイングを向上させる福祉）という言葉を提起した。社会民主主義の刷新を考えたとき、旧来の社会民主主義やリベラリズムの主張する経済的給付や優遇措置といった再分配政策には財政難の中では限界がある。そこで彼は、福祉の担い手として個人やNPO、NGOなどの市民社会を重視し、生活費の支給よりもむしろ人的資本に対する投資の重要性を説き、ポジティブな福祉社会を作るための社会投資国家を提唱した。[5] 彼は福祉に携わる労働のポジティブな再配置を政府が支援すべきだとしているが、それこそが先に述べた「意気に感じて」行う福祉である。

ある人がやっていること、やりたいことが「善いこと」であるならば、開花させるのに相応しいものを提供する。それが本当の意味での公正であるという場面が、社会には数多く存在する。例えば、「善いこと」に取り組んで社会に貢献したいという気持ちを持つ人がいれば、たとえその人が困窮していないとしてもその「意気に感じて」後押しする。あるいは、共通善を担おうという人の「意気に感じて」、それらの人の処遇改善や支援に可能な限り予算をまわす。このような文法が政治に持ち込まれたとき、ネガティブな状態を補正するだけでなくポジティブ福祉やポジティブ医療の推進を「可能にする」国家が生まれるのである。私はそれを「ポジティブ福祉国家」と呼んでいる。

3　次世代のための「ポジティブ教育」

ポジティブ心理学的な育児

リベラル・コミュニタリアニズムの考え方にポジティブ心理学が科学的根拠を一定程度与えることによって可能性が広がるのは、医療・福祉の領域だけではない。人口減少が続く日本社会の活力を維持しようと考えるなら、子育てや教育の領域でもこの知見が一刻も早く持ち込まれる必要がある。

日本では働く女性の増加に保育所の増設が追い付かず、待機児童問題が顕在化して久しい。一方で、家庭での児童虐待による痛ましい事件も多発しているほか、先ほども述べたように子どもたちの抑うつ度の高まりがさまざまな形で指摘されている。したがって、「育児支援」とは単に子どもの預け先の確保にとどまらず、親をはじめとする養育者一人ひとりが望ましい子育てのあり方を考える手がかりや、それを実践できるだけの基盤が一体のものとして提供されなければならない。善い子育てを「可能にする」知識や技術、そしてお金あるいは仕事が提供されなければならないのである。そのことを前提にしたうえで、まずは親や養育者による育児のあり方について従来の心理学、次いでポジティブ心理学が何を明らかにしてきたかを見ておこう。

ポジティブ心理学の成立以前から、心理学は親密な人間関係の原初的な出発点である母子関係についての研究を蓄積してきた。そこで確立されたのが、幼児の成長には親ないしは養育者との温かで継続的な関係が必要であるという愛着理論（attachment theory）である。乳幼児が愛着を形成するシステムを阻害されると心身の健全な成長が難しくなり、成長後にまで大きな影響を及ぼす。育児には親や中心的な養育者の愛情が決定的に大事であり、成人後の人格にも非常に大きな影響を与える。逆に言えば、成長してから精神的疾病に悩む人には、養育時に十分ないし適切な愛情を注がれていなかったり、その過程で心が傷ついていたりする人が多いのである。

ところが、人間の行動を「刺激－反応」という考え方でとらえる行動主義的な心理学の影響もあり、罰や報酬による子育てが勧められた結果、子どもをめぐるさまざまな問題が引き起こされてきた。例えば、罰による子育ては子どもにストレスを与えて自尊心を害するなどの悪影響を及ぼし、親子関係の悪化や家庭からの逃避、家出願望を喚起することがある。また、褒美などの報酬を子どもに与えることも、簡単な課題では効果があるが、創造性の必要な複雑な課題ではかえってパフォーマンスを低下させる場合がある。これらが認識されるにつれ、罰や報酬に依存しない「ポジティブな家族」「ポジティブな育児」についての研究が行われるようになった。

まず、二〇世紀のいくつかの研究を通じ、子どもに好き勝手にさせておく「甘やかす親」も、冷たく厳しい育て方をする「処罰する親」も好ましくなく、愛情を込めて温かい言葉をかけながら必要な規則はしっかりと教える「優しく確固たる親」が良いということが判明した。次いでその影響を受け、「ポジティブな規律（ディシプリン）」や「ポジティブ育児（positive parenting）」という概念が登場する。懲罰的ではない「確固たる優しい」育児を通じて子どもたちの心理的な発達を促したり、子どもの問題行動を修正したりする方法が開発されたのだ。[6] ここまではポジティブ心理学に基づく育児法が登場する前史だが、その段階でも「ポジティブ」という言葉が用いられており、すでにポジティブ心理学に類似した議論が現れていたのである。

*

この流れの延長線上にポジティブ心理学はさらに、ポジティブ感情の育成と強みの発揮に力点を置いた育児法を提唱している。例えば、セリグマンは自分の四人の子育てにフレドリクソンの「拡大―構築理論」を適用し、「①子どもたちのポジティブな感情は知的・社会的・身体的資産を増大させ、後の成長に貢献する。②子どもたちのポジティブな感情を強め、上昇螺旋に導く。③ネガティブな感情と同じようにポジティブな感情を大事にし、弱みと同じように強みを重視する」という三つの子育ての原則を掲げた。ポジティブな感情を育むことと、その人格的な強みを伸ばすことの二つを大きな柱とするポジティブ心理学育児法の提唱である。[7]

彼は、子どもがテーブルを叩くと親も叩くなどの「同調ゲーム」、否定的な言葉（「だめ」など）を控えめにして肯定的な言葉（「いい」など）を多用すること、就寝前に幸せな場面を思い出させてその夢を見るようにさせるゲームなど、具体的な八つの方法を紹介している。これらの方法では子どものポジティブな感情の構築が目指されている。

また、セリグマンは子どもの強みを伸ばすために子ども用の強み調査表を作り、「(1) 子どもが強みを示したら、どんなものでも誉めて報いてあげること。(2) 芽生えてきた特徴的な強みを、日常的な家庭の活動の中で発揮できるようにすること（その強みに名前を付けて認識する、など）」を勧めている。

以上のポジティブ心理学育児法の理論的なアウトラインは、次のようにまとめることができる。[8]

①「拡大－構築理論」に基づく育児を目指す。
②特に六歳までは豊かで無条件のポジティブな環境を子どもに示し、子どものポジティブ感情を育む。「拡大－構築理論」の拡大効果によって得られるポジティブ感情の高まりは、子どもの開拓力や創造性、力量を育む。
③遊びなどの過程を通じて子どもは六歳頃までに人格的な強みが徐々に現れるので、親はそれを見つけてやる。
④子どもの生活のあらゆる領域で強みが発揮されるようにすることでそれを育み、ウェルビーイングが増えるようにする。

このうち強みを伸ばす方法を具体化し、弱点に注目するのではなく「強みに基づく子育て」を提唱しているのがリー・ウォーターズ（Lea Waters　メルボルン大学）である。弱点から強みへと注意を切り替えることを、彼女は「強みスイッチ（strength switch）」と呼ぶ。その子育て法も、彼女自身の子育て体験に基づいて編み出された。[9]

詳しく説明すると、まず強みの三要素である「得意（上手にこなせる）」「熱意（楽しんで行う）」「頻度（積極的に行う）」に注目して強みを見つける。その中で「軸になる強み（主力の強み）」と「成長する強み」を育む。「偽りの強み（生来の強みではなく必要に応じて習得した強み）」を多用しすぎず、「弱点」に過度にこだわらない。その後は年齢と発達段階に応じて、ポジティブ心理学の理論や手法を活用する。

また、子どもを褒める時には、「達成やそれを可能にしたプロセスを褒める」方法と、「人格的特性（人間性）を褒める」方法という二つの手法を併用する。前者はキャロル・S・ドゥエック（Carol S. Dweck）やセリグマンが勧めているのだが、行き過ぎると、自分はありのままの人間ではダメなのだという考えに蝕まれる恐れがある。他方で後者には「自分はこういうタイプの人間なのだ」という硬直的な思考に陥り、子どもが新しい課題に挑戦しなくなる危険が伴う。そこで双方を併用し、子どもの行動（プロセスと達成）と強み（ポジティブな能力や性格）の双方を認めて褒めることが望ましいというのだ。

もっとも、ポジティブ心理学育児法がネガティブな問題を回避するわけではない。間違いや問題、弱点を克服して自己制御力を身につけさせるために「しつけ」は必要である。ただ、そのために懲罰などを通じて子どもに恥の感情を抱かせるようなことはしない。重視されるのは、美徳（【義】（「正義」）や【仁】（「人間性」））につながる生来の罪悪感に訴えて内在する強み（素朴な正義感や思いやりなど）を引き出したり、過度な強みの発揮を抑制させたりすることである。それによって問題行動を止めさせ、しつけに結びつけるのだ。例えば、「思いやり」の強みを引き出していじめを止めさせたり、「ユーモア」の強みの使いすぎによる悪ふざけを止めさせたりすることが考えられる。ウォーターズによれば、弱点を修正させるためには、①事前に予告して苦手なことに取り組ませる（準備させる）、②問題となる状況に注意を向けて改善の心構えをさせたり、積極的に弱点の修正に取り組ませたりする（現在の瞬間）、③事後に話し合って改善できた点を見つける（事後の検討）という方法が有効だという。

ポジティブ心理学育児法に至るまでの心理学的な育児観の変遷を概観しても、「目新しさ」を感じないという読者がいるかもしれない。例えば、子どもの強みを褒めて伸ばすことの大切さは、従来から経験的に言われてきたことである。だが、現実の世界では弱点の修正を優先する育児が横行している。例えば、いわゆるお受験の世界では、合格を目指そうとするあまり過度に早い時期から無理にしつけをしようとした結果、幼児が萎縮してしまうことも多いようだ。

ポジティブ心理学育児法は、こうした趨勢に対して強みを伸ばすポジティブな育児の優位性を科学的理論で確証したというところに意義がある。第一章で読み解いた『リトル・ダンサー』で主人公ビリーの父親は権威主義的な育児観を引きずる人物だったが、息子の卓越したダンスを目の当たりにしてその強みに気づかされる。まさに子どもの「得意（上手にこなせる）」「熱意（楽しんで行う）」「頻度（積極的に行う）」に目を向けて強みを知り、それを伸ばすことに力を傾けはじめるわけだ。偽りの強みを多用したり弱点に過度にこだわったりしないという考え方も、幼児の健全な心理的成長のために現実の育児で真剣に受け止められるべきだ。これは、第二章で強みを生かす方法として紹介したリンレイの「リアライズ2」の考え方（一四八頁）と共通している。

＊

このようにポジティブ心理学育児法の概要を見ると、本書の各所で触れたポジティブ心理学のさまざまな考え方の「おさらい」のように感じられるかもしれないが、ある意味で当然とも言える。前述のとおり、セリグマンやウォーターズが述べているポジティブ心理学育児法は、彼らが研究してきたポジティブ心理学の自分の子育てへの適用であり、彼らがポジティブ心理学を家庭の中で実践的に「おさらい」してみた結果にほかならないからだ。

だが、「おさらい」であることは、ポジティブ心理学育児法の持つ大きな「強み」でもある。

育児に外部からの支援や助言が重要であることは言うまでもないが、その具体的な場面の多くを親（養育者）が担っているのも事実である。これは、親の意思さえあれば、誰かの許可をもらわなくても育児のあり方を自由に変えたり工夫したりできることを意味する。つまり、親にその気さえあればポジティブ心理学育児法はすぐに実践できるわけだ。一方、医療や福祉の現場にポジティブ心理学の手法を持ち込もうとすると、その有効性を客観的に明らかにする必要が生じるし、現場の同僚や患者などのクライアントに了解を得ることも必要になる。仕事においても個人的にポジティブ心理学を生かして働き方を工夫することは可能だが、本格的に職場でポジティブ心理学を応用するには企業としての決定が不可欠である。これらと比べれば、育児の仕方は親の腹一つで決めることができる。育児は市民が自分でポジティブ心理学を実践し、その成果を目の当たりにできる貴重な領域なのだ。

しかもポジティブ心理学育児法は「拡大–構築理論」の実践と人格的な強みを伸ばすことが柱になっており、ポジティブ心理学の最も重要な基本理論を育児に即して語る「おさらい」である。この育児法を学ぶことを通じ、親は必然的にポジティブ心理学の基本を学ぶことができる。こうして頭に入れたポジティブ心理学の基本は、育児以外の場面にも適用可能だ。自分の心理的な落ち込みが気になる時にはポジティブ心理学育児法が述べていたことを思い出し、意図的に自分のポジティブ感情を高めるように心がけてウェルビーイングを向上させることができる。転職などの岐路にさしかかった時に強みの発見の仕方を思い出して自分に適用してみたり、職場の後輩の褒め方を工夫したりすることもできるだろう。ポジティブ心理学育児法は育児の方法論としてだけでなく、親つまり大人のポジティブ心理学入門として活用できるのである。

ポジティブ教育

一般の人々がポジティブ心理学の骨格を学ぶことが重要なのは、人のポジティブな側面を意識的に増大させていくことが真福（真の幸福）につながるからである。だが、客観的に見ると、現実の社会にはむしろそれを阻むような力学が存在している。一九八〇年代以降の新自由主義的な経済政策のもとで格差拡大と社会の分断が進行し、さらにこれから私たちは新型コロナウイルス後の世界を生きなければならない。その中で多種多様な生きづらさが生まれ、放っておけばウェルビーイングは低下していく。だからこそ市民には、ウェルビーイングをみずから高める知恵やアート（技術）が必要とされる。その中には、回復力（レジリエンス）やトラウマ後成長に関して見たように、ネガティブな状況をポジティブな文脈に位置づけなおすアートも含まれるだろう。以上の観点から考えると、これから厳しい社会環境に出て行く若い世代こそ、開福（開花による幸福）や善福（エウダイモニア的幸福）に至るための「教養」としてポジティブ心理学を必要としており、彼らにその基礎を学ばせるべきではないだろうか。

それは私が勝手に語る夢物語ではない。日本ではさほど知られてこなかったが、世界的に見るとポジティブ心理学の社会的応用面で最も実証研究が進んでいる分野の一つは学校教育であり、大きな効果が確かめられているのだ。

児童・生徒のウェルビーイングの増進を中心的な目標とする学校教育は「ポジティブ学校（positive school）」という概念で語られることも多いが、セリグマンは従来の理系や文系の知的な教育に加えてウェルビーイングを高める方法を教えることを「ポジティブ教育」と呼ぶ。抑うつなどを防止するとともに人生の満足度を向上させ、より良い学習や創造的な思考を促そうという教育だ。その効果が実証されてきた流れを、以下にざっと紹介しておこう。

一九九〇年、セリグマンはカレン・ライビッチらとともに抑うつ防止のためのペンシルベニア大学・レジリエンシー・プログラム（週に二時間、一二週のプログラム）を開始し、その成果を検証した。プログラムは子どもたちの抑うつの防止や、絶望感、不安感、行動障害の軽減というはっきりした効果を示した。ただし、このプログラムの開始はポジティブ心理学の開始前だったため、用いられたのはカタストロフィー的思考に反論するという精神医学（認知行動療法）の方法だった。[10]

続いてアンジェラ・ダックワースは、フィラデルフィアのマスターマン中等学校の八年生（一三―一四歳、日本の中学二年生に該当する）について、学業に対する自己規律、すなわち自制心の影響がIQによる影響よりも倍ほど高いことを明らかにした。さらにセリグマンたちは、フィラデルフィア郊外のストラス・ヘイヴン中等学校の九年生（一四―一五歳、日本の中学三年生に該当する）三四七人にポジティブ心理学の基礎講座的なカリキュラムを実施し、実施しない対照群と比較した。カリキュラムを経た生徒たちは、好奇心や向学心、創造性に関する強みが向上し、学校における楽しみや没入などのウェルビーイングも向上した。しかも普通クラスでは国語（英語）の成績と書く能力が向上し、ウェルビーイングの向上や強みを伸ばすことが学業に好影響を与えることまで明らかになった。[11]

二〇〇八年からは、ジーロング・グラマー・スクール（オーストラリア最古の全寮制学校の一つ、一〇―一七歳対象）で実証研究が行われた。まず、セリグマンとライビッチ、ペンシルベニア大学のトレーナー一五人がその学校の教職員一〇〇人に九日間のコースでポジティブ心理学の基本理論とエクササイズについて教えた。講座には、この分野で有名な複数の研究者たちも客員教授として協力している。今度はここで学んだ教師たちが、ポジティブ心理学の理論とスキルを生徒たちに教えるとともに、国語（英語）をはじめとする各種の授業やスポーツ、音楽、礼拝や聖職者によるカウンセリングの場でも、教材や主題にポジティブ心理学の考え方を活かすことを試みた。日常の教育活動の中にポジティブ心理学を反映させ、ポジティブ心理学の考え方に基づいて教師と生徒が一緒に学園生活を送るようにしたのである。対照実験は行えなかったが、介入の前と後とでは明らかに学校や生徒の雰囲気が変化し、入学者の質や志願率、寄付金が飛躍的に向上したという。[12]

その後、ポジティブ心理学の考え方を教育に持ち込む潮流は、イギリスやインド、メキシコなど世界各地に拡大した。中でも南オーストラリアの州知事ジェイ・ウェザリル（Jay Weatherill）は南オーストラリア人すべてのウェルビーイング向上のためにセリグマンを招聘していくつかの学校にポジティブ教育を導入し、二〇〇以上の学校が加盟するポジティブ教育・オーストラリア学校という協会も作られた。さらに同知事は州全体でウェルビーイングを定期的に計測し、精神保健サービスと病院でもポジティブ心理学の介入手法を導入している。

また、ブータンでは国王が国民総幸福（Gross national happiness: GNH）を国家の目標と宣言し、これもセリグマンの指導下でアレッハンドロ・アドラー（Alejandro Braun Adler）が二〇一一年に全国規模のポジティブ教育プログラムを実施した。全一八校のうち一一校、五三四七人の生徒が実験群となり、一〇日間の合宿で訓練を受けた校長と教員が、「マインドフルネス」「共感」をはじめとする一〇の人生のスキルを一般の教科とともに教えている。対照群となった七校、三一三八人の生徒と比較した結果、実施校ではウェルビーイングが対照群となった学校よりも有意に高く、学力テストによる成績も対照群よりはるかに高くなった。実験群においては生徒たちの熱心さと忍耐力が高まったことがその原因であることもわかった。同様の実証研究は、さらに規模を拡大してメキシコやペルーでも試みられ、いずれも生徒の熱意と忍耐力の向上によってウェルビーイングや学力が高まることが確かめられている。

このような大規模な実験によって、ポジティブ教育は学生たちの抑うつの減少やウェルビーイングの増加をもたらすだけでなく、学力まで向上させることが明確になった。精神的に良い影響をもたらすことは予想通りの結果とも言えるが、学業にまで好影響を及ぼすことがわかったことによってこの教育の意義は一層決定的になった。[13] もっとも、学力向上はあくまでも副産物であり、ウェルビーイングの向上を全ての若人の生得の権利ととらえてポジティブ教育を普及させていくことが重要だろう。セリグマン自身がそう述べているのである。

＊

さて、それぞれの国の制度などによっても異なるが、ポジティブ心理学を公教育に導入しようとする場合は、一般の市民向けのセミナーや私立学校とは異なる観点からの検討も必要になる。市民向けのセミナーなどの場合、ポジティブ心理学に関心を持つか否か、そのセミナーに参加するか否かは個人の自由意思にゆだねられている。これに対して公立学校の教育は公定のカリキュラムに基づいて実施される公教育だから、保護者や児童・生徒は教育内容を自由意思で選択できるわけではない。ポジティブ心理学に基づくプログラムはウェルビーイングを高めると同時に、強みの増伸を通じて学業成績も上がるという傾向はわかっている。だが、それをカリキュラムとして実施するということは、社会として児童や生徒をそのように仕向けることを意味する。公教育がそこまですべきか否かは、公共的な議論を経て決めなければならない。まさに共通善をめぐる議論である。

何をどこまで教育すべきかをめぐる議論は、めずらしいことではない。例えば、今の公教育であたりまえのように教えられている国語や数学、英語といった教科・科目も、これらの基礎的な知識を備えていることが社会を生きるには望ましいという合意のもとでカリキュラム化されている。近年では長い議論の末、グローバル化への対応を意識して英語（外国語）教育の低年齢化が決まった。一方、議論の結果として公教育への導入に一定の制約が課せられるものもある。その一つが、特定の宗教に基づく教育だ。日本では私立学校でキリスト教や仏教などの考え方を一部持ち込むことが認められ、保護者はそれを知ったうえで子どもを入学させる。これに対して公立の学校では、市民の価値観、世界観は多様であるという観点から、その種の教育は認められていない。ポジティブ心理学を公教育に導入すべきか否かについても、一切必要ないという立場、私立なら可とする意見、公立の学校でも導入すべきだという意見までさまざまな意見があるだろう。

私自身は、ポジティブ心理学の最も基礎的な部分は公立学校の教育で教えられ、これからの市民が一種の教養として共有すべきだという立場をとる。ポジティブ心理学の考え方は個人の心身の健康増進に寄与することが明らかであり、児童・生徒あるいは学生の学業にも好影響をもたらす。また、社会の格差と分断がさらに激化しかねない今、若い世代は心を抑うつ感に乗っ取られたり、不遇ゆえに極論に走ったりすることなく「居場所」や「生きがい」「やりがい」を見つける力と知恵、技法を持つ必要がある。以上に有効なポジティブ心理学の基礎を身につけさせることは、現在の学校教育で課されている高度な数学などの学習以上に必要性の高い共通善ではないだろうか。

「身の丈」より素質に合った教育

もはや旧聞に属するが、二〇二一年度から実施される大学入学共通テストでは、「英語」に導入される予定だった民間試験について、家庭の所得や地域による格差の影響を受けやすいとの批判があった。これに対して一九年当時の文部科学大臣が「身の丈」に合わせて受験してくれればいいと述べ、さらなる批判を浴びた。格差の存在を前提として、いわば「分相応」に受験せよと公言したに等しかったからである。この発言を機に民間試験導入の問題点が知れ渡り、二一年度からの導入は見送られる事態にまで発展した。

さて、文部科学大臣の「身の丈」に合わせてという言葉。それをリベラリズム的な視点から教育の機会均等を軽視した発言として批判することは、もちろん重要なことだ。そのうえで私はリベラル・コミュニタリアニズム的かつポジティブ心理学的な視点から、この言葉の背後にあったであろう「分相応」という発想について考えておきたい。

大学受験の動機が後の就職に備えた学歴の取得であれ、ある分野に対する学問的関心であれ、受験生一人ひとりは自分の美徳や強みを生かしたその先に、それぞれの人生の善福（エウダイモニア的幸福）を展望している。これまで見てきたポジティブ心理学育児法やポジティブ教育は、こうした開花を「可能にする」ための育児や教育であり、それゆえ子どもや若者に潜在する強みの発見やその拡張、補正に力を注ぐ。本来、子どもや若者の「分相応」の「分」とは素質の開花の潜在的可能性や善福への意欲まで含めたものであり、「素質」に合わせて「伸び代」、つまり潜在力を引きだす育児や教育こそが「可能にする」育児・教育である。ヘドニア的幸福との対比で述べたように、エウダイモニア的幸福は長い時間の中に宿るものだからだ。

この考え方に立つなら、教育行政の役割も子どもたちの「素質」に合った「分相応」の教育の環境を整えるところにある。意欲ある市民の「素質」に見合った「分相応」のもの、「伸び代」を引き出すものを提供しなければならないのは、社会システムの側なのである。「素質」や「伸び代」と関わりのない家庭の経済的事情などで不利が生じてしまう試験制度は、教育行政が子どもたちの「素質」に基づく潜在力を引きだす制度設計を怠った証と言えよう。

本当の意味での「分相応」のことを、哲学では「デザート（desert・「適価」または「真価」）」と呼ぶ。このデザート（適価）としての「分相応」の考え方が、日本には乏しい。「身の丈」や「分相応」という言葉が、恵まれない立場に置かれた者の意欲を萎えさせ、エウダイモニア的幸福の開花をあきらめさせる文脈で用いられることが多いのである。これもまた、私たちが政治を通じて意欲や努力を含めた「伸び代」を実現させる文法、本当の意味での「分相応」のものを与える文法を持ち合わせてこなかったからだ。

だが、深刻化が懸念される子どもの貧困問題を見通すとき、右のような文法は非常に重要になる。例えば、阿部彩氏（東京都立大学）が指摘（二〇一七年八月八日付東京新聞）するように、日本では子どもに海水浴の経験やクリスマスプレゼント、あるいはおもちゃなどを与えられない家庭があってもそれを深刻な事態とは受け止めてこなかった。これらは成長過程の「おまけ」のようなもので、飢えたり病気になったりしているわけではないから、余裕のない家庭の子には我慢させるのが「分相応」の子育てだ――。そう考える風潮があるからである。医療や福祉で見たのと同様、「自由」や「権利」を根拠とするリベラリズムの視点だけでは、こうした風潮にあらがうことが難しい。子どもの経験や遊具の欠如は、経済的貧困のように明らかに自由や権利をはく奪されている状態とは異なるとみなされやすいのだ。

　これに対し、問題をポジティブ心理学的な視点で「心」から掘り起こせば、子どもの将来の善福を「可能にする」社会システムを構想することができる。子どもの強みは、遊びをはじめとする多様な経験を通じて発現するものであり、それを見つけて伸ばしてやるところからポジティブ心理学育児やポジティブ教育が動きはじめる。その先に「拡大 - 構築理論」を通じた開花があることを考えれば、子ども期の経験や遊具などの欠如は上昇の螺旋階段の最初の段をあらかじめ奪うのに等しい。だが、強みをはじめとする子どもの「心」のポジティブな側面を開花させることは子どもの心身の健康や発達を促し、学業や将来の職業、社会活動でのパフォーマンスを高める。その先に、個々人のエウダイモニア的幸福が実現し、それは社会全体にとってもプラスだ。したがって、ポジティブ心理学的な視点で現実を直視した時、経験や遊具、デザート（適価）としての教育環境を提供することは「おまけ」でもぜいたくでもないことが容易に主張できるはずである。

＊

　さて、今まで見てきたことからわかるように、ポジティブ心理学がエクササイズなどを通じて個人に働きかけることが比較的容易な医療や福祉、育児や教育の分野でさえも、それを「可能にする」社会システムが必要とされている。システムの実現には、政策の選択に素直な価値判断を持ち込むことで共通善を探ろうとするリベラル・コミュニタリアニズムの考え方が有効であることが多い。では、何が共通善と言えるのか。その判断の手がかりを与えてくれるのは、当のポジティブ心理学である。つまり、ポジティブ心理学とリベラル・コミュニタリアニズムはお互いの中に自分を活かしあう形で結びつき、個人と社会の両方に善福をもたらす新たな学問体系あるいは思想潮流へと成長する可能性を秘めているのである。このような学問体系ないしは思想潮流が求められているのは、社会システムの根幹とも言える政治・経済の分野においても同様である。次節以降ではそのことを見ていこう。

4　ビジネスの成功を導く「ポジティブ組織学」

善きビジネスとは

従来、経済のあり方はマクロな次元からミクロな次元に至るまで、功利主義的な経済学の視点から考えられることが多かった。この考え方のもとでは国の経済で言えばＧＤＰが拡大することが望ましく、収益の大きな企業が優良企業、売り上げを伸ばした営業マンが優秀な営業マンだということになる。だが、ポジティブ心理学は、右のような見方だけが経済活動を評価する視点ではないことを実証的に明らかにしている。ミクロな次元からマクロな次元に至るまでの経済活動を、それが個人や社会にとって善いものかどうかという観点から評価し、善き発展や繁栄を実現していくための課題を探る。こういった幸福には、まさに「栄福」（繁栄による幸福）という言葉がふさわしい。それが経済活動の領域でポジティブ心理学が担おうとしている役割なのである。具体的に、まずは個人と直接関わる仕事やビジネスという領域から見ていこう。

第一章で述べたように、ポジティブ心理学が一般の人々の大きな関心を集めてきた理由の一つは、仕事やビジネスの成功に役立つと考えられはじめたところにある。個人が「心」のあり方を変えることで仕事や学業の成功につながり、その達成がさらなる成功を呼び寄せる。ポジティブ心理学の観点からすれば、仕事やビジネスの成功に役立つのは事実である。

だが、ポジティブ心理学は現時点での企業や職場のあり方を前提にしたまま、働き手側の「心」のみに変革を迫るものではない。仕事やビジネスを考える際にも問題を「心」から掘り起こしていくことが重要であり、働き手をはじめとする人々のエウダイモニア的幸福をもたらす企業や職場のあり方を検討することも大きな課題なのだ。

ピーターソンの「可能にする制度」（一七八頁）の概念から明らかなように、ポジティブ心理学は仕事やビジネスの成功を単なるお金儲けではなく、道徳的な意味での「善き仕事」や「善き組織」を可能にすることを通じて達成されるものと考える。さらに言い添えるなら、ポジティブ心理学は善き仕事・組織がお金儲けと矛盾しないどころか、前者が後者にとってプラスになることも明らかにしている。個人のウェルビーイングを高めることが、企業の業績の向上にもつながる。その点から見ても、企業をはじめとする組織は、個人がウェルビーイングを向上させることを「可能にする」組織でなければならない。ポジティブ心理学を通して仕事やビジネスを考えるとき、これは外すことができない視点である。では、これまでポジティブ心理学がこうした視点を確立してきた流れをたどろう。

＊

ポジティブ心理学の創始者の一人であるチクセントミハイは、ハワード・ガードナーやウィリアム・デイモンとの共同研究を『善き仕事——卓越性と倫理が出会う時』（二〇〇一年）という本にまとめている。[14] ここでの「善き仕事」とは「社会全体の広い範囲に便益をもたらすような優れた質を備えた仕事」という意味であり、副題には質の高い仕事と倫理観・社会的責任の両立という問題意識が込められている。意義のある仕事と働き手の天職意識の出会いへの期待だ。

だが、現代において、働き手がこれらの道徳的価値を貫徹するのには困難が伴う。技術革新による仕事の変質や利潤追求の風潮の強まり、市場が求めるもののレベルの低下などにより、天職意識を持った働き手であり続けるのが難しいからだ。その中にあって、個人が現代的な天職意識を抱けるようなビジネスをいかに作るか。チクセントミハイはそれを、続く著作『善きビジネス——リーダーシップ、フロー、そして意義の形成』（二〇〇三年）の中で提案した。[15] 彼自身のフロー理論に基づき、善きビジネスの条件を示したのだ。

チクセントミハイによると、善きビジネスの実現のためには、リーダーには売り上げなどの業績面での成功だけでなく、より広い社会的目標に対する責任が求められる。それを前提にしたうえで管理職は、働き手がフロー（没頭・没入・熱中）を実現できるように「職場の状態を魅力的にする。仕事を意義と価値あるものにする。勤労意欲を引き出す」必要がある。そのためには物理的環境の改善と働く人々の態度の改善の両方が必要であり、特に後者のためには自由に積極的に行動して自分の仕事を統御し、仕事に関する決定に参加できなければならない。どうすれば仕事が意義あるものになるかを、働き手自身が考えたり発言したりできないような職場ではフローは起きないのだ。

また、従業員の心理的幸福を考えたり、その個人的成長に関心を持ったりしながらフローが起きる機会を作ることも必要だ。リーダーには、人々に義務以上に喜んで仕事をする気を起こさせるような創造的なビジョンつまり「魂」を持ち、人々を惹きつけることが求められる。チクセントミハイが具体的に挙げるのは、「①（抜きんでた存在になって目標を達成するために）ベストを尽くす、②（従業員や顧客、業者やコミュニティなどの）他人を助ける、③（コミュニティや世界において）より良い社会を築く」という使命感である。リーダーの使命感に敬意や共感を抱いてこそ、従業員の間にフローが生まれるわけだ。そのためにはリーダー自身の「楽観主義」や「誠実さ」、「志の高さと粘り強さ」、「好奇心」、「他者への共感と互いの尊敬・信頼」といった人格的特質、つまり前章で見た美徳と強みが大きな役割を果たす。

歴史的に見れば、右のような善き仕事、善きビジネスの思想的原則は、宗教的に形成されてきたものと言える。「天職意識」が神の期待に応じて使命を果たすという「召命」に由来する概念であることはすでに述べたとおりだ（六二頁）。日本でも老舗と呼ばれる企業の社訓の中には、儒教の概念を用いて右のような美徳や強みの重要性が語られているものが多い。元来は洋の東西を問わず、仕事やビジネスは高い精神性を伴うものと考えられていたわけである。チクセントミハイの問題意識は、こうした精神性を現代の仕事やビジネスの中に再発見していこうというものでもあるのだ。

以上のような問題提起が出発点となり、ポジティブ心理学は仕事・ビジネスの領域にさまざまな影響を与えはじめる。

まず、産業組織論の研究者たちの間には、ポジティブ組織行動論という考え方が生まれた。その中から、自己効力感や楽観主義、希望、回復力（レジリエンス）という四つの要素で計測される「心理的資本」という概念が生まれ、それを人為的に発展させることで職場の業績が向上することが実証された。ポジティブ組織行動論からの流れで重要なのは、仕事への熱心な関わりがワーク・エンゲイジメント（work engagement）、あるいは従業者エンゲイジメント（employee engagement）という概念で示されたことだろう。[16]

オランダのウィルマー・B・シャウフェリ（Wilmar B. Schaufeli　ユトレヒト大学）は、バーンアウト（燃え尽き症候群）を減らしたり予防したりすることを研究テーマとしてきた。だが、仕事においてもネガティブな事態の防止がただちに働き手の幸福に結びつくわけではない。そこで、彼が提起したのが「ワーク・エンゲイジメント」の概念だ。仕事に関してポジティブで充実した心理状態であり、仕事への「熱心なかかわり方」を指す。日本語では「仕事熱心」とか「精勤」「精励」「勤勉」などに該当し、PERMAの〈E（没頭・没入・熱中）〉やフロー状態、〈P（ポジティブ感情）〉、さらにはVIAの強みの一つである活力や熱意との関わりが深い。

この概念の成立は、これまで労働者の精神的・身体的不健康やストレスなどのネガティブな要因の除去や予防を主に扱ってきた産業保健心理学においても、職務や組織との関係への満足感や動機づけ、個人や組織の強み、ウェルビーイングなどのポジティブな要因が注目されるようになったことを意味する。これらを通して実現する「やりがい」「生きがい」は働くことで得られる「副産物」つまり「おまけ」ではなく、労働者の健康の重要な構成要素であるという認識が広まったのだ。

社員の抑うつなどの心理的問題が企業の人事担当者を悩ませている日本においても、この概念は重要である。日本をはじめ各国での調査によれば、ワーク・エンゲイジメントの高い従業員には、不安や抑うつ、怒りなどの心理的ストレスや身体不調の訴え（身体愁訴）が少ない。また、職務満足感や組織へのコミットメントが高い一方、離職や転職の意思は低く疾病休業も少ない。しかも自己啓発学習への意欲が高くて創造的な行動が多く、自分の役割以外の行動にも積極的で、部下への適切なリーダーシップを発揮する傾向がある。つまり、ワーク・エンゲイジメントが高いと仕事のパフォーマンスも高くなるのだ。

だが、ワーク・エンゲイジメントを実現するには、それを可能にする組織でなければならない。そこに目を向けてきたのが、ポジティブ心理学の中に生まれた「ポジティブ組織学」である。

ポジティブ組織学とポジティブ社会科学

ポジティブ心理学の開始から間もない時期、キム・キャメロン（Kim Cameron）とジェーン・ダットン、ロバート・クイン（いずれもミシガン大学）が編集した『ポジティブ組織学――新分野の基礎』（二〇〇三年）が刊行され[17]、ポジティブ心理学の学問的成果を組織研究に直接適用する「ポジティブ組織学」という領域が生まれた。同書の刊行には、企業研究者や企業主らとともにセリグマンやピーターソン、フレドリクソンなど、本書でも頻繁に登場してきたポジティブ心理学者が多数参画している。

同書の中で何よりも重要なのは、ピーターソンとセリグマンがこの領域を「ポジティブ社会科学（Positive social science）」と位置づけたことである。ポジティブ組織学の実証的な研究の中では、一般の人々の関心を集めやすい企業研究の比重が大きい。だが、理論的にはさまざまな組織が念頭に置かれており、社会全体に関わる研究であることが意識されている。例えば、ポジティブ組織学が言う「ポジティブな組織」は、日本で言えば自治会や地域サークル、学校なども含む概念である。これらの組織は構成員の生き生きした状態を引き出すことによって発展するというのが基本的な考え方で、先に見たピーターソンの「可能にする制度」の概念とも共通する。企業に関する実証研究は、それを社会科学的に実証する主題の一つなのである。「可能にする制度」で示されたようにポジティブな組織は組織の美徳によって育まれ、組織が有徳であることは組織としてのパフォーマンスを高める。企業の場合で見れば、その成果が業績の向上という形で表れるわけだ。

企業に関する実証研究の第一の成果は、ピーターソンも述べている組織の有徳性が組織のパフォーマンスを高めることを明らかにしたことであろう。

例えば、同書の中でキャメロンは、企業によるリストラの影響についての自らの実証研究を紹介している。一般に、人員削減は社内のモラルや信頼、生産性などにネガティブな影響を与えやすい。ところが、一九九〇年代にリストラを行わざるを得なかった病院とエンジニアリング・環境の企業について調べたところ、リーダーの思いやりや愛情に満ちた行為といった形で発現する組織や構成員の有徳性が高い企業は業績回復を果たしていた。また交通会社の八つのビジネス部門について調べた結果からも、組織内の高い有徳性（思いやり、誠実、寛大、信頼、楽観主義）と生産性の高さやサービス等の品質の良さ、従業員交代の少なさ、収益率、顧客維持、給与とが有意に相関していることが判明した。さらにリストラを行った一六の多業種の企業について調べた結果からも、有徳性の高い組織ほど相対的に収益が高く、リストラのネガティブな効果が緩和されていることが確認できている。

組織の有徳性は、ポジティブ感情や相互の信頼性などの社会関係資本（ソーシャル・キャピタル）を組織内に形成し、利他的・社会的行動を通じて業績の向上をはじめとするポジティブな結果を増やす。同時に、有徳性は右に見たように組織の回復力（レジリエンス）や強度を高め、組織の再生や刷新・柔軟化を容易にしてネガティブな結果から組織を守る。組織の有徳性は「増加の特質」と「緩和の特質」という二重の特質を持ち、その両方を通じて業績という実利的な価値と相関関係を持っていることがわかったのである。

＊

一方、ポジティブ組織学は、個人の働き方にも目を向けている。エイミー・レッツネスキー（Amy Wrzesniewski）は同書第三部の「仕事においてポジティブな意味を見つける」と題された論文の中で、ロバート・ベラーらの『心の習慣』（一九八五年、邦訳はみすず書房、一九九一年）に基づいて、仕事観を三種類に分類している。物質的な便益に焦点を合わせる「賃労働（ジョブjob）」志向、組織や業務の構造における昇進やそれに伴う報酬のために働くという「出世（キャリアcareer）」志向、仕事自体を目的としていて充実感や大きな善・世界への貢献のために働くという「天職（コーリングcalling）」志向の三タイプである。この分類に基づいて調査を行ったところ、天職志向の人々は仕事との間に最も強固で報われる関係を築いていることがわかった。しかも、仕事の内容が天職意識をもたらしたというよりも、本人の天職志向が先にあり、それが仕事に意義や重要性を見いだす方向に働くという因果関係があることも判明している。この因果関係が働くときに見られるのが、彼女が「仕事の工芸（ジョブ・クラフティング）」と呼ぶ事象だ。

第一章の「意義・意味」についての説明（六二頁）で言及したように、「生きがい」という言葉が海外でも知られはじめているが、仕事などの「やりがい」についても同様に、大事に考えなければいけない。人は自分の天職志向に即して仕事を改めて見直し、それまでと異なる構造に作り替え、物理的にも意味づけのうえでも、仕事やそれに関連する領域を変化させることができる。それがジョブ・クラフティングである。

このジョブ・クラフティングは、さまざまな職種の多くの人によって実践されている。例えば、清掃人が生計のために自分の職務をこなすだけにとどまらず、職場の構成員の健康状態や休暇まで考慮しながらその場で観葉植物を育てたり、枯れかけていた植物を回復させたりするということがありうる。このように天職志向の人々は、組織の空間や構成員の面倒まで見るような方向に自分の仕事を作り替えることが多い。美容師や看護師、料理人などが型通りの仕事でよしとせず、客や患者や料理にきめ細かな気遣いや工夫を加え、顧客に喜びを生むような奉仕的な仕事や芸術的作品のような仕事を生み出すのはその好例である。

　こうして自分の仕事を天職へと高めれば、仕事や人生に対する満足度など本人のウェルビーイングが向上するのは当然だが、メリットはそれだけではない。レツネスキーの調査結果によれば、このような仕事観の人が多いと組織のチーム意識は高く、組織内部での紛争が少ない。マネジメントへの信頼やチームへの参与の度合いが高く、コミュニケーションが密接で集団として健康的であるという集団的効果がもたらされるのだ。一方、出世志向の人が多い職場では、これらとほぼ逆の傾向が表れた。職業への満足感と業績との間には関係があるという研究が別にあることを考えると、組織において最も良い業績をあげる人は仕事を天職として見る傾向があると推測できる。仕事に対する見方は自分自身と組織の繁栄の両方に影響するのである。

　もちろん現実には、個人がいきなり天職意識にまで到達するには困難が伴うことも多い。極端な話、いくら個人が自分の天職意識をかきたてようとしても、企業ないしは職場環境が「ブラック」な場合、そこでの仕事を自分の天職とは思えないだろう。ただ、職場環境次第では、大きな仕事の枠組みとしては上司の指示通りにやらざるを得なくても、自分の受け持つ仕事に小さな工夫を忍び込ませて好結果を出し、上司や同僚が認めることはありうる。それを機に仕事の構造がチーム単位で、あるいは企業全体として良い方向に変われば、その仕事を天職と思える可能性も出てくる。クラフティングとは「工芸」のことだ。自分の仕事をできる範囲で加工して良質なものに変え、それが個人の天職意識を生み出して企業業績の向上につながる。ジョブ・クラフティングは、このような好循環をもたらすきっかけとなりうるのである。[18]

だが、個人による小さな「工芸」が好循環へと結びつくには、企業や職場の上司に「工芸」の価値に気づく眼力がなければならない。企業や上司が組織の構成員の強みを生かすポジティブ組織学的な観点を持たなければ、好循環は生み出されないだろう。その意味では、組織側のリーダーシップの役割が重要になる。

ポジティブ・リーダーシップ

キャメロンは『ポジティブ組織学』の編著の後、同著で示されたリーダーシップについての見方を本格的に追究して『ポジティブ・リーダーシップ――非凡な業績のための戦略』(二〇一二年)を著した。[19] 彼はリストラや企業合併後に業績の回復や成功を成し遂げた企業におけるリーダーシップを事例として、ポジティブ感情が職場の個人に及ぼす効果を実証した。それに基づき、彼はポジティブ・リーダーシップの戦略として、「ポジティブな気風(positive climate)、ポジティブな関係性(positive relationship)、ポジティブなコミュニケーション(positive communication)、ポジティブな意味(positive meaning)」の四つを挙げる。ここで、その成果のいくつかを紹介しておこう。

ポジティブな関係性については、『ポジティブ組織学』の中でW・ベーカーらが「ポジティブ組織ネットワーク分析と活性化する関係性」と題する論文を執筆している。[20] 社会学における組織ネットワーク分析をポジティブ組織学に適用し、「ポジティブ組織ネットワーク」と呼ばれる人間関係を分析したのである。彼らは、ポジティブな感情(好感、支援、アドバイスなど)に基づく人間同士の結びつきの中には「活性化する(活力を与える)関係性(energizing relationships)」と呼ぶべきものがあることに注目し、人間関係によってどれだけ個人が元気になったか、活力が増えたかを調べた。調査では、人間関係のネットワークが、活力を与えるネットワーク、活力を削ぐネットワーク、情報ネットワークの三つのタイプに分けて比較された。ネットワークは複数の中心的人物をハブとしながら広がっているが、活力を与えるネットワークでは他人を活性化する能力を持つ人がハブ機能を持つ。このネットワークではハブ役の本人が高い業績をあげると同時に、この人から広がるネットワークは情報ネットワークよりも企業に重要な役割を果たしていることがわかった。

キャメロンはこのベーカーらの研究を基礎にして、ポジティブな関係性の特徴を明らかにした。どの組織の中にも他人の生命力を呼び起こす「ポジティブエネルギー喚起者（ポジティブに活性化する人 positive energizer）」と、他人の善い感情や熱意を削いでしまう「ネガティブエネルギー喚起者（ネガティブに活性化する人 negative energizer）」とがいる。組織内のネットワークを地図化して調べてみると、ポジティブエネルギー喚起者は成功の可能性が高く、それは喚起者と相互関係を結んでいる人々にまで伝わっており、その人々の成功や可能性も、それ以外の人々より高かった。また、業績の高い組織は平均的な組織よりもポジティブエネルギー喚起者が多く、特にリーダーのポジティブなエネルギー（活力）は組織や従業員の業績を高め、従業員の職務満足度や「没入」などのウェルビーイング、さらには家族の生活にまで好影響を与えている。逆にネガティブエネルギー喚起者は、ブラック・ホールのように良い感情やポジティブなエネルギーを吸い取って破壊してしまう。職場にポジティブな関係性を築くには、その喚起者の存在が重要なのである。

また、キャメロンは、職場に「ポジティブな意味」を増やす方法も提案している。具体的にはまず、自分たちの仕事が、社会の人々に対してどのようなポジティブな効果を与えられるのかを感じ取らせることが挙げられる。自分の仕事の受益者に直に接触する人の生産性が高いという研究結果があることからわかるように、自分の仕事が他人に及ぼす効果を目の当たりにできると、意義の感覚が高く業績も良い。つまり、「顔の見える関係」によって仕事の意味の感覚を培うというリーダーシップ戦略が望ましいわけだ。

「意味」を増やすには、業務を「従業員個人の中核的な価値と結びつく仕事」、つまり社員自身にとっての「かけがえのない価値」に結びつけることも有効である。例えば、「後世への遺産になる」というような「長期的な効果」を明確にすることは、従業員に仕事の「意味」を感じさせる一因になるだろう。さらに、従業員自身の売り上げ実績といった自己利益の目標よりも、組織内の仲間をどれだけ支えるかという「貢献目標（contribution goal）」を重視し、「人々の間の支援的な関係性やコミュニティの感覚を築く仕事とすること」も重要となる。第一章の利他性についての実験を思い出そう（三九頁）。多発性硬化症の患者同士のボランティア行動の結果、親切をした人はされた人以上に満足感や自己効力感、習熟感、自尊心、自己受容感が高まった。同じ原理が職場でも働くのだ。

このようにポジティブ組織学が発見したことや提案していることは非常に多岐にわたるが、それはポジティブ心理学に即して「ウェルビーイングを高める」ことと「美徳や強みを活かす」ことの二つに大別できるだろう。

前者はPERMA（情熱意達人）に即して次のようにまとめられる。

〈P〉（ポジティブ感情）企業や職場などの組織にポジティブな気風や楽観主義などを育てる。

〈E〉（熱意／熱心（没頭））前述のワーク・エンゲイジメントや組織のフローの実現、働く者の決定への参加を図る。

〈R〉（人間関係）関係性とポジティブ・コミュニケーション。例えば問題点を修正させることより強みの活用を励まし、成功を祝福するようなコミュニケーションを通じて組織の活性化を図る。

〈M〉（意義）天職意識に代表される働き手にとっての仕事の意義や個人の内的な動機、物語を尊重する。

〈A〉（達成）働き手の内在的目標を重視するとともに、実行可能な目標から順に達成を目指すようにうながす。


一方、ポジティブな組織において「美徳や強みを活かす」には、VIAに対応させて次のような美徳（仁義礼智信勇）の課題を挙げることができる。


「知恵と知識」【智】創造性やジョブ・クラフティングの勧奨。

「勇気」【勇】仕事における挑戦、フロンティア精神の重視。

「人間性」【仁】相互の思いやり。

「正義」【義】公平な判断、指示、評価と、リーダーの「魂」。

「節制」【礼節】意気や気概、自己制御力の重視。

「超越性」【信】仕事の公共的意義の明確化。


一般にビジネスや組織は、利益をあげるためのものであって道徳とは無縁の存在と思われることが多い。しかしポジティブ心理学に基づく組織論やビジネス論は、業績を高めるには組織において美徳が重要な役割を果たすことを明らかにしている。ビジネスの世界でも、成功のためには「善いこと」を見つけて促進するポジティブなシステムが求められるのだ。

ポジティブな「働き方改革」

ポジティブ組織学に至るまでの流れを見てくると、ポジティブ心理学が提起している仕事やビジネスのあり方、それを可能にする企業や職場のあり方は、日本で社会的課題となっている「働き方改革」とも接点が多いことに気づくはずだ。すでに多くの議論がなされているように、長時間労働やさまざまなハラスメントの横行といった働き方や職場環境のネガティブな要素を除去することは当然のことだが、労働者の抑うつ度の高まりや離職率の高さといった問題を克服するには、仕事やビジネスのポジティブな側面を伸ばしていくことも不可欠である。これは職場のパフォーマンスを高めることにつながり、長時間労働といったネガティブな要素はより除去しやすくなるだろう。だが、景気後退からの回復期には、経済指標の回復が目的化して「働き方改革」は疎かにされかねない。それを防ぎながら業績の向上を図るには、ポジティブ心理学的な視点からの仕事やビジネスの研究成果を、何よりも企業の経営者や職場リーダーが取り入れていくことが望まれる。すでに日本の企業の中にも先進的な取り組みがあり、その中には期せずしてポジティブ心理学の知見と符合するものが見られる。

例えば、毎日新聞はサイボウズ株式会社の社長・青野慶久氏にインタビューし、同社の働き方改革について紹介している(毎日新聞WEB版二〇二〇年三月一四日「離職率二八%から三・八%に　サイボウズ・青野社長が語る働き方改革の極意」)。じつは日本ポジティブサイコロジー医学会でも同氏をお招きし、その働き方改革について同じようなお話をうかがったことがある。そこで、この記事内容をかいつまんで紹介しておこう。

同氏は社内で「従業員一〇〇人いれば一〇〇通りの働き方」という考えを掲げ、それに即した働き方改革を行ってきた。徹夜作業が当たり前のＩＴベンチャー企業だったが、退職者が相次ぐようになった。標題にもあるように、二〇〇五年の退職者は全体の二八％にも達したという。そこで改善の手がかりを求め、同氏は社員一人ひとりから働き方についての意見を聞いた。例えば、育児休業の短さから出産への不安を訴える女性社員の声を受け、最長六年間もの育児休業制度を作った。休業中の定期的な会議や面談などを通じ、復職への不安をなくす手厚いケアも設けた。社員が新しい発想やスキルを得ることを期待して副業を認めたり、退職後も六年以内なら会社に復帰する制度を設けたりしている。出社が難しい従業員に対しては、テレビ会議や議事録で内容共有を図る。こうした取り組みを経て離職率は大幅に減ったうえ、仕事の効率化も進んだという。同氏はインタビューで「従業員一人ひとりのライフスタイルや働き方を重視して幸福度を高めることは、現代のこの人手不足にあって、採用戦略と人材定着促進において非常に大事になってきています」と語っている。

記事で語られている一連の取り組みは、多様な従業員がそれぞれの人生の文脈に沿った形で強みを発揮できる条件を整え、個々人のウェルビーイングの向上を可能にする組織づくりといえる。同氏はあらかじめポジティブ心理学やポジティブ組織学を学んでこうした取り組みを始めたわけではないが、実践されているのはまさにポジティブ組織学的な働き方改革そのものだ。こうした事例がすでにあることをふまえれば、仕事・ビジネスに対するポジティブ心理学のさまざまな研究成果を「働き方改革」に反映することは十分可能であり、同氏が言うように個人の幸福度を高めることと日本の企業社会の基盤を強化することの両方に寄与するだろう。

この記事は、新型コロナウイルス問題が日本でも深刻化する直前に公表されているが、その後すぐに通常の対面の仕事は困難になり、リモートワークやテレワークが多くの職場で否応なく導入された。初めて経験した人の中からは旧来の仕事のやり方に比べて利点を感じるという声も聞かれたので、パンデミック収束後もこのような新しい働き方が広がっていくだろう。リモートワークがR（人間関係）を低下させてしまうことは避けねばならないが、この例のように個人のウェルビーイングの向上を可能にする組織づくりの手段として生かすこともできるわけだ。

大切なのは、「働き方改革」で目を向ける必要があるのは、職場だけではないということである。青野氏の実践例からわかるように、個人が仕事以外の人生・生活でどのような課題を抱えているのかという点もまた、職場や企業に影響を及ぼす。職場を除けば家庭や地域に軸足を置く人々が、普段はどのようなウェルビーイングの状態にあるか。そのことと、これらの人々が働いている組織のパフォーマンスには関係がある。私は一つの企業を対象とする実証研究から、そのことを強く示唆する結果を得ることができた。

個人のウェルビーイングと職場のパフォーマンス

ポジティブ心理学や公共哲学に関する講演やシンポジウムへの参加機会の多い私は、あるシンポジウムのパネリストだった食品企業A社の会長と知遇を得た。お話をするうちに、ご自身の経営体験を通じて私の講演内容と共通する洞察を得られていることがわかり、A社で従業員のウェルビーイングや強みをはじめとする人格的特性と業績の関係について調査させていただけることになった。

A社は東日本地域で食品を製造・販売する企業で、自社工場で串刺し加工した製品などをデパートやショッピング・センターで販売している。調査前に会長に話をうかがったところ、来店数は季節と出店する場所に規定され、それを超えた売り上げの増減には人間的要因が大きいという。どこかの店舗で売り上げの低下が著しいのに気づいて調べてみると、従業員同士が仲たがいしているなど感情的問題が原因だったという例がほとんどだったということで、職場のポジティブな心理の重要性を指摘していた私の講演を聴いた会長は、経験的にそれを実感されている様子だった。

では、実際のところはどうなのだろうか。私はポジティブな従業員ほど生産性は高いし、そのような人が多い店舗の方が業績は高いという仮説のもとで調査を開始した。売り上げ伸び率（前年度比）の上位店舗と下位店舗、それに同社工場について、二〇一七年一二月と一八年五月の二回にわたって従業員（合計四〇三人）のウェルビーイングや美徳について調べさせてもらったのである。

ウェルビーイングについては、私生活から人生一般面でのウェルビーイングと職場の中でのウェルビーイングをそれぞれ調べた。前者ではＰＥＲＭＡに健康（Ｈ）とネガティブ感情（Ｎ）、後者ではＰＥＲＭＡにＮを加えて調べたほか、どちらも各項目の平均値を出した。一方、美徳についてはＶＩＡに対応して会社で仕事を進めるうえでの「知」「勇気」「人道性」「正義」「節制」「超越性」について尋ね、これらの平均値も出している。ちなみに「超越性」とは個人を超えた大きな目的などを意味するため、第一回調査では会社での仕事に目的や意味を感じているかどうか、第二回調査では「社会」や「自然」、「天」などを意識して仕事をしているかどうかを尋ねている。

このほかにもポジティブな心理的特質として「自律性」「精神性」「協調性」「忠実」「貢献（社会的貢献）」「職場貢献」「素直」「満足度」「職場満足度」についても尋ね、「楽観主義」と「悲観主義」も数個の項目を設けて調査対象とした。また、ＰＥＲＭＡの各値と幸福度を尋ねた項目の値を特定の計

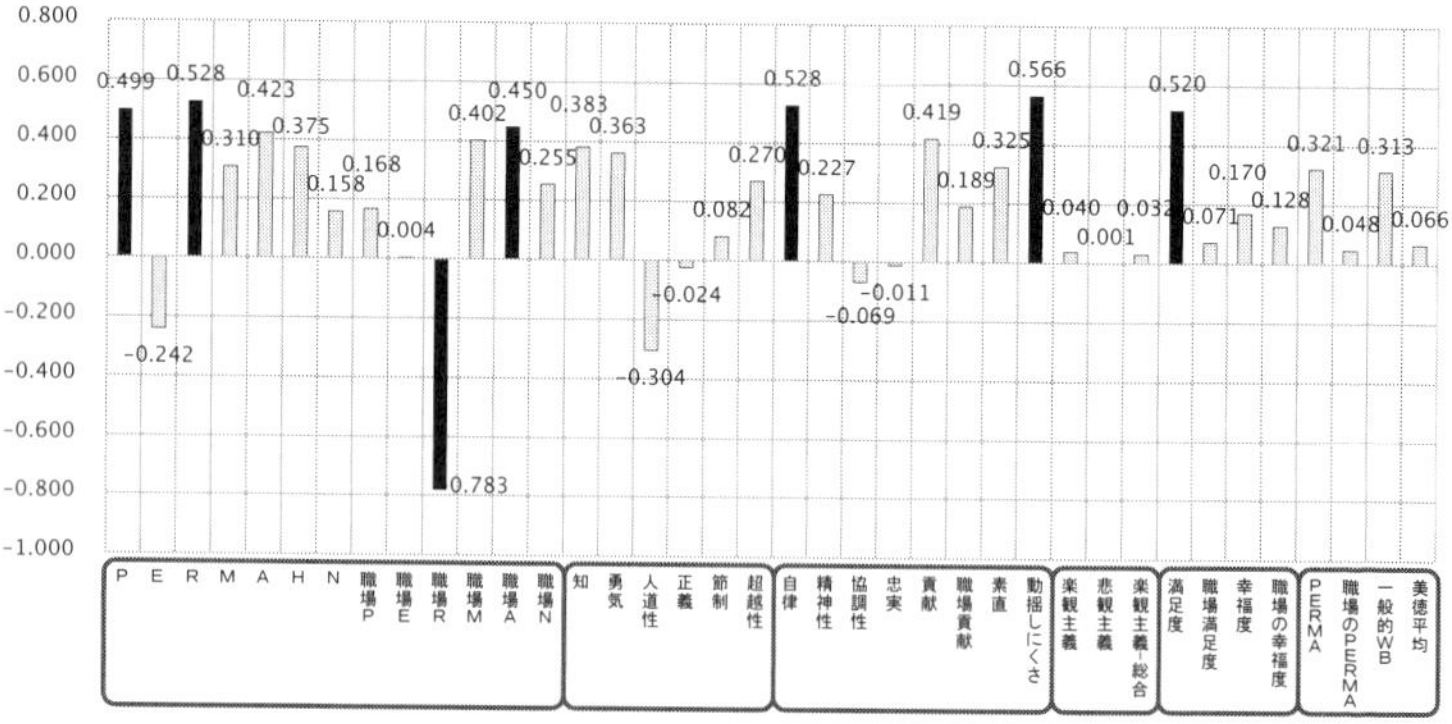

図9：企業調査における年間売り上げ伸び率の差　2017年12月実施分における上位５店舗と下位５店舗（N=24, 21）の平均値の差。棒グラフで黒がｔ検定で有意（5%）ないし有意傾向（10%）。横軸に即した囲みは、それぞれPERMA・職場PERMA、美徳、強み、楽観主義・悲観主義、満足・幸福、集計値を表す。筆者作成。

算式にあてはめて足し合わせ、そこで出た値を人生一般と職場それぞれの「一般的ウェルビーイング」として示した。

以上のような調査の結果と分析内容は多岐にわたるが、以下では店舗についての調査結果の概要を中心に紹介しよう。[21]

＊

まず、図9は第一回の調査をもとに、売り上げ伸び率上位の五店舗と下位の五店舗の各調査項目の平均値の差をグラフ化したものである。予想通り、大半の項目で伸び率上位の店舗の方が下位店舗を上回っており、ＰＥＲＭＡの多くでその傾向が顕著だ。職場の人間関係（Ｒ）に関してはなぜか大きく逆転した結果が出ているのが不思議だが、売り上げ好調に伴う繁忙が人間関係をぎくしゃくさせていたのかもしれない。

二回目の調査も合わせていくつかの手法で統計的分析をしてみると、人生一般でのＰＥＲＭＡや一般的ウェルビーイングの集計値、それに関連するＰＲＡやＨ（健康）、満足度、そして強みにおける自律、（社会的・職場）貢献、精神性の各項目について、何らかの点で売り上げ伸び率とプラスの相関を示す傾向があった。限られた数の店舗での調査であるにもかかわらず、働く個人のポジティブな心理状態が職場の業績と関係していることがわかったのである。

さらに細かく分析してみると、興味深いことに職場でのウェルビーイングはＡ（職場達成）以外では売り上げ伸び率とプラスの関係がなく、Ｒ（職場人間関係）とはマイナスの関係があった。売り上げというパフォーマンスのカギを握るのは、どうやら職場ではなく個人の人生一般でのウェルビーイング、つまり私生活を含めたウェルビーイングらしいのだ。

第一回の調査の結果からは、売り上げ伸び率の上位と下位の店舗について、店長と店長以外のＰＥＲＭＡ合計平均値も比較してみた（図10）。調査数が少ないので単純な平均値の比較だが、これによれば伸び率上位の店舗では店長の方が店長以外よりも高いのに対し、下位店舗では店長以外の方が高い。上位と下位の店長同士を比べて見ると、明らかに上位の店舗の店長のウェルビーイングが高かった。以上の点から、店長のウェルビーイングが売り上げ増と関係している可能性があることもわかる。

ただ、ここまでで明らかになるのは相関性であって、因果関係まではわからない。例えば、「お店の売り上げが伸びているから店長のウェルビーイングが高い」のかもしれないし、「店長のウェルビーイングが高いからお店の売り上げが伸びた」のかもしれない。そこで私は、より高度な統計分析の手法も用いて、調査した人格的特質をいくつかに整理し、影響関係を推測するモデルを調べ、時系列的なデータを分析して因果関係についても探究してみた。働く人々の心に潜在しているどのような要

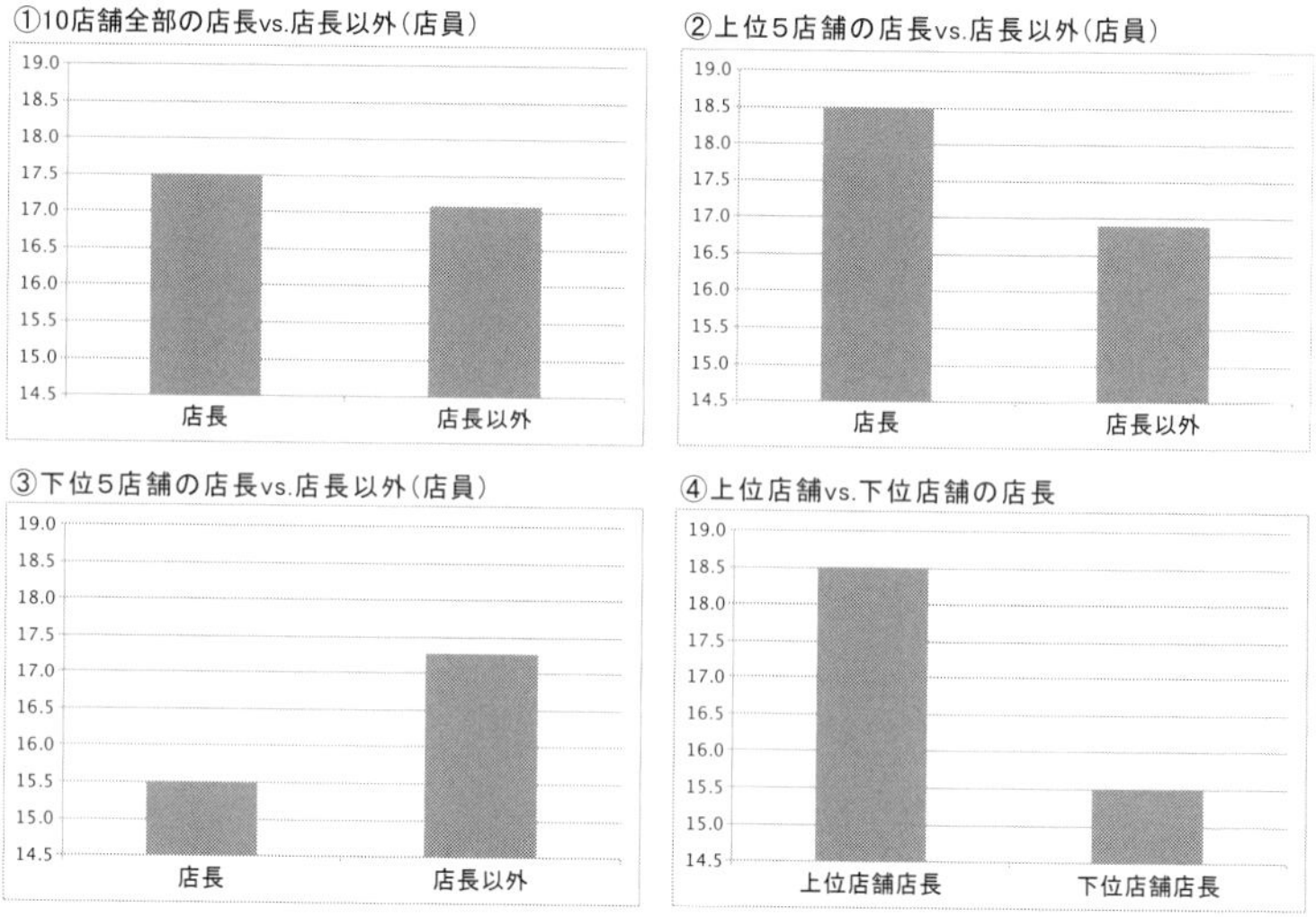

図10：店長とそれ以外の店員におけるPERMA平均　縦軸はPERMA5項目（それぞれ0から5まで）の合計値（最高25）の平均値を表す。筆者作成。

素（因子）が、パフォーマンスに影響を及ぼしているのかを探ったのである。

質問票を通じて尋ねた多くの項目は、質的な共通性によってより大きな因子の形で束ねることができる。例えば、会社における「社会的貢献」「職場貢献」「忠実」といった各項目は、仕事などを通じて社会など個人を超えたものに寄与したいと思っているという点で「向社会性」という因子としてまとめられる、という具合だ。くくり出された因子同士の関係や店舗の売り上げ増、あるいは工場の作業効率との関係の度合いは、統計処理によって数値化できる。その際の方式や調査項目間の共通性の設定の仕方によって、くくり出される因子にはいくつかの可能性が現れ、因子の数やその間の関係も変わる。さらに店舗と工場とをなるべく統一的に分析しようと考え、想定できる何通りかのモデルの中から最も全体をうまく説明づけられるものを見つけていくことで統一的なモデルに到達した。

このようにして検討してみたところ、「人生ウェルビーイング」（人生一般の個人的ウェルビーイング）・「向社会性」（社会的美徳）・「美徳」（知や勇気などの個人的美徳）の三因子や、それらに「職場ウェルビーイング」（仕事におけるウェルビーイング）を加えた四因子によって全体を説明できることがわかった。このモデルに基づいて相互の因子同士の相関性や、各因子と売り上げ変化率や作業効率との相関性を見ていくと、店舗の場合は「人生ウェルビーイング」と「向社会性」が売り上げに対してプラスに作用し、逆に個人の「美徳」はむしろマイナスに作用していた。一方、工場の場合では「人生ウェルビーイング」と「美徳」がプラスに作用し、「向社会性」はマイナスに作用していることがわかった。また「職場ウェルビーイング」は、店舗・工場の双方において、パフォーマンスとの関係がないか、場合によってはマイナスの関係があった。

つまり、このモデルのもとでポジティブな方向に共通に作用しているのは「人生ウェルビーイング」なのである。職場のパフォーマンスにとって最も重要なのは人生一般におけるウェルビーイング、すなわちプライベートな人生も含めた幸せだと考えられるのである。

続いて私はA社に依頼し、ウェルビーイングを調べた月を含めた毎月の売り上げ伸び率、つまり各月のパフォーマンスを示す継続的なデータも提供してもらった。そのデータを用いた分析からは、重要なことがわかった。人生ウェルビーイング（一般的ウェルビーイング、ポジティブ感情、達成、自律、満足度など）はパフォーマンスと強く関係しており、調査当月を含めてこの傾向は、前後数ヵ月においてかなり見られる。その相関の度合いを時系列で見ていくと、調査当月の前よりも後の各月の方が大きい場合が多い。つまり、パフォーマンスがいいからウェルビーイングが高まったという因果関係よりも、ウェルビーイングが高いからパフォーマンスが高まったという因果関係の方が大きいという可能性が推測できる。組織の構成員の心の状態が、業績という現実の方を変えていると考えられるのである。

以上からは、組織の構成員の（私生活を含めた）人生のウェルビーイングを高めることが組織全体のパフォーマンスを高めると推測できる。企業が業績を上げようと願うなら、たんに職場環境を良くするだけでなく、リーダーや構成員各自の人生・生活におけるウェルビーイングを高められるようにすることが重要なのだ。この結果が一般化できるとするなら、例えばブラック企業は、従業員に過酷な労働を強いたり低賃金で働かせたりすることにより、人生ウェルビーイングを低くしていると考えられ、中長期的にはパフォーマンスの低下につながる可能性がある。逆に、従業員の賃金・余暇・仕事のやりがいなどを高めることによって、企業は成功すると予想できる。このことは、先のサイボウズの働き方改革が、単なる職場改革ではなく個々人が自分の人生の文脈に即して働くことを「可能にする」改革だったこととも符合する。

右の知見からは、従業員の人生ウェルビーイングを高めることによって個々の企業が成功するとともに、国全体の経済が発展するという可能性も導き出される。少子高齢化で経済的停滞が危惧されている日本にとって、これは光明を与えるものではなかろうか。これこそが、経営・経済の繁栄という栄福（繁栄による幸福）のビジョンであろう。

さらに一歩進めて考えるなら、これは個別の企業だけの課題ではないということも言える。先に述べたように、人は原子のようにばらばらに浮遊している存在ではない。仕事だけではなく家庭や地域、国家など、さまざまなコミュニティと結びついて生きているのが人間である。各人のウェルビーイングの状態は、それぞれの結びつきのあり方次第で決まる。例えば、子どもの教育に関して学校とトラブルを抱えている人のウェルビーイングは低下しやすいだろうし、パンデミックや天災などの社会的危機は、広範な人々のウェルビーイングを低下させる。先の研究結果をふまえれば、これらは企業の業績にも負の影響を及ぼすと考えられる。社会全体の経済の回復と向上を図るには、個々の企業の枠を超え、人々のウェルビーイングの向上という課題を視野に入れた社会政策が必要だということになる。

だが、そのような社会政策は、GDPに代表される従来の経済指標を通して社会を見ているだけでは生まれてこない。栄福につながる社会政策を構想するには、私たちが社会ないしは世界を見る「見方」を変えることが求められる。そしてそこで必要とされる新たな「見方」とは、どこか遠いところにあるものではなく、私たち一人ひとりの心と密接不可分なものだと私は考えている。

じつは、先の食品企業での調査研究の結果は、私たちが根源的には世界をどのように見ているのかを知る大きな手掛かりでもある。例えば、先の調査研究からは、賃金や所得などの経済的指標では測定できないウェルビーイングや美徳がパフォーマンスに影響を及ぼすという事実が明らかになった。私たち一人ひとりの中には、各自が意識している以上に社会を多次元的にとらえる力や視点が潜在しており、そこから生じる心のあり方が、各自の活動ぶり、例えば仕事ぶりなどを左右している。本来、人は自分たちの社会の状態のよしあしを多面的に感じ取る豊かな感覚や力をそなえているのだ。その感覚や力を社会政策の構想にまで活かしていく道筋を考えるために、まずは従来の社会の状態に対する「見方」の特徴とその限界についてポジティブ心理学が何を提起しているのかを見ていくことにしよう。

5　繁栄する社会への「ポジティブ政治経済」

イースタリンの逆説

先に述べたように、政治哲学においては「自由型」のリバタリアニズムとリベラリズムの間には、市場における自由を重視するか福祉を重視するかという対立がある（二〇六頁）。政府のもとで行われる経済政策やその基盤となる経済学も、これら二つの政治哲学的潮流と連動してきた。戦後日本の経済成長期に力を持ったケインズ経済学は、政府による総需要管理政策のもとで財政を拡大させ、それによって需要を喚起しようとした。需要の喚起の一環として福祉が含まれることから、ケインズ経済学はリベラリズムとの親和性が高い。一方、サプライサイド経済学やマネタリズムなどのネオ・リベラリズムは市場原理を重視する小さな政府を志向し、企業減税や規制緩和を通じて経済活動の自由を最大化しようとする。これは当然のことながらリバタリアニズムと親和性が高く、規制緩和を推し進めた小泉内閣の経済政策はその典型だった。

リバタリアニズムとリベラリズムはいずれも個人の権利に立脚するゆえに、世界観・価値観に関わる問題は棚上げした政治しか実現できないことはすでに述べたとおりだ。同じように、これらの経済学もまた経済活動の内容については基本的に価値判断をさしはさまない。だからこそ、「地域にお金が落ちるのなら」という論理で将来世代に放射性廃棄物を積み残す原子力産業も成り立つし、カジノの開設を解禁する政策も実施されようとしている。

さらに今の市場経済の根本にあるのは、所得が上昇すればその分、多くの快楽が可能になり、経済学で言う「効用」が生み出されて幸福も増大するという考え方（功利主義）である。この考え方から生まれるのが、GDP指標によって経済成長を追求すれば国民は幸せになるという発想だ。一般の人々の間でも、経済成長が幸福につながるという見方は戦後一貫して支配的だった。

ところが、伝統的な経済学が今以上に力を持っていた一九七〇年代、右のような考え方に対する異論が唱えられた。所得が増えても幸福度が増すとは限らない、という新しい見方が示されたのだ。一九七四年に異論を提起したのは、経済学者リチャード・イースタリン（Richard A. Easterlin　南カリフォルニア大学）である。彼が示した考えは「イースタリンの逆説」と呼ばれ、彼はその主張の中で「金で幸福は買えない」と結論した。この「逆説」はその後長く続く論争を引き起こし、ポジティブ心理学にも大きな影響を与えている。[22]

イースタリンによると、一つの国内のある時点で見れば、所得が高いと幸福度（主観的ウェルビーイング）も高い。だが、時系列で見ると所得の上昇は、必ずしもそれらの増加をもたらさない。これが「逆説」の中核にある主張である。典型例として挙げられるのはアメリカと日本であり、両国は経済が成長したにもかかわらず生活満足度などの幸福度を示す指標はさほど高まっていないのだ。

さらにイースタリンは関連して、一国内で所得が一定水準以上になると所得の向上がもたらす幸福度の上昇はさほどではなくなるという主張や、国際比較で見ると所得の高い国の幸福度が高いとは必ずしも言えず、一定水準以上の国家になると国の幸福度の増加度が飽和点に達して減少するという主張も提起している。[23]

これら一連の「逆説」は統計分析の結果であるため、用いるデータと調査方法・分析手法によって差が出てくるし、「逆説」に賛同する学者の間でも一連の主張のどこに力点を置くかは人によって異なる。「逆説」が生じる理由づけも学者による相違があるし、国際比較に関しては所得と幸福にはもっと明確な相関があるという反論も出ている。

だが、解釈の違いや反論を考慮してみても、「逆説」からは従来の主流派経済学の前提に対する大きな疑いが生じる。国内で見た場合、長期的には国民一人あたりの所得が上昇しても必ずしも個人の幸福が上昇するとは言えないのは事実だ。国家間比較で見ても、発展途上国同士の比較では所得より文化的な相違による幸福度の差異の方が大きいし、豊かな国の間でも所得と幸福度の関係は相対的に小さい。つまり、国内的にも国際的にも、いくつかの点で所得と幸福度の関係は単純に連動していないのだ。「イースタリンの逆説」は、GDP指標を頼りに経済成長を追求すれば人々は幸福になるという伝統的な経済学が常に有効とは限らないことをあぶり出したのである。

その結果、従来の経済学の前提に立脚する公共政策への懐疑が生まれ、幸福やウェルビーイングに注目して公共政策を立案すべきであるという主張が台頭してきた。のちにポジティブ心理学から提起された代表的な論考が、エド・ディーナーとセリグマンの「お金を超えて――ウェルビーイングの経済学に向けて」(二〇〇四年)である。[24] 現在の政策決定はもっぱら経済的評価に基づいて行われているが、ウェルビーイングの科学的測定が可能になった以上、その測定を国家規模で行い、政策決定の指標として活用すべきである。これがディーナーらの主張だ。

国民を幸福にするうえで何が政策として「善いこと」なのかは、これまでは伝統的な経済学の考え方を前提にしてGDPに代表される経済指標で判断されてきた。あえて俗な言い方をしてわかりやすく表現すれば、「これだけ儲かっているのだから、きっとみんな幸せなんだろう」という思い込みに立脚した、間接的な判断である。だが、その経済指標と幸福との相関には疑いが生じてきた。ならば、幸福への道筋を探ろうとしてきたポジティブ心理学や幸福研究の手法を用い、直接的に幸福度に基づいて判断せよというのが彼らの主張なのである。

彼らによれば、アメリカや日本では戦後に一人あたりGDPは劇的に増えたのに、人生満足度はほとんど変わっていない。アメリカではうつ病の発症率は五〇年間で一〇倍に増え、不安を抱える人も大きく増えた。社会関係資本の重要性を指摘したことで知られるロバート・パットナムが言うように、他人や政府への信頼は低下して社会的な結びつきが低下している。さらに貧しい国との比較でも、幸福度の違いの主要因は健康や政府の質、人権などであり、こうした影響を除くと収入の多少がウェルビーイングに及ぼす影響は小さくなるという。時系列的にみても、国全体のウェルビーイングが収入に応じて上がる効果は貧しい国の方が大きく、豊かな国では収入の増加はウェルビーイングの増加をさほどもたらしていない。実際には、社会関係資本や民主主義的ガバナンス、人権などの非経済的要因が社会のウェルビーイングの平均的水準に大きな影響を与えている。

これらの論拠を挙げ、ディーナーらは「国民ウェルビーイング指標（national well-being index）」を作成して、国民のポジティブ／ネガティブな感情や没入、目的・意味、楽観主義、信頼、人生満足度などを定期的・体系的に計測し、政策形成に役立てることができるようにすべきだと主張している。私なりにリベラル・コミュニタリアニズムの視点で解釈するなら、これは公共政策に反映すべき社会の共通善を見つける手がかりをポジティブ心理学の手法によって得ようという主張にほかならない。

国民の幸福度を測る指標──日本人は「幸福」なのか

国民のウェルビーイングを測定し、政策を考える。それは、戦後の長い間にわたって経済成長を最重視し、「GDP（かってのGNP）信仰」にとらわれてきた日本人の多くにはまだ実感しにくい考え方かもしれない。だが、世界的に見ると、すでにそのような国家的、国際的な取り組みがあちこちで始まっている。

この流れを生む一つのきっかけになったのが、ポジティブ教育に関連して触れた（二二七頁）仏教国ブータンの国民総幸福量（GNH）の概念である。一九七二年に当時の第四代国王ジグミ・シンゲ・ワンチュクが国民総生産（GDP）に代わるものとしてこの概念を提唱し、憲法で「幸福」を国家の発展の公式目標として掲げた。同国ではこの概念を国民総幸福量委員会で具体的に検討し、九つの指標（精神的幸福、人々の健康、教育、文化の多様性、地域の活力、環境の多様性と活力、時間の使い方とバランス、生活水準・所得、良い統治）によって調査を実施している。例えば地域の開発プロジェクトもこの観点で検討し、山からの大理石の切り出しは景観を破壊すると、国民総幸福量の観点から抑制され、同国では森林の割合が実際に増加している。GDPで見るとブータンは一五八ヵ国中七九位（二〇一五年）だが、幸福量においてはもっと高いという評価も成り立つわけだ。

さらに前述のディーナーとセリグマンの提案の後、二〇〇八年にはフランスのサルコジ大統領（当時）がノーベル経済学賞受賞者であるジョセフ・スティグリッツらに依頼して設置したスティグリッツ委員会は、GDPだけによる国家の評価に代えて幸福と持続可能性を計測することを提案した。二〇一一年には経済協力開発機構（OECD）が「より良い暮らし指標（Your Better Life Index）」を発表し、以後OECDは健康、ワーク・ライフ・バランス、生活満足度などの一一項目の指標で加盟国各国の調査を実施している。同じく一一年には国連総会で「幸福の追求」が「人類の根本的目標」だという趣旨の決議が採択され、国際幸福デー（三月二〇日）が定められた一二年からは、「世界幸福度調査（World Happiness Report）」も毎年発表されている。

この動きは各国に波及し、アメリカでは国立科学アカデミーが政策策定に幸福研究を活かすための専門家委員会を設置したし、イギリスではデーヴィッド・キャメロン首相（当時）がウェルビーイング指標の導入を二〇一〇年に発表し、「国家ウェルビーイング計測年次報告——イギリスの生活」を二〇一二年に公表している。ヨーロッパでは他にもオランダ、ドイツ、フランスが国の進歩を測るために幸福指標を用い、アジアでもタイで国内総幸福指数（gross domestic happiness index）が作られている。さらに二〇一六年にアラブ首長国連邦で国民が幸福になることを目的として幸福大臣を任命し、「幸福とポジティブ性のための国家プログラム」を開始している。

右の流れからは、人々の幸福あるいはウェルビーイングの向上を経済成長に劣らぬ政策課題としてとらえ、その実情を把握しようという潮流が生まれていることがわかる。これに対して日本では民主党政権下で幸福度指標を検討する委員会が設置されて試案が公表された（二〇一一年）ものの、その後の政治状況の変化によって全国的な定期的測定は実施されなかった。だが、公共政策のあり方を考える判断材料としてウェルビーイングの指標を用いて調査することは、とりわけ日本において重要であるはずだ。国際的な調査結果を比較すると、日本は前述のように経済的に高い水準にありながら幸福度が低いとされる国の一つだからである。

例えば、幸福度を〇から一〇までの一一尺度で測定するアメリカ人（三〇五〇人）に対する有名な調査の平均は六・九二点であり、ディーナーらが累計一一〇万人に及ぶ世界の多くの調査結果を集約した際の平均も六・七五だった。日本はどうだろうか。幸福度の国際比較でよく援用される国連の世界幸福度報告における世界幸福度ランキングでは、ギャラップ社の主観的幸福度調査（最良の人生から最悪の人生まで一一尺度の階梯で自分の人生を評価してもらうもの）がデータとして用いられており、二〇二〇年版では二〇一七年から一九年における日本の幸福度の平均は五・八七一だから、右に見た世界の平均よりかなり低い。世界ランキングは一五三ヵ国中の六二位であり、ＯＥＣＤ諸国では最も低かった。[25] 実際に、私たちが関わった三菱総合研究所調査（二〇〇〇年五月）でも、同じ設問に対する平均値は五・〇六に相当し、ギャラップ調査による右の数字よりさらに小さかった。[26] ディーナーらの人生満足度尺度（ＳＷＬＳ）の得点も調べたところ同様で、彼らの提示している基準に同調査の平均値（一七・六に相当）を照らし合わせると、人生満足度がやや低めな人（15－19）のカテゴリーに相当する。[27]

ただし、日本の幸福度が相対的に低いという議論に対しては、国際的な調査の結果は必ずしも日本人の実態を反映していないという反論もある。国際調査では欧米も含めて各国共通の質問票が用いられるが、日本では欧米と比較して「私は幸福になりたい」「俺は成功を勝ち取りたい」という形で幸福をあからさまに追求する気風は希薄だ。穏やかに大過なく過ごせることを求める傾向が強い日本人は、普段それを「幸福」という大げさな言葉では表現しないし、幸福か否かを問われても「いえ、それほどでも」と控えめに答えたりする。こうした文化的な特徴ゆえに幸福度が低く表れるのであり、実際の日本人は不幸ではないといった文化主義的な立場からの反論がなされているのである。

たしかに西洋と東洋には文化的な違いがあるし、同じ東洋でも日本と中国とでは大きく違う。幸福度を比較する時、文化的な違いによって生じる見かけ上の差異を考慮することは学問的に見ても重要だ。だが、それでは日本人は幸福であると考えてしまっていいのだろうか。日本人は自分たちの幸福度の低さを心配する必要はないのだろうか。この点について、セリグマンは二〇一九年四月の訪日の際に貴重な視点を提供してくれた。

年	順位	幸福度の値	再計算値
2012	44	非公開	6.055
2013	43	6.064	6.096
2014	非公開	非公開	6.063
2015	46	5.987	同左
2016	53	5.921	同左
2017	51	5.920	5.919
2018	54	5.915	同左
2019	58	5.886	同左
2020	62	5.871	同左

表3：世界幸福度報告における日本の順位と幸福度　「順位」と「幸福度の値」（それぞれの前年までの３年間の平均値）は世界幸福度報告に掲載されているもの。「再計算値」はその元のデータから同方式で著者が再計算したもの。本章（注）25参照。

彼は文化的な違いを反映して日本人の幸福度が低く表れているという主張を耳にして、時系列におけるウェルビーイングの差を見ることにより、この問題を乗り越えて議論することができると示唆したのである。彼は日本のかつての民主党の代表的政治家たちや筆者との小規模会合でこの論点を意識して、その二日後のシンポジウムでこのアイディアをデルタという記号で表現した[28]。この記号は、例えばΔＸという形で、Ｘの二つの値の差を表す。管見の限りでは他の場所ではこの考え方を公共的に述べていないから、これは貴重なスピーチだった。

この考え方を日本に適用して考えれば、日本人の幸福度が近年に減っている点に目を向けるべきだということになるだろう。

幸福度の世界的な調査としては世界幸福度報告が最も有名である。これは二〇一二年からほぼ毎年公表されているが、日本人の幸福度を時系列でふり返ってみると、順位と幸福度の数値は低下が続いている（表3）。表からわかるように、日本の幸福度の順位は毎回後退し、幸福度の数値も順次下落している（筆者の再計算では二〇一三年だけ数字に小さな相違があるが、その年以降はやはり毎年下落している）。二〇一七年だけ順位は二位上昇したものの、幸福度数値は下落しているから、上がったように見えても、それは順位の相対的な僅かな上昇であり、実はこの時も日本人自身の幸福度は下落を続けていることになる。二〇二〇年度版では二〇〇八年から一二年までの幸福度と一七年から一九年までの幸福度の変化が比較されているが、一四九ヵ国の中で日本は最も増加した国から数えて九九位で下から約三分の一に位置し、幸福度は〇・一〇八の低下を示している。[25]

二〇一二年から始まった国連世界幸福度報告は、ちょうどその年から始まって本書執筆時（二〇二〇年）まで続く自由民主党と公明党の連立政権（自公政権）下での幸福度の変化を表していることになる。この変化の実態や、それ以前の時期の変化については他のデータを合わせて検討する必要があるものの、このデータに関する限り、幸福度が連続的に一貫して落ちているので、この期間における社会の変化が影響している可能性が高いのではないかということになる。

これは説得力のある議論だ。時系列での変化とは今の日本人と近過去の日本人との比較を意味するから、文化の違いは問題にならない。国家間の比較だけではなく時系列で見ても日本の幸福度が下がっている以上、背後に深刻な政治・社会問題が存在している可能性を疑うべきだ。しかもこの間のGDPなどのマクロな経済生産指標は良く、長期的な経済成長が続いていたとされているのだから、それ以外の要因が影響している可能性を考える必要がある。その分析は今後の課題だが、一般的に考えてもすぐにいくつかの要因を思いつく。

まず誰もが思いつくのは、表面的には経済が成長していても、実質賃金の伸びがそれに伴わず、多くの人々に収入や家計の伸び悩みや減少が見られるということだろう。つまり、分配の問題である。格差・貧困は、過去二〇年あまりの間に急速に拡大してきた。収入や家計の厚生労働省の国民生活基礎調査によれば、相対的貧困率を示す指標であるジニ係数は過去三〇年にわたってほぼ上昇傾向にあり、世帯の生活意識の状況を見ても一九九二年に「大変苦しい」と答えた人は九・〇%だったのに対して二〇一八年には二四・四%に達している。

また、OECD加盟国間の国際比較で見ると、日本の教育への公的支出割合（対GDP）は加盟国間で最低水準だ（OECD Education at a Glance 2019）。これが象徴するように、リバタリアニズムの政策のもとで生活に関わる分野の自己負担、自己責任が国民一人ひとりに重くのしかかっている。日本の社会システムは戦後一貫して経済成長に力を入れてきた反面、教育や文化、医療や社会福祉といった部門に十分な力を注いできたとは言い難い。手厚く見える高齢者向けの医療や年金さえも企業への依存度が高く、企業によって守られない人々や現役世代への支援は乏しい。かつて「一億総中流」と呼ばれた日本社会だが、いまでは「格差社会」という言葉がすっかり定着している。

ポジティブ心理学とも深く関わっているコミュニティ心理学者アイザック・プリレルテンスキーは、私が招聘して行った講演の中で日本人の人生満足度が低い現状に言及し、職場におけるウェルビーイングが低いために全体のウェルビーイングを低下させているかもしれないと指摘している。[29] すでに述べたように働く人々の抑うつ度の高まりは深刻で、それは企業を悩ませていると同時に本人にとっても痛切な生きづらさとなっているはずだ。

さらに前述の三菱総合研究所調査では、データ分析の結果、[30]（公共的）やりがい、信頼（社会関係資本）、家計、市民的公共性などがウェルビーイング（ＰＥＲＭＡとＳＷＬＳ）と関連していることがわかった。そこで私は、経済的問題の他に、生きがい・やりがいなどの意義の感覚の減少、コミュニティや社会的紐帯の弱体化に伴う信頼感の低下、政治的な腐敗や不道徳なども国民の幸福度を下げる要因になっているのではないかと考えている。今後もさらなる検証の必要はあるものの、これらの多くは、社会や政治における道義・徳義の衰退とも関連している。

政治に関するこのデータ分析の結果では、意見表明の政治的自由が存在するという認識や、基本的人権が尊重されているという認識は、ウェルビーイングとかなり（中程度）の関係がある。また政治における正義・公正の存在や、政治への信頼、政治家の人格が優れているという認識も、ウェルビーイングと若干（小～中程度）の関係があった。さまざまな生きづらさがある時、それを何とかしようという声を上げたり知恵を出し合ったりするのが政治だ。だが、政治の中枢における腐敗と不道徳の横行が常態化すれば人々の間には無力感が漂い、生きづらさの感覚だけが各人の心の中に積み増しされていく。結果、ストレスとなり、国民のウェルビーイングを押し下げる要因となるだろう。まさにこれらの低下要因は、ＧＤＰなどの経済生産指標だけを見ていてもわからない。社会的な規模でも問題を「心」から掘り起こし、要因を探る必要があるのだ。

先のプリレルテンスキーは、コミュニティの権力構造や政治的抑圧、経済的不平等や搾取などの正義や公正に関する問題が個人のウェルビーイングにも大きな影響を与えていることを実証的に明らかにしている。こうした観点の新しい研究分野は、コミュニティの中で生きる個人の技能や小集団のサポートを中心にして研究するコミュニティ心理学に対し、新コミュニティ心理学とも呼ばれる。

彼はカウンセリング心理学者である夫人とともに『ウェルビーイングを促進する――個人・組織・

コミュニティの変化をつなげる』（二〇〇六年）を著している。夫妻によればウェルビーイングは個人の中で自己完結的に生まれるものでもなければ組織的、集合的に足し合わせたものでもなく、その「統合」である。つまり、人間関係、文化や政治経済のシステムを中心とする大小の組織、そしてコミュニティとの相互関係の中で生み出されていくというのだ。右の発想のもとで、プリレルテンスキーは独自の多次元的なウェルビーイング調査法も開発している（一九〇頁）。

このウェルビーイングに欠かせないものとして、夫妻は「①感情的・身体的ウェルビーイング：健康、ケア、思いやり、②参加、参与、尊厳、アイデンティティの尊重など：協力と民主的参加、人間の多様性の尊重、③経済的安全、保護、栄養などの衣食住、健康や社会サービスの充実など：社会的正義」を挙げる。大事なことはこれらによって形成されるウェルビーイングは相互依存しており、個人や組織、コミュニティの変化の相乗効果によっても変化するということだ。[31] このことをふまえて日本の現状をふり返れば、格差によって経済的安全が損ねられ、職場環境の中で尊厳を傷つけられ、政治的腐敗と不道徳によって参加や参与、社会的正義から遠ざけられている日本人のウェルビーイングが低下しているのは、当然の帰結と言えるかもしれない。

現に、前述の三菱総合研究所調査における私たちの分析でも、選挙やルール形成における市民性（自分の関与による社会的・政治的改善可能性）と、政治や行政への信頼は、それぞれ統計的に大・中程度にウェルビーイングに関係していた。同時に、格差の存在や、税や福祉による格差解消・平等化の実現（という認識）はウェルビーイング（ＳＷＬＳ、ＰＥＲＭＡ）とそれぞれ小・中程度の関係を持っていた。政策によって不平等が縮小したと認識されるようになれば、人々のウェルビーイングは上昇するわけである。[32]

プリレルテンスキーは、健康とウェルビーイングの決定要因になるのは貧困や権力、参加だとしている。各国間の比較研究の結果、「不平等な社会ほど健康水準が低く、暴力的で、信頼感に欠け、社会的な結束力が弱い」（リチャード・G・ウィルキンソン）[33]ことが判明している。したがって、健康やウェルビーイングの向上のためには抑圧や搾取に対する批判的意識や経験、行為が大事だということになる。個人が他人や組織、コミュニティに働きかけると同時に、組織やコミュニティの側は共通善やコミュナル（共に）な目標の実現という考え方に立って、個人からの働きかけを生かさねばならない。個人が組織やコミュニティに影響を及ぼし、それを受けて変化した組織やコミュニティが個人にさらなる影響を及ぼす。こうした入れ子構造の中でウェルビーイングは形成されていくのである。

私たちの前述の分析でも、さまざまな領域とウェルビーイングの水準（SWLS、PERMAなど）との関連を調べたところ、心理的・身体的要因や経済的要因とともに、主な活動のやりがい、続いて余暇・市民性・教育・文化、さらに人生選択の多様性・格差の認識、自然の豊かさなどとの関係が統計的に確認された。[2]このことからは、個人の心身のウェルビーイングの上昇と社会の政治・経済・文化といったシステムの改善が共にウェルビーイングの向上をもたらすと言える。

さて、ここで序章で紹介した二〇一六年のアメリカ大統領選挙の結果と有権者の主観的ウェルビーイングとの相関を思い出そう（一一頁）。この選挙では有権者のウェルビーイングの低下が、排外主義や社会的分断を志向する右派的ないしはポピュリズム的な政治権力を生んだ可能性がある。日本の二〇一九年の参議院議員選挙に関する私の調査においても、アメリカの例ほど明確ではないものの、類似した傾向を見いだすことができた。[34]インターネット調査会社を使って全国八ブロックの有権者のウェルビーイングと選挙結果の相関を調べたところ、データ数やばらつきによる限界はあるものの、

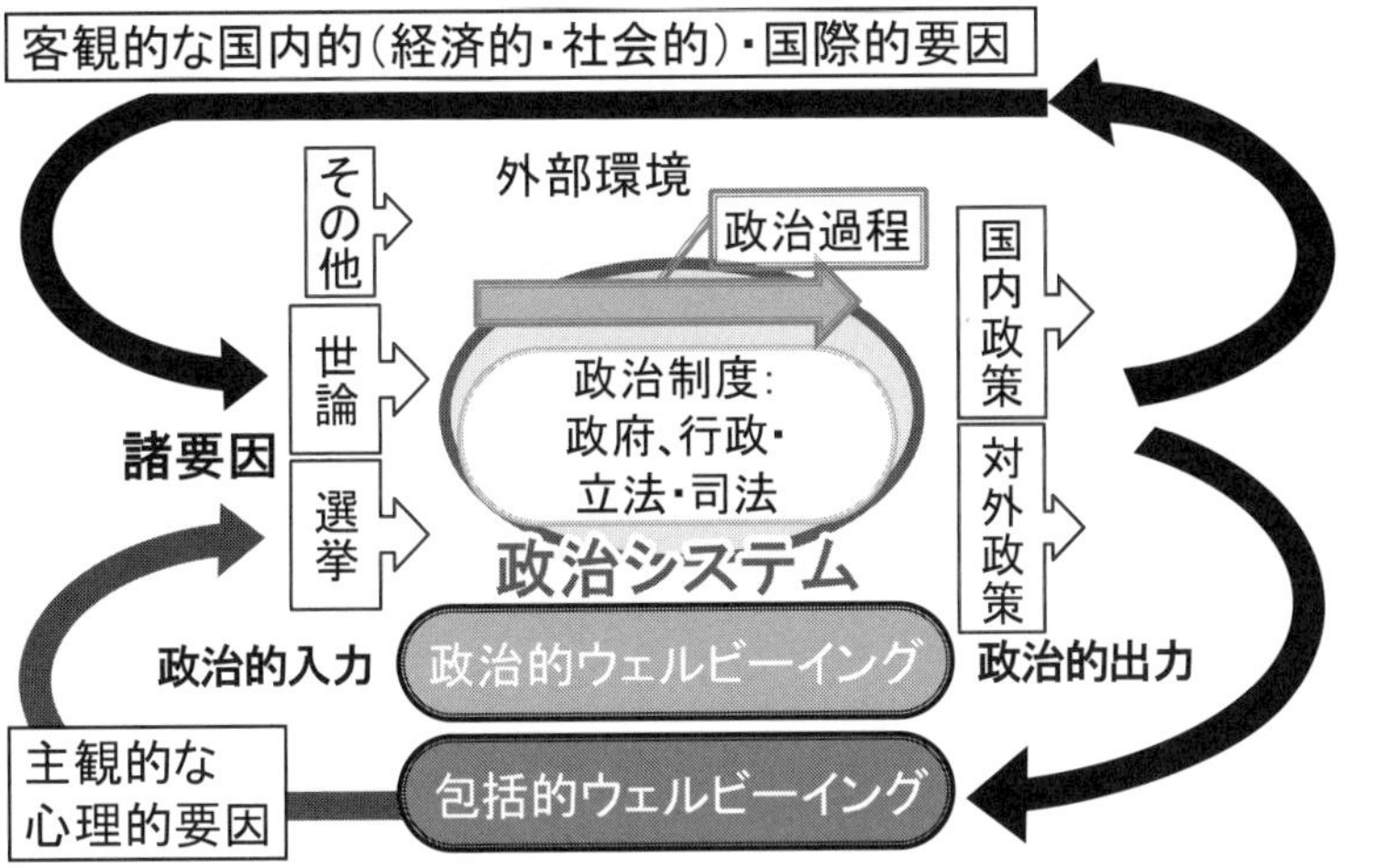

図11：政治システムとウェルビーイング　政治システム論の概念図とウェルビーイングを組み合わせて筆者が作成。世論・選挙や政策などは例示。包括的ウェルビーイングが人生ウェルビーイングなどを含む包括的・総合的ウェルビーイングを表すのに対して、政治的ウェルビーイングは政治に関しての幸福度を表す。

将来の幸福度予想（不安など）をはじめ、ウェルビーイングが低いほど自民党の得票や議席が増える傾向が見られたのだ。

これらの結果やその解釈については今後の検討がさらに必要だが、ウェルビーイングなどの心理的要因は選挙結果、ひいてはそれが生み出す政治権力や政治的路線に結びつくことがわかる。政治は客観的要因だけでなく主観的な心理的要因にも大きく影響され、その政治の結果が人々の心理状態のさらなる変化を招くという循環的な回路があるのだ（図11）。例えば、有権者のウェルビーイング低下の中で誕生したトランプ政権は、気候変動に関するパリ協定からの離脱やWHOからの脱退通告に象徴される国際協調主義の後退をもたらした。これを「心理的要因→政治的入力（選挙）→政治的出力（例えば対外政策）」という因果関係に当てはめて考えれば、人々のウェルビーイングの低下がめぐりめぐって他国との協調関係を危機に追いやったという流れを想定できる。

これを逆転させて大胆に考えれば、市民がみずからのウェルビーイングを高めることにより、ポジティブな循環を生み出しうるかもしれない。例えば、先に述べたように幸福度が低下し続ける中で行われた選挙が生み出した政権のもと、日本の中国や韓国との関係は悪化している。この現状を変え、近隣諸国と良好な関係を取り戻そうと願うなら、いわゆる「外交」としてイメージされる経済的あるいは国際的要因への対処を考えるだけでなく、市民自身がウェルビーイングを高めることで状況を改善するという流れも考えられるだろう。市民のウェルビーイングの向上が選挙結果を変え、それが新たな外交を実行する政府を誕生させる可能性もあるのだ。したがって、ポジティブ心理学の知見を活かして自分のウェルビーイングを高めるということは、現実の政治の出力場面にも好ましい影響を与えうる。働く人のウェルビーイングを高めることが企業のパフォーマンスを向上させると考えられるのと同様、人々のウェルビーイングの向上は望ましい政治を実現させるという循環も考えられるのである。個人が自分のウェルビーイングを高めるというのは極めて私的な行為に見えながら、じつは公共的あるいは良い意味での政治的意味を帯びる行為でもあるのだ。現実的な政治的活動だけではなく、人々のウェルビーイングを向上させることも、健全な政治の可能性を高めるという点で優れて政治的な意義を持ちうるのである。

だが、このような好循環の形成を偶然にゆだねるのではなく、公私にわたって公共的に実現していかなければ、人々の永福（永続的幸福）や善福（エウダイモニア的幸福）は実現しない。実現のためには、医療・福祉や教育に即して述べたのと同様、政治・経済の分野においても私たちは人々の幸せにつながる「善いこと」を見つけて実行しようとするポジティブな政治哲学ないしは公共哲学を手に入れる必要がある。哲学とポジティブ心理学がお互いを生かし合うことで生まれるポジティブな公共哲学である。

ポジティブ公共哲学の必要性

個人がどれほど美徳や強みを活かしてウェルビーイングを向上させ、真福（真の幸福）を目指そうとしても、経済的な衰退や恐慌、さまざまな差別や内紛、戦争などが起きればその幸福感を維持することはできない。また、これまで見てきたように、医療や福祉、教育が個人のウェルビーイングの向上を「可能にする」には、さらに一回り大きな枠組みである政治・経済がそれを「可能にする」必要がある。一方、食品企業での研究が示唆しているように、経済の発展のためにも個人のウェルビーイングを高める社会政策は不可欠である。社会政策が個人のウェルビーイングの上下に影響を及ぼし、同時に個人のウェルビーイングが社会の発展の可否に影響を及ぼす。そのような相互の循環構造、あるいは入れ子構造の中では、何が好循環をもたらす「善いこと」なのかを見極めなければならない。序章で述べたように、その際に人々が共有できる判断の指針を見つけ出し、そこで「善いこと」と考えられることの実現を図るのが公共哲学である。

公共哲学は政治経済をはじめ、社会全般を扱うが、まずは政治哲学を例として説明しよう。従来の政治哲学は、例えば国家で独裁者が出現したり政府によって人権が侵害されたりするといったネガティブな状態を想定し、それをいかに阻止するか、そのような事態をあらかじめ予防するにはどうするか、ネガティブな状態が生じたときにいかにして民主主義を取り戻すかという方向での研究が主流だった。根底にあるのはネガティブな状態の防止と解消だから、これを「ネガティブな（問題への対処を中心にする）政治哲学」と呼ぶことができる。

もとより、このような政治哲学やそれに基づく政治・経済への働きかけは極めて重要であり、その役割が減じることは今後もない。例えば、天災やパンデミック、安全保障上の危機のような緊急時、各国の政府はロックダウン（都市封鎖）や外出禁止をはじめとする施策を通じて市民の自由を強く制約するし、市民自身がそれを歓迎することもあり得る。この時、議会を通じた市民による政府への監視と抑止が十分に機能しなければ、独裁への道が拓かれてしまう。それを防がねばならない時、ネガティブな政治哲学は重要な知恵を提供しうる。

だが、私たちが栄福（繁栄による幸福）を目指すには、人々のウェルビーイングを高めるポジティブな政治・経済とはどのようなものかということも構想しなければならないはずだ。個人においてそうだったように、ネガティブな状態をなくすこととポジティブな状態を増やすことは基本的には別のことであり、不幸を減らしたから幸福になるとは言えないからだ。また、個人の逆境からの「回復」と同様、社会的危機の克服も長い時間の中に置いて考えればポジティブな過程としてとらえ直すことができる。ポジティブな過程として位置づけなおすには、単に過去の轍《わだち》をたどるのとは異なる発想が求められる。過去の忘却に陥るのではなく、「善いこと」とは何かを問いなおす省察と熟慮が重要であり、賢慮のうえで政策を選択しなおさなければならないのだ。

政治・経済の分野で「善いこと」を見つける賢慮をイメージするヒントを、新型コロナウイルスのパンデミックの最中のできごとから拾ってみよう。例のマスクが長期にわたって品薄になったのを受け、日本ではトヨタやシャープ、パナソニックといったさまざまな異業種の企業がマスク生産に乗り出した。もちろんこれは特異な状況下での緊急的な対応ではあった。だが、この動きは今後の経済のあり方を考えるうえで示唆に富む。第二次世界大戦中、多くの民間企業は民生品の生産から軍需物資の生産への転換を求められた。それは戦争というネガティブな目的のための生産転換だった。ところが、マスクをめぐる動きは、企業が状況次第で健康の保持という極めてポジティブな目的のための生産活動に向けて舵を切りうることを示した。

このできごとを手がかりにすると、今後の社会で求められる公共哲学の方向を考えることができる。どのような産業や企業活動、どのような商品やサービスが社会にポジティブな状態を生み出すのか。どのような企業の行動を後押しするのが「善いこと」なのか。その価値判断と行動選択が、企業自身だけでなく評価する投資家や消費者、そして政府によって積み重ねられれば、ポジティブな経済やそれを誘導するポジティブな経済政策を構想することができる。求められているのは、それを考える公共哲学、すなわちポジティブ公共哲学なのである。

政治についても同様のことが言える。例えばパンデミックの初期、日本政府は早々に営業自粛などに伴う損失補償はしないと明言した。批判を受けて後に一律給付を行ったものの、当初段階の方針は政策決定の遅れと混乱をもたらし、困窮者や行き詰まる事業者が増えてしまった。こうした事態が起きた根本にあるのは、政治が「善いこと」をいかに促進するかという発想の不在だ。感染拡大の防止という共通善を促進しようというポジティブな発想が政治にあれば、人々が過度にウェルビーイングを低下させることなく感染予防に専念するポジティブな状態が生み出せたかもしれない。これからも起こりうる社会的危機への対処ということ一つとっても、「善いこと」を見つけて促進する政治という考え方に立つポジティブ政治哲学が必要とされる。

その新しい学問的ビジョンとして私がイメージするのは、医療や福祉を通して考察したようにリベラル・コミュニタリアニズムとポジティブ心理学がお互いの中で自分を活かし合う形で結びついた哲学的な科学である。この哲学的科学のもとでは、さまざまな政治的選択肢を従来とは大きく違う角度、異なる文法で検討することができるはずだ。

例えば、いわゆるアメリカ型経営の発想のもとでは、企業経営者が自社の内部留保を社会活動などに寄付することは難しかった。内部留保が企業収益に結びつかないことに使われるのは株主利益に反するとみなされるからだ。だが、企業にため込まれたお金を環境や教育、福祉といった領域に回すことは、社会にとって「善いこと」である。それによって広範な人々のウェルビーイングの向上を「可能にする」行為だからだ。こうした発想に立ち、制度を改めて、例えば企業が福祉をはじめ社会的な「善いこと」の実現に貢献しやすくすることが提案されている。すでにインドでは新会社法（二〇一三年）で、一定以上の企業には純利益の平均二％以上をＣＳＲ活動に支出することが義務づけられた。類似の発想に立ち、企業から社会的貢献活動への寄付を促進するような制度改正や政策を実施することで、「善いこと」を推進できるだろう。ある時点での収益に基づいて機械的に課される事業税とは違って余力のある企業にお金を出してもらう政策ならば、余力の乏しい中小企業などに負担をかけることも避けられる。ポジティブ心理学の指標を用いて測定すれば、どのような地域や人々のウェルビーイングが低いかを調べることは可能だ。それを参考にしてお金の振り向け先を決めることができれば、右のような方法によって社会のウェルビーイングを高めることができるはずだ。

ポジティブ公共哲学を確立することで可能になるポジティブな政策としては、他にもさまざまなものが構想できる。政府が自国の軍需産業にお金を投入することと、健康や福祉に資する産業やエコロジー産業の育成にお金を投入することの、どちらが人々のウェルビーイングを高めるうえで効果があるのだろうか。人手不足を埋めるために非人道的な悪条件のまま外国人労働者の受け入れを拙速に急ぐことと、メンタルな問題を抱えて力を発揮できずにいる国内の若い世代への支援を急ぐことの、どちらが社会の幸福度を高めるのだろうか。……これらの問いへの答えは一つではないだろう。だが、自由や権利、あるいは「損か得か」「儲かるかどうか」という判断軸しか持たない2D画面の中にいたのでは、この種の問いそのものが生まれないから議論も起きないし、新しい選択肢も登場しない。「善いこと」を見つけて実現しようとするには、人々の「心」に立ち上がる前向きな価値判断を政治に持ち込むポジティブ公共哲学が要る。その哲学を成り立たせるために必要なのが、2D画面すなわち二次元的な世界から脱し、何が「善いこと」に近いか、何が「幸福」に結びつくのかという判断軸、つまり「遠近感」を取り戻すことなのである。

世界を多次元的に見るために

人は空間や物を縦、横、高さで認識し、立体的にとらえている。私たちのナマの感覚で見る世界は三次元なのだ。その感覚的な認識を、私たちは半ば無意識のうちに他人や自分を取り巻く社会システムとの関係においても用いてきた。その認識の仕方は、図12のような理念空間として描き出すことができる。

例えば「上司の言うことには逆らえない」と思ったり「お上のやり方はおかしい」と語ったりするとき、人は上下の「垂直性」の中で関係をとらえている。制度的に見れば、古代に支配する者とされる者とが分化したことに始まり、近代になって議会制民主主義に到達した政治システムが、この垂直性すなわち縦軸に該当する。この正の方向は、統治力や指揮性（リーダーシップ）に対応する。

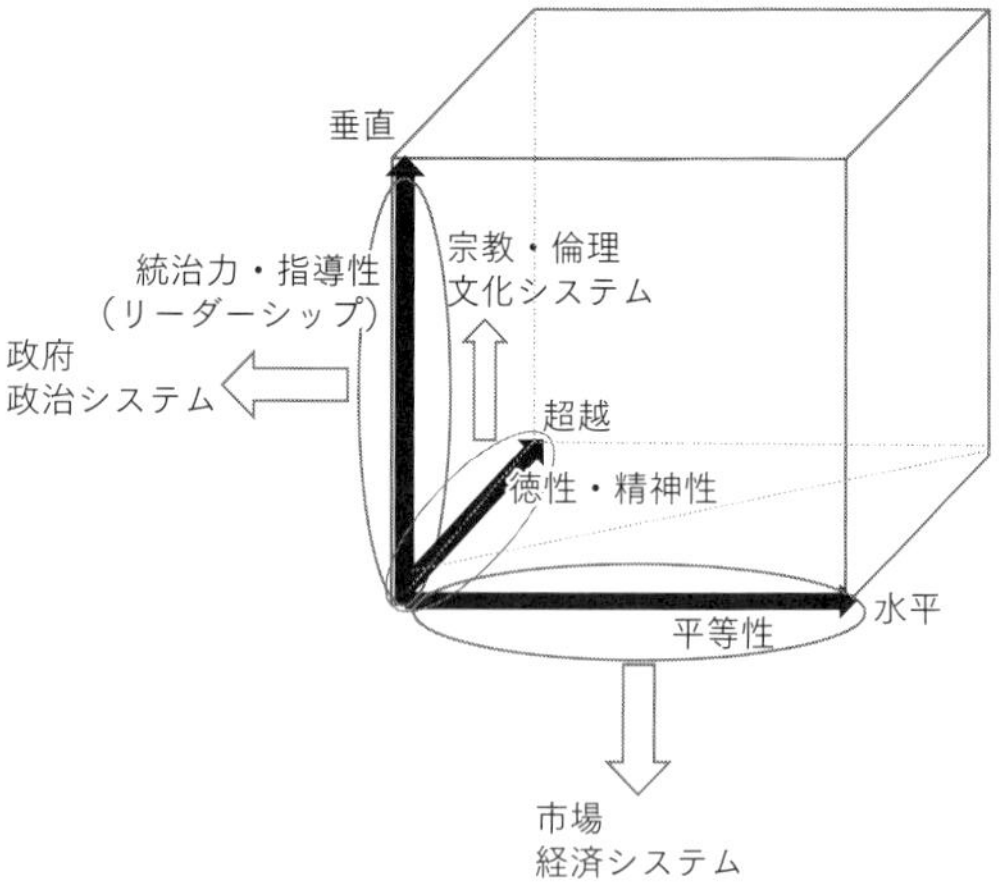

図12：３次元の理念空間
筆者作成。

一方、「みんながもらっているものを自分だけもらえないのは不平等だ」と感じたり、「こちらも苦労したのだから、それに見合うお返しはしてほしい」と願ったりするのは、「水平性」の中で関係をとらえる意識の表れである。物々交換に始まって近代の市場経済にまでたどり着いた経済システムは、この水平性、言い換えれば横軸で表すことができる。この正の方向は、平等性を表す。

だが、私たちは地位や肩書にかかわりなく正しいことや善いことを称賛したり、損得抜きで誰か（何か）のために一肌脱ごうという気になったりすることもある。そのような時、対象との関係は縦軸とも横軸とも違う高さ、あるいは遠近の奥行きの次元でとらえられている。人間を超えた存在への感情を出発点とする宗教や倫理、その先に育った学芸をはじめとする文化システムは、超越軸、すなわち高さに沿って育まれてきた。この正の方向は、徳性・精神性に対応する。

以上のように考えると、社会システムを上下の関係を意味する垂直軸、対等性を意味する水平軸に加え、高低あるいは遠近の奥行きを意味する超越軸の三次元でとらえるほうが人間本来の感覚にかなうだろう。図12では、この見方を基礎にして、政府・市場・宗教（倫理）など政治・経済・文化のシステムが展開していることを示している。

ポジティブ心理学者の一人であるジョナサン・ハイト（Jonathan Haidt　ニューヨーク大学スターンビジネススクール）は、これと似たとらえ方を「X軸＝親近性（closeness）、Y軸＝階層性（hierarchy）、Z軸＝神性（divinity）」という形で示している。彼はインドでインタビューをしたり、アメリカで「高揚」の研究をしたりして、親しさや好き嫌いという水平次元と社会階層や地位という垂直的次元に加えて、彼が「神性」と呼ぶ道徳的次元を想定するようになったのである。[35] ここにも、私たちが、二次元の平面の中にいるのではなく多次元的な世界に生きているという認識を見て取れる。

本書で紹介してきたように、ポジティブ心理学は個人や社会がウェルビーイングと美徳・強みという視点で「善いこと」を見つける目安やその見方、育て方を開拓してきた。権利の拡張や自由な利益の拡大とは次元が異なる、本当の幸福へとつながる「善い生き方」。それを探ろうとするポジティブ心理学は、二次元でとらえられがちな社会に本来は存在している他の軸を取り戻す試みであるとも言えるのである。

＊

さて、先に紹介したように、私はポジティブ心理学の手法を用いた食品企業の調査研究の中で、事業所や工場の人々の特性から「人生ウェルビーイング」「向社会性」「美徳」、そして「職場ウェルビーイング」という四つの因子を析出した（二五三頁）。一人ひとりの心に潜在するこれら四つの因子がさまざまな度合いで各自に現れ、その仕事ぶりやパフォーマンスに影響を与えているのだ。個人に潜在するこれら四つの因子のさまざまな組み合わせのバリエーションの中から、各自の仕事や職場、そこで働く自分自身についての認識や感情、ふるまいの特質が生まれる。

これら四つの因子が表している性質を一般化すると、「幸福性」、「社会性」、「徳性」、「公性」という概念で整理し直すことができる。「幸福性」は、人生ウェルビーイングが示す幸福の性質だから、ヘドニア的な快楽だけではなく、エウダイモニア的な善福をも示す。「社会性」とは、集団生活や周囲の人々、社会などへの志向性であり、他者や人々とのつながりや協力・社交、人民・民衆・人類といったように個人を超えたものへの関心を表すから、利他性を重視する宗教や思想と親和性がある。企業調査における仕事を通じた社会貢献への志向といった「向社会性」はこの「社会性」に相当する。「徳性」は徳義や徳的意識、道徳心を意味し、企業調査における「美徳」の性質にあたる。また、「公性」というのは国家や自治体、組織をはじめとする権力の影響を示し、それらと個人の緊張関係の中で生まれる場の力学がそこに生じる。職場においても企業と社員、上司と部下という権力関係があり、「家庭とは違う公の場」という感覚や秩序が生まれる。「職場ウェルビーイング」とはそのような場の力学において生まれるものだから、この「公性」にあたる。人は社会あるいは世界を「幸福性」(〔第1次元〕)、「社会性」(〔第2次元〕)、「徳性」(〔第3次元〕)、「公性」(〔第4次元〕)という四つの次元を重ね合わせながら見ているのである。この4次元は、「個人性(ミクロ)↔全体性(マクロ)」という横軸と、「現実性↔理想性」という縦軸に即して、図13のように4象限に配置して示すことができる。

これは私たちが、いくつかの色の組み合わせで多彩な色合いを表現したり感じ取ったりしているのに似ている。多くのパソコンプリンターは、シアン、マゼンタ、イエロー、ブラックの四色の微小な点を組み合わせることで、さまざまな色彩を表現している。どれかの色のタンクが空になれば、プリンターは思い通りの色彩を出すことができない。これと科学的原理は異なるが、光の刺激を受け取る私たちヒトの目も、光の波長によって反応の度合いの異なる複数種類（多くの人は三種類）の細胞を持ち、その細胞の反応の度合いの組み合わせで多種多様な色を認識している。いずれにしても私たちが視覚を通して世界と関わる時、いくつかの色の因子すなわち原色の組み合わせとそのグラデーションがあってこそ世界はカラーになる。

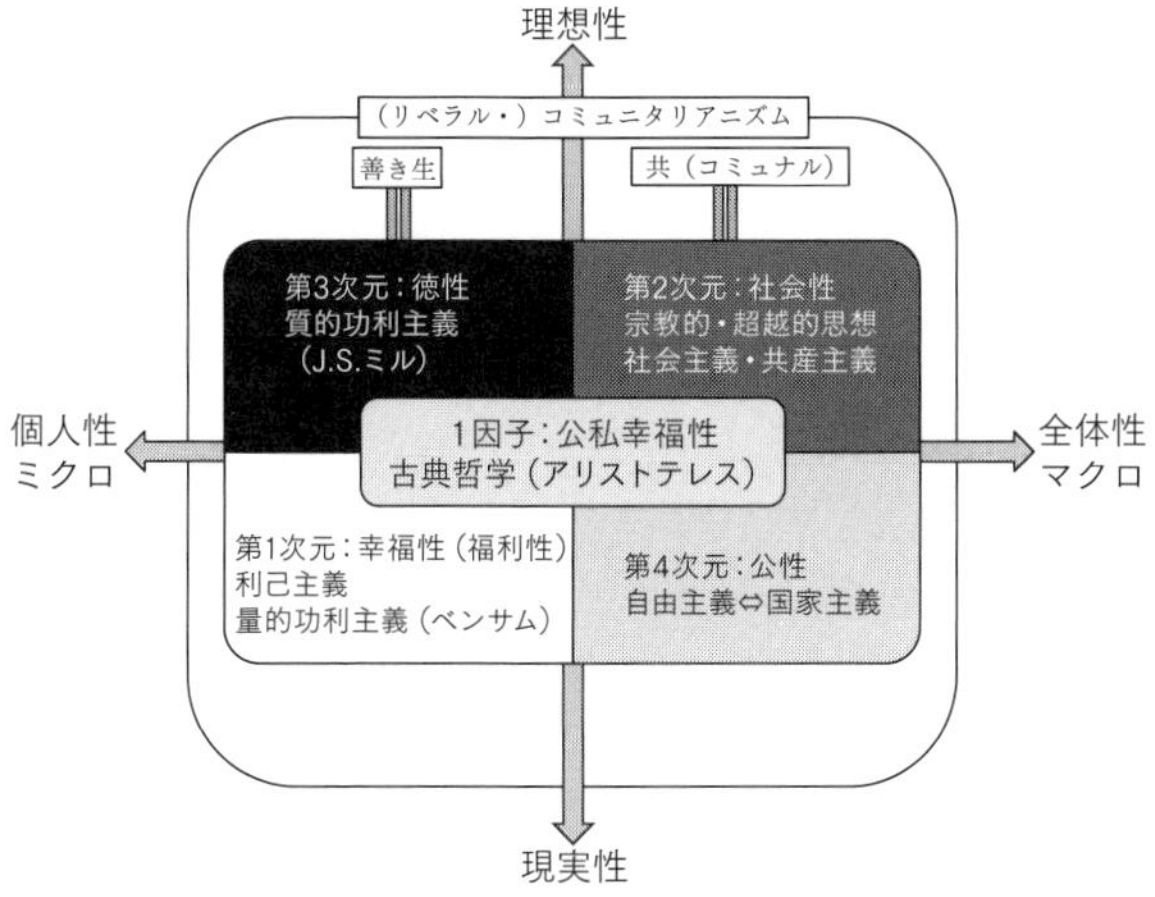

図13：４次元理論と政治哲学　筆者作成。

仮に一つの色のインクしかそなえていないプリンターがあるならば、当然のことだが印刷されるのは単色の濃淡だけで対象を表現するモノトーンの写真や絵だ。風景の色合いを生々しく再現するには複数の原色が要るのだ。同様に、社会を生き生きとした形で理解し、そのあり方をリアルに構想するには、複数の次元を包括した政治哲学を通して社会をとらえる必要がある。

人生の目的をエウダイモニア的幸福に置いたアリストテレスの古典哲学は、本書でもしばしば触れてきたように幸福に至るためのさまざまな見方や方法を内包していた。図13の中央に配したように、古典哲学は公私にわたるエウダイモニア的幸福を、包括的にとらえていたのである。ところが、近代以降になると政治哲学は前述の四つの次元に分化し、それぞれが切り離された形で政治経済を論じるようになった。例えば、近代において初めに展開したのは、ヘドニア的な幸福性（〔第1次元〕）を中心に考えるベンサム以来の量的功利主義や、経済的な利己主義だった。もっぱらヘドニア的な快楽の量によって何が正しいかを説明できると考えた点で、この「幸福性」は快楽的幸福という意味で「福利性」であり、これらは一次元的な政治哲学だった。一方、個人と国家権力の対抗関係という公性（〔第4次元〕）に関する側面から政治・社会を論じる思想として、国家主義とその対抗思想である自由主義が生まれた。自由主義は本書で述べた「自由型」（リバタリアニズムとリベラリズム）の政治思想（二〇六頁）へと展開し、徳性（〔第3次元〕）の美徳・道徳性・倫理性や社会性（〔第2次元〕）に位置する利他性や人類愛などは扱おうとしない。〔第3次元〕に位置する質的功利主義や〔第2次元〕の宗教的・超越的思想や社会主義・共産主義もそれぞれに相当する次元だけに注意を向けるという限界を抱え、近代の政治哲学はいずれも一次元的か、せいぜい二次元的な思想にとどまる。

食品企業の研究で析出したように、より精緻に把握すれば、実際には私たち一人ひとりは心に四つの因子を内在させ、いわば四つの原色を使ったカラー印刷を通して社会を見ている。この方が、現実に近いのだ。ところが、右の各思想のもとでは、政治経済が単色の濃淡かせいぜい二色刷りでしか描かれないのである。

描くカラーが不足していると、それによって描かれる政治経済や社会は私たちにとって色あせたよそよそしいものになってしまう。例えば、ポジティブ医療やポジティブ福祉に関連して言及したように、今の中心的な政治哲学のもとでは、社会としての「ありがとう」や「よろしく」を政治経済に盛り込みにくい。結果として政治は、「善い行い」に取り組もうとする現場の人々を、励ますものにならないのである。その限界を乗りこえるため、私たちは改めて四つの次元を包括し直し、世界をカラーでとらえる目を取り戻すべきであろう。

一方で、より機能の高いプロフェッショナルなプリンターでは、例えば一〇色以上のインクを用いてより鮮やかに色を印刷する。同様に、政治哲学でも五以上の因子で世界を描き出すことも不可能ではない。だが、インクの数をあまり多くすると複雑で高価になるから、一般家庭では四色や六色のインクを用いることが多い。これでも一色や二色よりも、ずっと綺麗に写真などを印刷できる。同じように、政治哲学でも四因子を用いた方が、通常の議論では必要にして十分な形で、世界を現実に近く映し出すことができる。

ポジティブ心理学の方法を用いることで個人の人格的特質から四つの因子が析出されたことにより、近代において分化した四つの次元を再度包括して社会を見ていく必要があることが実証的に明らかになった。こうしてあぶりだされた従来の政治哲学の限界、すなわち、人間を抽象的に考える自由型のよそよそしさを克服し、「善」や「共」という視点を用いて再包括的に社会をとらえようとするのがリベラル・コミュニタリアニズムであることはすでに述べてきたつもりだ。つまり、ここでもポジティブ心理学とリベラル・コミュニタリアニズムは、社会や世界の「見方」を変える学問として一体的に機能しているのである。

リベラル・コミュニタリアニズムは、アリストテレス倫理学以来の「善き生」や「善き幸福（エウダイモニア）」の概念を踏まえて、現代の民主主義の中で、政治による「共通善」、そして「善き社会」の実現を目指す公共哲学である。アリストテレス倫理学はポジティブ心理学に、リベラル・コミュニタリアニズムはポジティブな公共システム論にそれぞれ対応し、ポジティブ公共システム論はポ

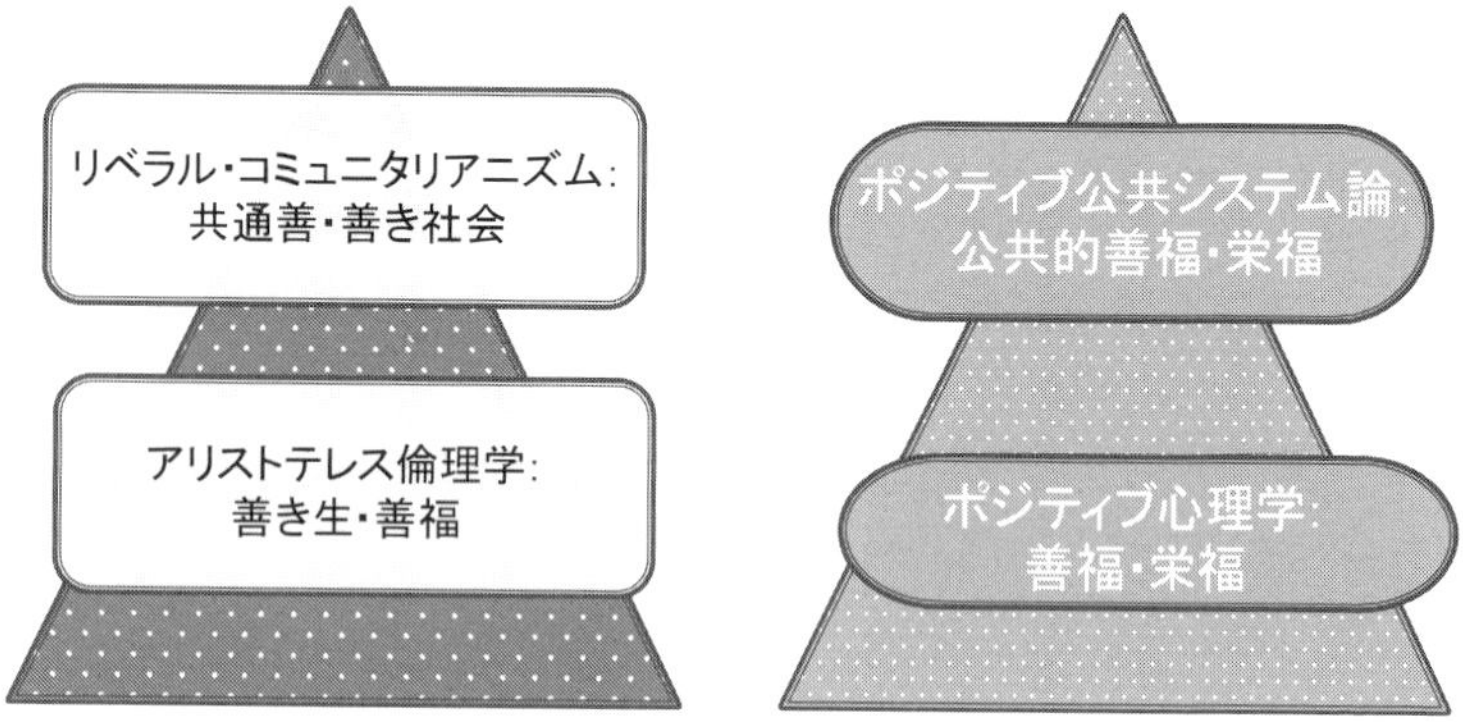

図14：公共哲学とポジティブ心理学　筆者作成。

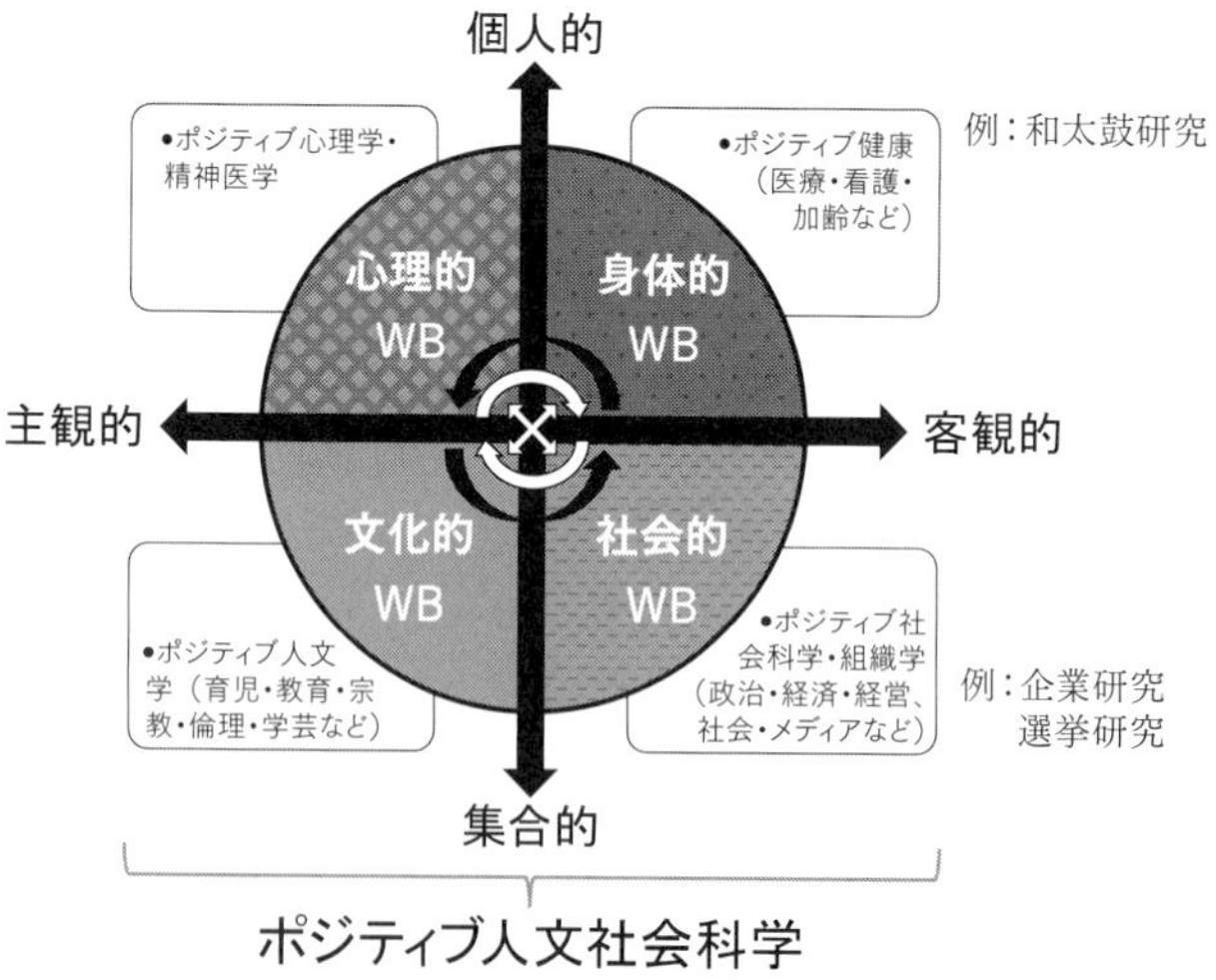

図15：ポジティブ心理学の多領域的展開　WBはウェルビーイングを表す。縦軸と横軸は『応用ポジティブ心理学：統合されるポジティブ実践』（ティム・ロマスら、2014年、本章（注）36参照）に依拠している。筆者作成。

ジティブ心理学に立脚して公共的な善福や栄福の実現を目指す（図14）。いずれの体系も土台にあるのは個々人の美徳や強みによる「善い生き方」だ。この相同性に目を向ければ、共通の基盤に基づく二つは一つの哲学的科学として統合されうる。

ポジティブ心理学の中でも「応用ポジティブ心理学」という概念は、様々な領域における実践的展開のことを指す[36]（図15）。例えば本書で述べてきた諸領域に加えて、哲学や倫理学、宗教などの人文系の領域でも、「ポジティブ倫理」「ポジティブ宗教」などの概念が提起されている。また、社会科学の領域でも、「ポジティブ・メディア」など多様な展開が見られる。それらを総覧すると、包括的なポジティブ心理学が成立しつつあることは明らかである。さらに、学問の概念としても、ポジティブ社会科学に加えて、ポジティブ人文学という概念（ジェームズ・ポウェルスキー）がすでに提起されている。こうした一連の流れは、科学的基礎に立脚した包括的な学問として、ポジティブな人文社会科学が成立しつつあることを意味する。私の実感では、いまやポジティブ心理学は「心理学」という一つの学問領域であることを超え、いわば「総合学」となって、社会を本来の多次元的な世界としてとらえなおす原理の総称として位置づけられるべき段階に来ているのである。

この潮流を前進させれば、ウェルビーイングの概念を基礎にして、公共的に人々の真福（真の幸福）の実現を可能にするポジティブな社会システムを実現することができるに違いない。それは、ポジティブ福祉、ポジティブ医療、ポジティブ教育、ポジティブ政治経済などによるポジティブな政治・経済・文化のシステムである。[37]このシステムがもたらすのは、まさに永福（永続的幸福）にして善福（エウダイモニア的な善き幸福）の世界であり、そこでは開福（開花による幸福）によって栄福（繁栄による幸福）を実現することが、新しい文明的な目標になるのではないだろうか。

注

[序章]

1　例えば、http://jphp.jp/shukaisemi.html（日本ポジティブサイコロジー医学会ＨＰ〈新型コロナウイルスの不確実性に直面する中、冷静さを保つのを助ける簡単なエクササイズ〉）。

2　エリザベス・ダン、マイケル・ノートン『「幸せをお金で買う」５つの授業』（古川奈々子訳、中経出版、２０１４年）、１８４－１８５頁。

3　２０１９年４月12－14日。Giveness international 主催。

4　George Ward, Jan-Emmanuel De Neve, Lyle H. Ungar, and Johannes C.Eichstaedt(2020) “(Un) Happiness and Voting in U.S. Presidential Elections.”(Journal of Personality and Social Psychology), https://doi.org/10.1037/pspi0000249

[第１章]

1　Martin, E. P. Seligman, Flourish: A Visionary New Understanding of Happiness and Well-being, New York, Free Press, 2011, Ch.9（マーティン・セリグマン『ポジティブ心理学の挑戦――〝幸福〟から〝持続的幸福〟へ』宇野カオリ監訳、ディスカヴァー・トゥエンティワン、２０１４年、３４３－３５９頁）。

2　Sheldon Cohen, William J. Doyle, Ronald B. Turner, Cuneyt M. Alper, and David P.Skoner, “Emotional Style and Susceptibility to the Common Cold,”Psychosomatic Medicine, 2003, 65:,pp.652-657;
Sheldon Cohen, Cuneyt M. Alper, William J. Doyle, John J. Treanor, and Roald B. Turner,“Positive Emotional Style Predicts Resistance to Illness After Experimental Exposure to Rhinovirus or Influenza A Virus,”Psychosomatic

Medicine, 2006, 68, pp.809-815; William J. Doyle, Deborah, A. Gentile, Sheldon Cohen, “Emotional Style, Nasal Cytokines, and Illness Expression After Experimental Rhinovirus Exposure,” Brain, Behavior, and Immunity, 2000, 20, pp.175-181.

3　Seligman, Authentic Happiness: Using the New Positive Psychology to Realize Your Potential for Lasting Fulfillment, New York, Free Press, 2002, pp.1-5（マーティン・セリグマン『世界でひとつだけの幸せ――ポジティブ心理学が教えてくれる満ち足りた人生』小林裕子訳、アスペクト、２００４年、12－14頁）、David Snowdon, Aging with Grace: What the Nun Study Teaches Us About Leading Longer, Healthier, and More Meaningful Lives, Bantam, reprint, 2001（デヴィッド・スノウドン『１００歳の美しい脳――アルツハイマー病解明に手をさしのべた修道女たち』藤井留美訳、ＤＨＣ、２００４年）。

4　以下はSeligman, Authentic Happiness, op. cit. pp.1-11（邦訳12－22頁）など。

5　Barbara L. Fredrickson, Positivity: Top-Notch Research Reveals the 3-to-1 Ratio That Will Change Your Life, New York, Three Rivers Press, 2009（バーバラ・フレドリクソン『ポジティブな人だけがうまくいく３：１の法則』植木理恵監修、高橋由紀子訳、日本実業出版社、２０１０年）。

6　Seligman, Flourish, op. cit., Ch.1（邦訳65頁以下）、Christopher Peterson, A Primer in Positive Psychology, Oxford, Oxford University Press, 2006（クリストファー・ピーターソン『ポジティブ心理学入門』宇野カオリ訳、春秋社、２０１２年、41頁以下）など。

7　Robert A. Emmons, The Little Book of Gratitude: Create a Life of Happiness and Wellbeing by Giving Thanks, London, Gaia Books, 2016, Ch.2, p.20（ロバート・A・エモンズ『ありがとうの小さな練習帳――幸せを招き寄せる感謝のレッスン26』Lurrie Yu訳、プレジデント社、２０１６年、18－19頁）。

8　Sonja Lyubomirsky, The How of Happiness: A New Approach to Getting the Life You Want, New York, Penguin Books, 2007（ソニア・リュボミアスキー『幸せがずっと続く12の行動習慣――自分で変えられる40％に集中しよう』金井真弓訳、渡辺誠監修、日本実業出版社、２０１２年）, Ch.4; Adam Grant, Give And Take: A Revolutionary

Approach to Success, London, Weidenfeld & Nicolson, 2013, pp.5-8, p.182（アダム・グラント『GIVE & TAKE──「与える人」こそ成功する時代』（楠木建監訳、三笠書房、２０１４年、26－32頁、２５２－２５５頁）。

9 Lyubomirsky, The How of Happiness, op. cit., p.151（邦訳１４９頁）、原典：C. E. Schwartz, and R. M. Sender, 1999, "Helping Others Helps Oneself: Response Shift Effects in Peer Support," Social Science & Medicine, 48, 1563-1575.

10 Seligman, Flourish, op. cit., Ch.1（邦訳42頁）。

11 Seligman, Flourish, op. cit., p.21（邦訳43頁）; D. M. Isaacowitz, G. E. Vaillant, and M. E. P. Seligman, "Strengths and Satisfaction Across the Adult Lifespan," International Journal of Aging and Human Development, 2003, 57, pp.181-201.

12 チャディー・メン・タン『サーチ・インサイド・ユアセルフ──仕事と人生を飛躍させるグーグルのマインドフルネス実践法』（一般社団法人マインドフルリーダーシップインスティチュート監訳、柴田裕之訳、英治出版、２０１６年）、荻野淳也・木蔵シャフェ君子・吉田典生『世界のトップエリートが実践する集中力の鍛え方──ハーバード、Google、Facebookが取りくむマインドフルネス入門』（日本能率協会マネジメントセンター、２０１５年）。

13 Bridget Grenville-Cleave, Positive Psychology: A Toolkit for Happiness, Purpose and Well-being, London, Icon Books, 2016, Ch.13.

14 William C. Compton, Edward Hoffman, Positive Psychology: The Science of Happiness and Flourishing, second edition, Belmont, CA, Wadsworth Cengage Learning, 2005, pp.90-96; Shane J. Lopez, Jennifer Teramoto Pedrotti, and C. R. Snyder, Positive Psychology: The Scientific and Practical Explanations of Human Strengths, third edition, London, Sage, 2015, pp.264-272.

15 Ellen J. Langer, "Mindfulness Versus Positive Evaluation," in Lopez and Snyder, eds., The Oxford Handbook of Positive Psychology, Ch.26; Ellen Langer, "Mindfulness," in Lopez, ed., The Encyclopedia of Positive Psychology, Blackwell Publishing Ltd, 2009, pp.618-622.

16　Nicholas A. Christakis, and James H. Fowler, Connected: The Surprising Power of Our Social Networks and How They Shape Our Lives , New York, Little, Brown and Company, 2009（ニコラス・A・クリスタキス、ジェイムズ・H・ファウラー『つながり――社会的ネットワークの驚くべき力』鬼澤忍訳、講談社、２０１０年）。

17　John Mordechai Gotman, What Predicts Divorce?: The Relationship Between Marital Processes and Marital Outcomes, New Jersey, Lawrence Erlbaum Associates, Inc., 1994; J. M. Gotman and Nan Silver, The Seven Principles for Making Marriage Work: A Practical Guide from the Country's Foremost Relationship Expert, Harmony, revised and updated, 2015（ジョン・M・ゴットマン、ナン・シルバー『結婚生活を成功させる七つの原則』松浦秀明訳、第三文明社、２００７年）。

18　Shelly L. Gable and Courtney L. Gosnell, "The Positive Side of Close Relationships," in Kennon M. Sheldon, Todd B. Kashdan, and Michael F. Steger, eds., Designing Positive Psychology: Taking Stock and Moving Forward, Oxford, Oxford University Press, 2011, Ch.17. pp.265-279.

19　Fred B. Bryant and Joseph Veroff, Savoring: A New Model of Positive Experience, New Jersey, Lawrence Erlbaum Associates, Inc., 2007; Fred B. Bryant, Carrie L. Ericksen, and Adam H. DeHoek, "Savoring," in Lopez, ed., The Encyclopedia of Positive Psychology, op. cit., pp.857-859; Jaime L. Kurtz, "Savoring: A Positive Emotion Amplifier," in Dana S. Dann, ed., Positive Psychology: Established and Emerging Issues, New York, Routledge, 2018, Ch.4.

20　Angela Duckworth, Grit: The Power of Passion and Perseverance, London, Vermillion, 2016（アンジェラ・ダックワース『やり抜く力――人生のあらゆる成功を決める「究極の能力」を身につける』神崎朗子訳、ダイヤモンド社、２０１６年）。

21　Richard M. Ryan and Edward L. Deci, Self-Determination Theory: Basic Psychological Needs in Motivation, Development, and Wellness, New York, The Guilford Press, 2017; Grenville-Cleave, Positive Psychology, op. cit., pp.151-153.

22　Barry Schwartz, The Paradox of Choice: Why More Is Less, revised, New York, HarperCollins Publishers, 2004（バ

リー・シュワルツ『なぜ選ぶたびに後悔するのか――オプション過剰時代の賢い選択術』瑞穂のりこ訳、武田ランダムハウスジャパン、2012年、33－34頁)。

23 David Lykken and Auke Tellegen, "Happiness Is a Stochastic Phenomenon," Psychological Science, 1996, 7, pp.186-189; 大石繁宏『幸せを科学する――心理学からわかったこと』(新曜社、2009年、118－119頁)、David Lykken, Happiness: What Studies on Twins Show us About Nature, Nurture, and the Happiness Set Point, New York, Golden Books, 1999; Compton and Hoffman, Positive Psychology, op. cit., p.70; Carr, Positive Psychology, op. cit., p.18-19.

24 アイザック・プリレルテンスキー「公正としての良さ」(千葉大学公共学会『公共研究』2018年3月、第14巻第1号、69－90頁)。

[第二章]

1 Julia K. Boehm and Sonja Lyubomirsky, "The Promise of Sustainable Happiness," in Lopez and Snyder, eds., The Oxford Handbook of Positive Psychology, op. cit., Ch.63, pp.667-677; Sonja Lyubomirsky, The How of Happiness: A New Approach to Getting the Life You Want, New York, Penguin Books, 2007, p.20 (ソニア・リュボミアスキー『幸せがずっと続く12の行動習慣――自分で変えられる40%に集中しよう』金井真弓訳、渡辺誠監修、日本実業出版社、2012年)。

2 企業調査に関しては、二四八頁以下を参照。一般人の調査は、三菱総合研究所が行ったものである。第三章注2参照。

3 Seligman, Authentic Happiness: op. cit., Appendix.

4 Philip Brickman, Dan Coates, and Ronnie Janoff-Bulman, "Lottery Winners and Accident Victims: Is Happiness Relative?" Journal of Personality and Social Psychology, 1978, 36, pp.917-927; P. Brickman and D. T. Campbell, "Hedonic Relativism and planning the good society," in M. H. Appley, ed., Adaptation-level Theory, New York,

Academic Press, pp.287-305.

5 Ed Diener and Robert Biswas-Diener, Happiness: Unlocking the Mysteries of Psychological Wealth, Malden, MA, Blackwell Publishing, 2018, Ch.6.

6 Christopher Peterson and Martin E. P. Seligman, Character Strengths and Virtues: A Handbook and Classification, Oxford, Oxford University Press, 2004.

7 ダニエル・ゴールマン『ＥＱ――こころの知能指数』（土屋京子訳、講談社＋α文庫、１９９８年）、ゴールマン『ＳＱ生きかたの知能指数――ほんとうの「頭の良さ」とは何か』（土屋京子訳、日本経済新聞出版社、２００７年）。

8 Christopher Peterson, A Primer in Positive Psychology, Oxford, Oxford University Press, 2006, Ch.6（クリストファー・ピーターソン『ポジティブ心理学入門』宇野カオリ訳、春秋社、２０１２年）。

9 Marcus Buckingham and Donald O. Clifton, Now, Discover Your Strengths: How to Develop Your Talents and Those of the People You Manage, London, Pocket Books, 2004, especially Appendix "A Technical Report on Strength Finder"(Thoedore L. Hayes), p.251（マーカス・バッキンガム&ドナルド・О・クリフトン『さあ、才能《じぶん》に目覚めよう――あなたの５つの強みを見出し、活かす』田口俊樹訳、日本経済新聞出版社、２００１年、３４１頁）。

10 Alex Linley, Janet Willars, and Robert Biswas-Diener, The Strengths Book: Be Confident, Be Successful, and Enjoy Better Relationships by Realising the Best of You, Coventry, CAPP Press, 2010. ただし今のＣＡＰＰのサイトでは、リアライズ２はさほど積極的に説明されていない。http://positivepsychology.org.uk/centre-of-applied-positive-psychology/

11 ジョージ・ルーカス、マシュー・ストーヴァー『スター・ウォーズ　エピソード３　シスの復讐』（富永和子訳、ソニー・マガジンズ、２００５年）、５４４頁。

12 ダニエル・ウォーレス、ケヴィン・J・アンダースン『スター・ウォーズ全史』（富永和子・富永晶子訳、ソニー・マガジンズ、２００６年）、下巻、１１６、１３３頁。

13 Lyubomirsky, The How of Happiness, op. cit., Ch.8, pp.214-226（邦訳２４４－２５３頁）。

14 Ilona Boniwell, Positive Psychology in a Nutshell: The Science of Happiness, third edition, Maidenhead, Open University Press, 2012, pp.116-117（イローナ・ボニウェル『ポジティブ心理学が１冊でわかる本』成瀬まゆみ監訳、永島沙有里ほか訳、国書刊行会、２０１５年、２３２－２３４頁）。

15 Seligman, “Chris Peterson’s Unfinished Masterwork: The Real Mental Illnesses,” The Journal of Positive Psychology, 2013, 10(1), pp.3-6.

16 https://www.viacharacter.org/research/findings/character-strengths-overuse-and-underuse

17 Seligman, Flourish, op. cit., Ch.7, 8.

18 Seligman, Flourish, op. cit., Ch.8, especially p.159, 161, 170（邦訳２８４、２８７、３０６頁）。

19 Itai Ivtzan, Tim Lomas, Kate Hefferon, and Piers Worth, Second Wave Positive Psychology: Embracing the Dark Side of Life, New York, Routledge, 2016, especially, Introduction, Ch.1.

20 『保健師ジャーナル』（医学書院）の２０２０年４月号から連載されている、島井哲志・小林正弥「ポジティブな地域づくりを考える――ポジティブ心理学×公共哲学から見る公衆衛生活動」に掲載されている（現在も継続中）。

[第三章]

1 Alan Carr, Positive Psychology: The Science of Happiness and Human Strengths, London. Routledge, second edition, 2011, pp.30-31.

2 これは三菱総合研究所・50周年記念研究であり、詳しくは https://www.mri.co.jp/50th/ を参照。

3 以下については、拙稿「和太鼓によるエクササイズ（エクサドン）の効果――日本発のポジティブ介入技法という可能性」千葉大学公共学会『公共研究』第15巻第1号、２０１９年３月、31－52頁。

4 以下の政治哲学や政治思想については、拙著『サンデルの政治哲学――〈正義〉とは何か』（平凡社新書、２０１０年）、拙著『武器になる思想――知の退行に抗う』（光文社新書、２０１８年）。

5 拙稿「福祉哲学の新しい公共的ビジョン――コミュニタリアニズム的正義論とポジティブ国家」（広井良典編著『福祉の哲学とは何か――ポスト成長時代の幸福・価値・社会構想』ミネルヴァ書房、２０１７年）、第2章、特に１１１－１１４頁。

6 Compton and Hoffman, Positive Psychology, op. cit., pp.117-120; Theodoros A. Kyriazos and Anastassios Stalikas, "Positive Parenting or Positive Psychology Parenting? Towards a Conceptual Framework of Positive Psychology Parenting," Psychology, 2018, 9, pp.1761-1788, especially, 1764-1765; ジョーン・E・デュラント『ポジティブ・ディシプリンのすすめ――能力をのばす0歳から18歳までの子育てガイド』（セーブ・ザ・チルドレン・ジャパン監修、柳沢圭子訳、明石書店、２００９年）、加藤則子・柳川敏彦編『トリプルＰ――前向き子育て17の技術』（診断と治療社、２０１０年）。

7 Seligman, Authentic Happiness, op. cit., Ch.12.

8 Kyriazos and Stalikas, op. cit., 1768-1775.

9 Lea Waters, The Strength Switch: How The New Science Of Strength-Based Parenting Helps Your Child And Your Teen Flourish, Melbourne, Scribe Publications, 2017（リー・ウォーターズ『ストレングス・スイッチ――子どもの「強み」を伸ばすポジティブ心理学』江口泰子訳、光文社、２０１８年）。

10 Peterson, Pursuing the Good Life: 100 Reflections on Positive Psychology, Oxford, Oxford University Press, 2012, pp.128-129（邦訳１３６頁）。

11 Seligman, Flourish, op. cit., Ch.5,6, pp.78-96, 115-124（邦訳１４１－１６８、１９８－２０７頁）。

12 Seligman, Flourish, op. cit., Ch.5; Jacolyn Norrish, Positive Education: The Geelong Grammar School Journey, Oxford, Oxford University Press, 2015.

13 Seligman, The Hope Circuit: A Psychologist's Journey from Helplessness to Optimism, London, Nicholas Brealey Publishing. 2018, Ch.23, "Positive Education (1990-)," especially, p.294.

14 Howard Gardner, Mihaly Csikszentmihalyi, and William Damon, Good Work: When Excellence and Ethics Meet,

New York, Basic Books, 2001（ハワード・ガードナー、ミハイ・チクセントミハイ、ウィリアム・デイモン『グッドワークとフロー体験――最高の仕事で社会に貢献する方法』大森弘監訳、安室憲一・梅野巨利・山口隆英・西井進剛訳、世界思想社、２０１６年）。

15 Csikszentmihalyi, Good Business: Leadership, Flow, and the Making of Meaning, New York, Penguin Books, 2003（M・チクセントミハイ『フロー体験とグッドビジネス――仕事と生きがい』大森弘監訳、世界思想社、２００８年）。

16 島津明人『ワーク・エンゲイジメント――ポジティブ・メンタルヘルスで活力ある毎日を』（労働調査会、２０１４年）、ウィルマー・B・シャウフェリ、ピーターナル・ダイクストラ『ワーク・エンゲイジメント入門』（島津明人・佐藤美奈子訳、星和書店、２０１２年）。

17 Kim S. Cameron, Jane E. Dutton, and Robert E. Quinn, eds., Positive Organizational Scholarship: Foundations of a New Discipline, San Francisco, Berrett-Koehler Publishers, Inc., 2003.

18 Amy Wrzesniewski, "Finding Positive Meaning in Work," in Cameron, Dutton, and Quinn, op. cit., Ch.19; Seligman, Authentic Happiness, op. cit. pp.168-175（邦訳２５２－２５９頁）。

19 Cameron, Positive Leadership: Strategies for Extraordinary Performance, second edition, San Francisco, Berrett-Koehler Publishers Inc., 2012.

20 Wayne Baker, Rob Cross, and Melissa Wooten, "Positive Organizational Network Analysis and Energizing Relationships," in Cameron, Dutton, and Quinn, eds., op. cit., Ch.21.

21 拙稿「ポジティブな動態的公共システム論――多水準・次元・領域の分析枠組み」千葉大学公共学会『公共研究』第16巻第1号、２０２０年3月、72－１０６頁、特に98－１０２頁に一部の成果を公表した。

22 Bruno S. Frey and Alois Stutzer, Happiness and Economics: How the Economy and Institutions Affect Human Well-Being, New Jersey, Princeton University Press, 2002, especially p.74（ブルーノ・S・フライ、アロイス・スタッツァー『幸福の政治経済学――人々の幸せを促進するものは何か』佐和隆光監訳、沢崎冬日訳、ダイヤモンド社、２

００５年、１０６頁); Frey, Happiness: A Revolution in Economics, The MIT Press, 2008 (ブルーノ・S・フライ『幸福度をはかる経済学』白石小百合訳、NTT出版、２０１２年); Frey, Economics of Happiness, Basel, Springer, 2018; Carol Graham, Happiness Around the World: the Paradox of Happy Peasants and Miserable Millionaires, Oxford, Oxford University Press, 2009 (キャロル・グラハム『人類の幸福論——貧しくても幸せな人と裕福でも不満な人』猪口孝訳、西村書店、２０１７年); Graham, The Pursuit of Happiness: An Economy of Well-Being, Washington, DC, Brookings Institution Press, 2011 (キャロル・グラハム『幸福の経済学——人々を豊かにするものは何か』多田洋介訳、日本経済新聞出版社、２０１３年)。

23 Richard A. Easterlin, Happiness, Growth, and the Life Cycle, eds., by Holger Hinte and Klaus F. Zimmermann, Oxford, Oxford University Press, 2010, especially, viii, and "Does Economic Growth Improve the Human Lot? Some Empirical Evidence," Ch.1 (１９７４年初出の有名な論文)。

24 Ed Diener and Martin E. P. Seligman, "Beyond Money: Toward an Economy of Well-Being," in Diener, ed., The Science of Well-being, Heidelberg, Springer, 2009, pp.201-265.

25 各年の報告は https://worldhappiness.report/ で見ることができる。２０１４年のみ報告書が掲載されていない。２０１３年版から同じ形式で各国比較の順位と幸福度数値が掲載されており、それぞれの順位と数値を確認した。初回の２０１２年版には順位と幸福度数値は掲載されていないので、翌年からの順位に該当するグラフで順位を数えた。筆者の再計算は、このもとになっているギャラップ社の調査データ(２０２０年版の資料に掲載)から同方式(前年までの3年間の平均)で行った。

26 三菱総合研究所調査(1から10までの10段階)で５・５５(新型コロナ・ウイルスの影響を除いて考えてもらった場合も同じ)なので、0から10までの11段階にあわせるように計算すると5・06になる。

27 10尺度で平均25・2なので、本来の7尺度に合わせると17・6となる。この調査は新型コロナウイルス問題の時期に行われており、その結果ウェルビーイングが少し低下していることが確認されたが、対象者の主観的評価に基づいてその分を補正しても同じである(18・0)。一般的な幸福度に関してこの時期の前と比較してもらったところ、

10尺度で５・７２０から５・５８３に低下していたので、この問題が起こる前の人生満足度はこの比率で調査時点より高かっただろうと推定した。

28　鳩山友紀夫氏・首藤信彦氏らとの議論は２０１９年４月10日になされ、シンポジウムは４月12日にGiveness International 主催で行われて、筆者も講演を行った。

29　アイザック・プリレルテンスキー「公正としての良さ」（千葉大学公共学会『公共研究』２０１８年３月、第14巻第１号、69－90頁）。

30　第三章注２で記した三菱総合研究所調査における因子分析による。大・中・小という表現の目安は、相関関係０・５、０・３、０・１（いずれも以上）である。

31　Isaac Prilleltensky, and Ora Prilleltensky, Promoting Well-Being: Linking Personal, Organizational, and Community Change, New Jersey, John Wiley & Sons, Inc., 2006.

32　各領域や要因に該当する項目とウェルビーイングとの相関関係に基づいた叙述であり、他の要因はまだ制御していない。政治や行政への信頼とウェルビーイングの関係が０・３台（ＰＥＲＭＡ）・０・４台（ＳＷＬＳ）であるのに対し、選挙・市民的活動による変革の可能性や市民的ルール形成との関係は、０・４台から０・５台（ＰＥＲＭＡ、ＳＷＬＳ）だった。また、経済的格差・格差の連鎖・機会の格差それぞれの存在認識とウェルビーイングの関係は小さかった（絶対値が０・１５未満）のに対し、政策による（結果の）格差解消（平等化）との相関係数は０・３台（ＰＥＲＭＡ、ＳＷＬＳ）だった。

33　リチャード・Ｇ・ウィルキンソン『格差社会の衝撃――不健康な格差社会を健康にする法』（池本幸生・片岡洋子・末原睦美訳、書籍工房早山、２００９年）、「日本語版への序文」、２頁。

34　「ポジティブ公共システム理論と地域統合――日本内外の関係論的な多層的・多次元的分析」酒井啓子編『グローバル関係学３　多元化する地域統合』（石戸光・鈴木絢女編、岩波書店、２０２１年）、第11章。

35　Jonathan Haidt, The Happiness Hypothesis: Putting Ancient Wisdom and Philosophy to the Test of Modern Science, London, Arrow Books, 2006, Ch.9（ジョナサン・ハイト『しあわせ仮説――古代の知恵と現代科学の知

恵』藤澤隆史・藤澤玲子訳、新曜社、２０１１年）。

36　P. Alex Linley and Stephen Joseph, eds., Positive Psychology in Practice, Hoboken, New Jersey, John Wiley & Sons, Inc., 2004; Tim Lomas, Kate Hefferon, and Itai Ivzan, Applied Positive Psychology: integrated positive practice, Los Angeles, Sage Publications Ltd, 2014.

37　拙稿、前掲「ポジティブな動態的公共システム論」。

■参照した海外のテキストや辞典

本書の執筆にあたっては、ポジティブ心理学について、個別に注記した以外に下記のテキストや辞典を全般的に参照している。

Ilona Boniwell, Positive Psychology in a Nutshell: The Science of Happiness, third edition., Maidenhead, Open University Press, 2012, Ch.1（イローナ・ボニウェル『ポジティブ心理学が1冊でわかる本』成瀬まゆみ監訳、永島沙有里ほか訳、国書刊行会、２０１５年、21頁以下）。

Kate Hefferon and Ilona Boniwell, Positive Psychology: Theory, Research, and Applications, Maidenhead, Open University Press, 2011.

Christopher Peterson, A Primer in Positive Psychology, Oxford, Oxford University Press, 2006（クリストファー・ピーターソン『ポジティブ心理学入門――「よい生き方」を科学的に考える方法』宇野カオリ訳、春秋社、２０１２年）。

Alan Carr, Positive Psychology: The Science of Happiness and Human Strengths, second edition, London, Routledge, 2011.

William C. Compton and Edward Hoffman, Positive Psychology: The Science of Happiness and Flourishing, second edition, Belmont, CA, Wadsworth Cengage Learning, 2013.

Bridget Grenville-Cleave, Positive Psychology: A Toolkit for Happiness, Purpose and Well-being, London, Icon

Books, 2016.
Dana S. Dunn, ed., Positive Psychology: Established and Emerging Issues, New York, Routledge, 2018.
Shane J. Lopez, ed., The Encyclopedia of Positive Psychology, West Sussex, Wiley-Blackwell, 2009.
Shane J. Lopez and C. R. Snyder, eds., The Oxford Handbook of Positive Psychology, second edition, Oxford, Oxford University Press, 2009.
Shane J. Lopez, Jennifer Teramoto Pedrotti and C. R. Snyder, eds., Positive Psychology: The Scientific and Practical Explanations of Human Strengths, third edition, London, Sage Publications, 2015.
Giovanni B. Moneta, Positive Psychology: A Critical Introduction, New York, Palgrave Macmillan, 2014.
C. R. Snyder and Shane J. Lopez, eds., Handbook of Positive Psychology, Oxford, Oxford University Press, 2005.

■日本語での概説や参考図書

右記のボニウェル『ポジティブ心理学が1冊でわかる本』とピーターソン『ポジティブ心理学入門』や、本文で紹介したセリグマンら代表者たちの著作の他、概説には次のようなものがある。

島井哲志『ポジティブ心理学入門――幸せを呼ぶ生き方』（星和書店、２００９年）
島井哲志編『ポジティブ心理学――21世紀の心理学の可能性』（ナカニシヤ出版、２００６年）
堀毛一也『ポジティブなこころの科学――人と社会のよりよい関わりをめざして』（サイエンス社、２０１９年）
前野隆司『実践ポジティブ心理学――幸せのサイエンス』（ＰＨＰ新書、２０１７年）

本書では詳しく説明できなかったが、ポジティブ心理学の医療・ビジネスなどへの展開や実践に関しては、以下のような著作がある。

坪田一男『ごきげんな人は10年長生きできる――ポジティブ心理学入門』（文春新書、２０１２年）
ディリップ・ジャステ、バートン・パルマー『ポジティブ精神医学』（大野裕・三村將監訳、日本ポジティブサイコロジー医学会監修、金剛出版、2018年）。
須賀英道『ポジティブ精神医学の活用――10年後の精神医療はこうして変わる！』（星和書店、2019年）
松隈信一郎『ポジティブサイコロジー　不登校・ひきこもり支援の新しいカタチ』（金剛出版、2020年）
ミリアム・アクタル『うつを克服するためのポジティブサイコロジー練習帳』（大野裕監訳、山本眞利子訳、創元社、2015年）
秋山美紀『看護師のための「困難を乗り越える力」――自分を思いやる8つのレッスン』（メヂカルフレンド社、2020年）
ロバート・ビスワス＝ディーナー『ポジティブ・コーチングの教科書――成長を約束するツールとストラテジー』（宇野カオリ監訳、高橋由紀子訳、草思社、2016年）
スージー・グリーン、ステファン・パーマー『ポジティブ心理学コーチングの実践』（西垣悦代監訳、金剛出版、2019年）
カレン・ライビッチ、アンドリュー・シャテー『レジリエンスの教科書――逆境をはね返す世界最強トレーニング』（宇野カオリ訳、草思社、2015年）
J・J・フロウ、A・C・パークス編『ポジティブ心理学を味わう――エンゲイジメントを高める25のアクティビティ』（島井哲志・福田早苗・亀島信也監訳、北大路書房、2017年）
松村亜里『世界に通用する子どもの育て方』（WAVE出版、2019年）

また幸福研究についての邦文著作は少なくないが、ポジティブ心理学との関係では以下が特に参考になる。
大石繁宏『幸せを科学する――心理学からわかったこと』（新曜社、2009年）。
大竹文雄・白石小百合・筒井義郎編著『日本の幸福度――格差・労働・家族』（日本評論社、2010年）
前野隆司『幸せのメカニズム――実践・幸福学入門』（講談社現代新書、2013年）
内田由紀子『これからの幸福について――文化的幸福観のすすめ』（新曜社、2020年）

あとがきにかえて――「善き幸福」の時代への希望

二〇二〇年一一月七日、アメリカ大統領選挙における現職・トランプ大統領の敗北が決定的になり、歓喜する対立候補バイデン氏支持者らの姿が報じられた。新型コロナウイルスのパンデミックと政治的ポピュリズムの中、人々の間に生まれた理性的指導者への期待や正義・公正を尊ぶ善き世界への希望。暗雲漂う地球と雲間から射す光のようなコントラストは、現代の人々の心象風景にも見えた。時代のさまざまな要素がもたらす暗い気持ちが世界的に広がる今、不安や絶望に陥る人が少なくない。だからこそ、苦境からの脱出と幸せや喜びへの希求も強いはずだ。この希求に応えて一つの学問的ニュースを伝え、道案内としての役目を果たしたい。それが本書を貫く願いである。

――明暗の錯綜する混迷した世界にあっても、本当の幸せへの道は確かに存在する。

幸せへの道は単線ではない。例えば不幸にあえいでいる個人が、他人や社会に貢献することは難しいだろう。まずは自身が幸せに至る道を見つけねばならない。そこで役立つのがポジティブ心理学である。精神的・心理的に健全になり幸せになる要因を科学的に研究することは、ポジティブ心理学の主目的であり学問的意義でもある。幸せは科学的にはウェルビーイングと表現され、それをもたらす精神的に良い状態はメンタル・ウェルビーイングやメンタル・ヘルス（健康）と言われるが、積極的に良い状態を指す「メンタル・ウェルネス」が日本人にもわかりやすいと思われるので本書の副題に用いた。ウェルビーイングを増進する科学的な理論と方法を明らかにするポジティブ心理学は、メンタル・ウェルネスの実践的科学でもあるのだ。

同時に、幸不幸の問題は個人の資質や努力だけで解決できるわけではない。今この時にも世界中で、何の落ち度もない多くの個人がパンデミックによるウイルスの犠牲になり続けている。社会活動と経済の停滞は、個人の資質や努力とは関係なく喜びや幸せの機会を減少させていく。ここからわかるように、マクロな方策によって豊かさや健康・安全・平和を促進することも、世界の幸せを増やすうえでは欠かすことができない。こうした公共的な努力による幸せの増進は社会科学の主題であり続けてきたが、幸福研究やポジティブ心理学もまた、この大きな課題に目を向けはじめている。善き「人生（個人）の幸福」と善き「社会（世界）の幸福」――どちらから始めるにせよ、相互が補完し合いながらウェルビーイングを増加させる好循環が重要なのだ。宮沢賢治の「世界がぜんたい幸福にならないうちは個人の幸福はあり得ない」という文句は人口《じんこう》に膾炙《かいしゃ》しているが、本当は「個人の幸福は世界全体の幸福を促進し得るし、世界全体の幸福は個人の幸福を促進し得る」のである。

政治学や公共哲学を研究している私がポジティブ心理学に関心を持ちはじめたのは、二〇一二年頃のことだ。マイケル・サンデルの思想や講義方法の紹介に努めていた私は、タル・ベン・シャハーの『ハーバードの人生を変える授業』（成瀬まゆみ訳、大和書房、二〇一〇年）などに接し、国際的に注目を集める公共哲学とポジティブ心理学という二つのアプローチの間に学問的・実践的な親近性があるのを直観した。二つの学問を架橋することによって、人々や社会の善や幸福への道が切り開かれるのではないか――この可能性を追究しはじめて約八年が経った。この間、セリグマンやジェームズ・ポウェルスキー（ペンシルベニア大学ポジティブ心理学センター責任者）をはじめポジティブ心理学の著名な研究者たちの知遇を得て励まされ、国際ポジティブ心理学会で「ポジティブ政治心理学」を提起するなど、二つの学問的世界の統合という展望を具体化してきた。国内でも日本ポジティブサイコロジー医学会の諸先生方と出会って啓発され、私が会長を務めた二〇一九年の同学会学術集会ではセリグマンやエド・ディーナー、タル・ベン・シャハー、ライル・アンガーの各先生からビデオ・メッセージを頂いた。学会のサイトで視聴していただければ幸いである。

こうして若々しい学知の意義に惹かれて没入した私は、思想的・理論的研究に加えて実証研究にも踏み出すこととなった。そこから生まれたのが、本書で言及した和太鼓エクササイズ（エクサドン）、企業従業員、国政選挙などとウェルビーイングとの関係に関する調査・分析であり、人文社会科学の多次元的なシステム論の提起である。ポジティブ心理学を学びはじめた時には夢想だにしなかったこれらの試みに私が歩を進めたのは、この知的世界に当初の想像を超えた活気と魅力が宿っていたからにほかならない。日本において幸福研究やポジティブ心理学を開拓されつつある諸先生方や、調査分析を可能にしていただいた関係者各位に深く感謝したい。

善き「人生の幸福」と善き「社会の幸福」を相互循環的にとらえ、ポジティブ心理学と社会科学や公共哲学とを架橋する。この主題の重要性を理解し、本書刊行の機会を与えて下さったのは講談社の原田美和子氏であり、書名を提案してくださった編集部にも感謝する。取材においてライターの寺川潔氏は、主題を浮き彫りにするのにふさわしい切り口や事例を提案し、それをふまえた下案も準備して下さった。両氏との対話的空間の中で、ポジティブ心理学に公共哲学や社会科学の知見を重ねるという構想が生まれた。本書が海外の類書にはほとんどない社会科学的洞察を深く組み込むことができたのは、お二人の尽力と熱意のおかげである。

セリグマンは、二一世紀がウェルビーイングの時代になることを期待している。新型コロナウイルス問題に対するエクササイズを翻訳紹介する許可を得た際、氏はニュートンの故事を引用して研究を激励して下さった。〝二二歳のニュートンは、ケンブリッジ大学卒業直後にロンドンでペストの大流行に遭遇して故郷に疎開した。その「やむを得ざる休暇」「創造的休暇」の中で彼は光の分光、万有引力の法則、微積分計算の基本的アイデアという三大発見を成し遂げ、近代という時代を切り開く自然科学の勃興に寄与した〟と。同様に、新型コロナウイルスによる隔離という非日常的状態が終わった後、この新しい実践的科学における発見が「善き幸福」の時代を先導するかもしれない。

パンデミックや政治的ポピュリズムの嵐を乗り越えて、ポジティブな新時代の到来という希望が力強く広がっていくことを私も祈っている。個々の人生と世界がともに善き幸福や繁栄へと向かうための道標に本書がなり得れば、私にとっては望外の幸せであり、それはまさしく真の幸福である。

二〇二〇年一一月八日

小林正弥

小林正弥（こばやし・まさや）
1963年東京都生まれ。千葉大学大学院社会科学研究院教授。慶應義塾大学大学院システムデザイン・マネジメント研究科特別招聘教授。専門は、政治哲学、公共哲学、比較政治学。
著書に、『非戦の哲学』（ちくま新書）、『友愛革命は可能か――公共哲学から考える』『サンデルの政治哲学――〈正義〉とは何か』（以上、平凡社新書）、『対話型講義――原発と正義』（光文社新書）、『日本版白熱教室　サンデルにならって正義を考えよう』（文春新書）、『アリストテレスの人生相談』（講談社）、『神社と政治』（角川新書）、監訳に、マイケル・サンデル『ハーバード白熱教室講義録＋東大特別授業（上・下）』（早川書房）など多数。

構成　寺川　潔

ポジティブ心《しん》理《り》学《がく》

科学的《かがくてき》メンタル・ウェルネス入門《にゅうもん》

二〇二一年　一月一〇日　第一刷発行

著者　小林正弥《こばやしまさや》

発行者　渡瀬昌彦

発行所　株式会社 講談社
東京都文京区音羽二丁目一二―二一　〒一一二―八〇〇一
電話（編集）〇三―三九四五―四九六三
（販売）〇三―五三九五―四四一五
（業務）〇三―五三九五―三六一五

装幀者　奥定泰之

本文データ制作　講談社デジタル製作

本文印刷　株式会社新藤慶昌堂

カバー・表紙印刷　半七写真印刷工業株式会社

製本所　大口製本印刷株式会社

ISBN978-4-06-522230-0　Printed in Japan

N.D.C.140　301p　19cm

講談社選書メチエの再出発に際して

講談社選書メチエの創刊は冷戦終結後まもない一九九四年のことである。長く続いた東西対立の終わりはついに世界に平和をもたらすかに思われたが、その期待はすぐに裏切られた。超大国による新たな戦争、吹き荒れる民族主義の嵐……世界は向かうべき道を見失った。そのような時代の中で、書物のもたらす知識が一人一人の指針となることを願って、本選書は刊行された。

それから二五年、世界はさらに大きく変わった。特に知識をめぐる環境は世界史的な変化をこうむったとすら言える。インターネットによる情報化革命は、知識の徹底的な民主化を推し進めた。誰もがどこでも自由に知識を入手でき、自由に知識を発信できる。それは、冷戦終結後に抱いた期待を裏切られた私たちのもとに差した一条の光明でもあった。

その光明は今も消え去ってはいない。しかし、私たちは同時に、知識の民主化が知識の失墜をも生み出すという逆説を生きている。堅く揺るぎない知識も消費されるだけの不確かな情報に埋もれることを余儀なくされ、不確かな情報が人々の憎悪をかき立てる時代が今、訪れている。

この不確かな時代、不確かさが憎悪を生み出す時代にあって必要なのは、一人一人が堅く揺るぎない知識を得、生きていくための道標を得ることである。

フランス語の「メチエ」という言葉は、人が生きていくために必要とする職、経験によって身につけられる技術を意味する。選書メチエは、読者が磨き上げられた経験のもとに紡ぎ出される思索に触れ、生きるための技術と知識を手に入れる機会を提供することを目指している。万人にそのような機会が提供されたとき初めて、知識は真に民主化され、憎悪を乗り越える平和への道が拓けると私たちは固く信ずる。

この宣言をもって、講談社選書メチエ再出発の辞とするものである。

二〇一九年二月　　野間省伸